"马克思主义中国化与统一战线"丛书

ZHONGGUOTESE ZONGJIAO ZHILI YANJIU

中国特色宗教治理研究

加润国 沈桂萍 著

華文出版社
SINO-CULTURE PRESS

图书在版编目（CIP）数据

中国特色宗教治理研究 / 加润国，沈桂萍著. -- 北京：华文出版社，2025.6
ISBN 978-7-5075-5900-2

Ⅰ. ①中… Ⅱ. ①加… ②沈… Ⅲ. ①宗教工作-研究-中国 Ⅳ. ①D635

中国国家版本馆CIP数据核字(2024)第064926号

中国特色宗教治理研究

作　　者：加润国　沈桂萍
责任编辑：闫丽娜
出版发行：华文出版社
地　　址：北京市西城区广安门外大街 305 号 8 区 2 号楼
邮政编码：100055
电　　话：总 编 室 010-58336239　发行部 010-58336202
责任编辑 010-58336269
经　　销：新华书店
印　　刷：三河市航远印刷有限公司
开　　本：710mm × 1000mm　1/16
印　　张：20
字　　数：328 千字
版　　次：2025 年 6 月第 1 版
印　　次：2025 年 6 月第 1 次印刷
标准书号：ISBN 978-7-5075-5900-2
定　　价：73.00 元

目 录

CONTENTS

前　言

本书是面向社会主义学院各类班次开展党的宗教理论政策和宗教工作专题教育的教学参考书，立足中国特色社会主义新时代的宗教工作，分马克思主义宗教学及其中国化研究、社会主义革命和建设时期的宗教治理研究、改革开放和社会主义现代化建设新时期的宗教治理研究、中国历代宗教关系及其特点研究、构建积极健康的宗教关系研究、坚持我国宗教的中国化方向研究、提高宗教事务治理法治化水平研究七个专题，对中国特色宗教治理进行深入解读。

社会主义学院是统一战线性质的政治学院，承担着对党外人士、统战干部等开展党的宗教理论政策和宗教工作的教育培训任务。其中，面向党外人士，特别是宗教界人士，宣传党的宗教工作理论和方针政策一直是社会主义学院一项重要的教学任务。根据中共中央颁布的《中国共产党统一战线工作条例》，统一战线工作中所指的宗教界人士主要是宗教界代表人士，包括四部分：一是宗教教职人员，二是骨干信徒，三是宗教团体负责人，四是宗教院校的教职员工。

中央社会主义学院从 1990 年开始举办为期 3 个月的中青年宗教教职人员读书班以来，面向宗教界人士举办了多种形式的专题研修班、培训班。特别是 2016 年全国宗教工作会议以来，中央社会主义学院根据党中央关于宗教工作的决策部署，先后举办了覆盖五大宗教、全国各地，涉及宗教团体、宗教教职人员和骨干信众等各级各类培训班一千多期，积累了丰富经验。

根据《社会主义学院工作条例》关于宗教理论政策培训要求，新时代社会主义学院面向宗教界人士开展教育培训，核心是以社会主义核心价值观为引领，用中华文化浸润我国各宗教，通过文化共识教育增进政治认同，推进我国宗教中国化。2016年全国宗教工作会议以来，中央社会主义学院围绕坚持我国宗教的中国化方向、提高宗教工作法治化水平、构建积极健康的宗教关系等积极引导宗教与社会主义社会相适应的新任务，加大了对相关专题教学内容的理论研究、核心课程研发和专题讲义教材建设，从理论上回答党政干部和宗教界人士关心的宗教理论热点和难点问题。这既是社会主义学院落实党的宗教理论政策宣传教育任务的需要，也是推动党的宗教理论政策创新发展的需要。

本书设计的七个专题可分为两部分：前四个专题的核心是马克思主义宗教学的中国化和中国宗教关系的历史发展，体现了宗教治理的中国特色；后三个专题的核心是新时代党的宗教工作理论和方针政策，体现了宗教治理的时代特色。通过这七个专题的系统学习，帮助学员深刻理解和掌握党的宗教工作理论和方针政策的理论渊源、历史脉络、文化基础和重点内容。书名使用“治理”一词，主要是它可以较好地涵盖七个专题的内容。

本书专题一、二、三由加润国撰写；专题四、五、六、七由沈桂萍撰写。面对这些重大课题，我们深感知识水平和学术储备不足。本书的研究和解读若有不妥之处，诚请读者批评指正。

专 题 一

马克思主义宗教学及其中国化研究

【教学目的】本专题结合马克思主义宗教学的创立及其在俄国和苏联的发展，以及中国化进程阐述马克思主义宗教学的历史，帮助学员深刻认识新中国宗教治理的理论渊源和思想基础。通过本专题学习，使学员认识马克思主义宗教学是马克思主义政党关于宗教的基本观点和基本政策，是中国共产党和中国政府观察宗教问题、制定宗教政策、开展宗教工作的理论基础，是新中国宗教治理的指导思想。

【内容提要】马克思主义宗教学是马克思和恩格斯在创立马克思主义和领导国际共产主义运动过程中创立的，列宁在领导俄国社会主义革命的实践中捍卫和发展了马克思主义宗教学。十月革命胜利后，俄共（布）在领导苏联社会主义革命、建设和改革的实践中丰富和发展了马克思列宁主义宗教理论。中国共产党在领导中国革命、建设、改革的实践中把马克思列宁主义宗教理论与中国实际相结合，正确认识和处理中国宗教问题，丰富和发展了马克思列宁主义宗教理论，实现了马克思主义宗教学的中国化。为了避免与后面关于新中国宗教治理的专题重复，本专题只涉及新中国成立以前的内容。

马克思主义宗教学是马克思主义政党关于宗教的基本观点和基本政策的理论体系，是中国共产党和中国政府观察宗教问题、制定宗教政策、开展宗教工作的理论基础，是新中国宗教治理的指导思想。马克思和恩格斯在创立马克思主义和领导国际共产主义运动过程中创立了马克思主义宗教学。列宁在领导俄国社会主义革命的实践中捍卫和发展了马克思主义宗教学。十月革命胜利后，俄共（布）在领导苏联社会主义革命、建设和改革的实践中丰富和发展了马克思列宁主义宗教理论。中国共产党在领导中国革命、建设、改革的实践中，把马克思列宁主义宗教理论与中国实际相结合，正确认识和处理中国宗教问题，进一步丰富和发展了马克思列宁主义宗教理论，形成了中国共产党人的宗教观，实现了马克思主义宗教学的中国化。

一、马克思主义宗教学的创立

马克思主义宗教学是无产阶级革命导师马克思和恩格斯共同创立的。关于他们在创立马克思主义过程中的具体分工和个人贡献，恩格斯在1886年，即马克思去世3年后有一个说明："近来人们不止一次地提到我参加了制定这一理论的工作，因此，我在这里不得不说几句话，把这个问题澄清。我不能否认，我和马克思共同工作40年，在这以前和这个期间，我在一定程度上独立地参加了这一理论的创立，特别是对这一理论的阐发。但是，绝大部分基本指导思想（特别是在经济和历史领域内），尤其是对这些指导思想的最后的明确的表述，都是属于马克思的。我所提供的，马克思没有我也能够做到，至多有几个专门的领域除外。至于马克思所做到的，我却做不到。马克思比我们大家都站得高些，看得远些，观察得多些和快些。马克思是天才，我们至多是能手。没有马克思，我们的理论远不会是现在这个样子。所以，这个理论用他的名字命名是理所当然的。"①

① ［德］马克思，［德］恩格斯：《马克思恩格斯文集》第4卷，人民出版社2009年版，第296—297页。

1. 马克思论宗教

马克思虽然是马克思主义宗教学的主要创立者，但是未留下专论宗教的著作，他对宗教的论述散见于多种著作，比较集中的有《〈黑格尔法哲学批判〉导言》《论犹太人问题》《1844 年经济学哲学手稿》《关于费尔巴哈的提纲》《资本论》《哥达纲领批判》等。

（1）《〈黑格尔法哲学批判〉导言》与马克思主义宗教学的创立

《〈黑格尔法哲学批判〉导言》写于 1843 年 12 月至 1844 年 1 月，发表于 1844 年 2 月出版的《德法年鉴》。该文对宗教的精辟论述，使它成为马克思主义宗教学的奠基作。从全篇来看，该文是马克思挑战资本主义制度、创立无产阶级和人类解放学说的宣言书。它的写作背景是：无产阶级作为一支独立的政治力量已经登上历史舞台，迫切需要科学理论的指导。在当时的德国，由青年黑格尔派领导的“宗教批判”运动已经达到了目的，革命形势要求把斗争的重点从“宗教批判”转到“政治批判”上去，马克思的这篇文章就是为此而写的。马克思认为，宗教批判是实现人类解放的一个重要环节，这一任务基本上已经完成，应该把批判的锋芒转向宗教背后的政治。为了阐明这种转向的必要性，马克思首先对宗教批判作了历史性总结。他说：

> 就德国来说，对宗教的批判基本上已经结束；而对宗教的批判是其他一切批判的前提。
>
> 谬误在天国为神祇所作的雄辩一经驳倒，它在人间的存在就声誉扫地了。一个人，如果曾在天国的幻想现实性中寻找超人，而找到的只是他自身的反映，他就再也不想在他正在寻找和应当寻找自己的真正现实性的地方，只去寻找他自身的假象，只去寻找非人了。
>
> 反宗教的批判的根据是：人创造了宗教，而不是宗教创造人。就是说，宗教是还没有获得自身或已经再度丧失自身的人的自我意

识和自我感觉。但是，人不是抽象的蛰居于世界之外的存在物。人就是人的世界，就是国家，社会。这个国家、这个社会产生了宗教，一种颠倒的世界意识，因为它们就是颠倒的世界。宗教是这个世界的总理论，是它的包罗万象的纲要，它的具有通俗形式的逻辑，它的唯灵论的荣誉问题，它的狂热，它的道德约束，它的庄严补充，它借以求得慰藉和辩护的总根据。宗教是人的本质在幻想中的实现，因为人的本质不具有真正的现实性。因此，反宗教的斗争间接地就是反对以宗教为精神抚慰的那个世界的斗争。

宗教里的苦难既是现实的苦难的表现，又是对这种现实的苦难的抗议。宗教是被压迫生灵的叹息，是无情世界的情感，正像它是无精神活力的制度的精神一样。宗教是人民的鸦片。

废除作为人民的虚幻幸福的宗教，就是要求人民的现实幸福。要求抛弃关于人民处境的幻觉，就是要求抛弃那需要幻觉的处境。因此，对宗教的批判就是对苦难尘世——宗教是它的神圣光环——的批判的胚芽。

这种批判撕碎锁链上那些虚幻的花朵，不是要人依旧戴上没有幻想没有慰藉的锁链，而是要人扔掉它，采摘新鲜的花朵。对宗教的批判使人不抱幻想，使人能够作为不抱幻想而具有理智的人来思考，来行动，来建立自己的现实；使他能够围绕着自身和自己现实的太阳转动。宗教只是虚幻的太阳，当人没有围绕自身转动的时候，它总是围绕着人转动。

因此，真理的彼岸世界消逝以后，历史的任务就是确立此岸世界的真理。人的自我异化的神圣形象被揭穿以后，揭露具有非神圣形象的自我异化，就成了为历史服务的哲学的迫切任务。于是，对天国的批判变成对尘世的批判，对宗教的批判变成对法的批判，对神学的批判变成对政治的批判。①

---

①［德］马克思，［德］恩格斯：《马克思恩格斯文集》第1卷，人民出版社2009年版，第1—2页。

马克思的以上论述，全面阐述了宗教的本质、根源和社会作用，科学评价了宗教批判的理论实质和历史意义，高度概括了马克思主义宗教学的核心要义，标志着马克思主义宗教学的创立。

（2）《论犹太人问题》对“宗教与政治及国家关系”的阐述

《论犹太人问题》的写作时间、发表时间、发表刊物与《〈黑格尔法哲学批判〉导言》完全相同。该文对宗教的论述是马克思所有著作中最多的，主要阐述宗教与政治、国家的关系，核心是回答“完成了的政治解放怎样对待宗教”[①]，主旨是批判政教合一的基督教国家和肯定政教分离的世俗化国家。马克思指出：“那种把基督教当作自己的基础、国教，因而对其他宗教抱排斥态度的所谓基督教国家，并不就是完成了的基督教国家，相反，无神论国家、民主制国家，即把宗教归为市民社会的其他要素的国家，才是这样的国家。”[②]“所谓基督教国家，就是不完善的国家，而且基督教对它来说是它的不完善性的补充和神圣化。因此，宗教对基督教国家来说必然成为手段，基督教国家是伪善的国家。完成了的国家由于国家的一般本质所固有的缺陷而把宗教列入自己的前提，未完成的国家则由于自己作为有缺陷的国家的特殊存在所固有的缺陷而声称宗教是自己的基础，二者之间是有很大差别的。在后一种情况下，宗教成了不完善的政治。在前一种情况下，甚至完成了的政治具有的那种不完善性也在宗教中显露出来。所谓基督教国家需要基督教，是为了充实自己而成为国家。民主制国家，真正的国家则不需要宗教从政治上充实自己。确切地说，它可以撇开宗教，因为它已经用世俗方式实现了宗教的人的基础。而所谓基督教国家则相反，既从政治的角度对待宗教，又从宗教的角度对待政治。当它把国家形式降为外观时，也就同样把宗教降为外观。”[③]“在完成了的民

① ［德］马克思，［德］恩格斯：《马克思恩格斯文集》第1卷，人民出版社2009年版，第27页。

② ［德］马克思，［德］恩格斯：《马克思恩格斯文集》第1卷，人民出版社2009年版，第33页。

③ ［德］马克思，［德］恩格斯：《马克思恩格斯文集》第1卷，人民出版社2009年版，第34页。

主制中，宗教意识和神学意识本身之所以自认为更富有宗教意义、神学意义，这是因为从表面上看来，它没有政治意义、没有世俗目的，而只是关系到厌世情绪，只是理智有局限性的表现，只是任意和幻想的产物，这是因为它是真正彼岸的生活。”①“摆脱了宗教的政治解放让宗教持续存在，虽然不是享有特权的宗教。……基督教国家的完成，就是国家表明自己是国家，并且不理会自己成员信奉的宗教。国家从宗教中解放出来并不等于现实的人从宗教中解放出来。”②“犹太教徒、基督徒、一般宗教信徒的政治解放，是国家从犹太教、基督教和一般宗教中解放出来。当国家从国教中解放出来，就是说，当国家作为一个国家，不信奉任何宗教，确切地说，信奉作为国家的自身时，国家才以自己的形式，以自己本质所固有的方式，作为一个国家，从宗教中解放出来。”③“甚至在绝大多数人还信奉宗教的情况下，国家也是可以从宗教中解放出来的。绝大多数人并不因为自己是私下信奉宗教就不再是宗教信徒。”④“人把宗教从公法领域驱逐到私法领域中去，这样人就在政治上从宗教中解放出来。宗教不再是国家的精神……例如，宗教在北美的不断分裂，使宗教在表面上具有纯粹个人事务的形式。它被推到许多私人利益中去，并且被逐出作为共同体的共同体。……政治解放并没有消除人的实际的宗教笃诚，也不力求消除这种宗教笃诚。”⑤“人分解为犹太教徒和公民、新教徒和公民、宗教信徒和公民，这种分解不是针对公民身份而制造的谎言，不是对政治解放的回避，这种分解是政治解放本身，是使自己从宗教中解放出来的政治方式。”⑥在此基础上，马克思进一步阐述了宗教与人权的关系，指出在人权的发现者北美

① ［德］马克思，［德］恩格斯：《马克思恩格斯文集》第 1 卷，人民出版社 2009 年版，第 37 页。

② ［德］马克思，［德］恩格斯：《马克思恩格斯文集》第 1 卷，人民出版社 2009 年版，第 37—38 页。

③ ［德］马克思，［德］恩格斯：《马克思恩格斯文集》第 1 卷，人民出版社 2009 年版，第 28 页。

④ ［德］马克思，［德］恩格斯：《马克思恩格斯文集》第 1 卷，人民出版社 2009 年版，第 28 页。

⑤ ［德］马克思，［德］恩格斯：《马克思恩格斯文集》第 1 卷，人民出版社 2009 年版，第 32 页。

⑥ ［德］马克思，［德］恩格斯：《马克思恩格斯文集》第 1 卷，人民出版社 2009 年版，第 32—33 页。

人和法国人那里信仰自由属于人权，“在人权这一概念中并没有宗教和人权互不相容的含义。相反，信奉宗教、用任何方式信奉宗教、履行自己特殊宗教的礼拜的权利，都被明确列入人权。信仰的特权是普遍的人权”[①]。

（3）《1844年经济学哲学手稿》对“宗教与社会主义”的论述

《1844年经济学哲学手稿》是马克思在1844年4—8月撰写的一部未完成手稿，提出了异化劳动和宗教异化理论，阐述了宗教与社会主义的关系，指出共产主义是从无神论开始的。马克思说：“宗教、家庭、国家、法、道德、科学、艺术等，都不过是生产的一些特殊的方式，并且受生产的普遍规律的支配。因此，对私有财产的积极的扬弃，作为对人的生命的占有，是对一切异化的积极的扬弃，从而是人从宗教、家庭、国家等向自己的合乎人性的存在即社会的存在的复归。宗教的异化本身只是发生在意识领域、人的内心领域，而经济的异化是现实生活的异化，——因此对异化的扬弃包括两个方面。不言而喻，在不同的民族那里，运动从哪个领域开始，这要看一个民族的真正的、公认的生活主要是在意识领域还是在外部世界进行，这种生活更多的是观念的生活还是现实的生活。共产主义是径直从无神论开始的（欧文），而无神论最初还根本不是共产主义；那种无神论主要还是一个抽象。——因此，无神论的博爱最初还只是哲学的、抽象的博爱，而共产主义的博爱则径直是现实的和直接追求实效的。”[②]“因为对社会主义的人来说，整个所谓世界历史不外是人通过人的劳动而诞生的过程，是自然界对人来说的生成过程，所以关于他通过自身而诞生、关于他的形成过程，他有直观的、无可辩驳的证明。因为人和自然界的实在性，即人对人来说作为自然界的存在以及自然界对人来说作为人的存在，已经成为实际的、可以通过感觉直观的，所以关于某种异己的存在物、关于凌驾于自然界和人之上的存在物的问题，即包含着对自然界

① ［德］马克思，［德］恩格斯：《马克思恩格斯文集》第1卷，人民出版社2009年版，第40页。

② ［德］马克思，［德］恩格斯：《马克思恩格斯文集》第1卷，人民出版社2009年版，第186—187页。

的和人的非实在性的承认的问题，实际上已经成为不可能的了。无神论，作为对这种非实在性的否定，已不再有任何意义，因为无神论是对神的否定，并且通过这种否定而设定人的存在；但是，社会主义作为社会主义已经不再需要这样的中介；它是从把人和自然界看作本质这种理论上和实践上的感性意识开始的。社会主义是人的不再以宗教的扬弃为中介的积极的自我意识，正像现实生活是人的不再以私有财产的扬弃即共产主义为中介的积极的现实一样。”①

（4）《关于费尔巴哈的提纲》对宗教的社会根源的深刻揭示

《关于费尔巴哈的提纲》是马克思在 1845 年春天为创立指导无产阶级革命和人类解放的科学世界观——辩证唯物主义和历史唯物主义而草拟的哲学提纲，重点说明这种崭新的唯物主义哲学同一切唯心主义和旧唯物主义特别是费尔巴哈哲学的根本区别和理论要点。马克思之所以批判费尔巴哈，是因为他是德国资产阶级激进民主派的思想代表，是马克思和恩格斯从黑格尔的思辨唯心主义走向辩证唯物主义和历史唯物主义的重要环节。费尔巴哈通过批判宗教神学和黑格尔唯心主义哲学恢复了唯物主义的权威，达到了近代唯物论和无神论的最高成就，但是他抛弃了黑格尔的辩证法，在社会历史领域陷入了唯心主义，因此无法说明宗教产生和存在的社会根源和消除宗教幻想、实现人类解放的现实途径。马克思在费尔巴哈哲学的基础上创立唯物主义历史观，正是为了解决这些问题。马克思说：

> 费尔巴哈是从宗教上的自我异化，从世界被二重化为宗教的、想象的世界和现实的世界这一事实出发的。他做的工作是把宗教世界归结于它的世俗基础。他没有注意到，在做完这一工作之后，主要的事情还没有做。因为，世俗基础使自己从自身中分离出去，并在云霄中固定为一个独立王国，这一事实，只能用这个世俗基础的

① ［德］马克思，［德］恩格斯:《马克思恩格斯文集》第 1 卷，人民出版社 2009 年版，第 196—197 页。

自我分裂和自我矛盾来说明。因此，对于这个世俗基础本身首先应当从它的矛盾中去理解，然后用消除矛盾的方法在实践中使之发生革命。因此，例如，自从发现神圣家族的秘密在于世俗家庭之后，对于世俗家庭本身就应当从理论上进行批判，并在实践中加以变革。

费尔巴哈把宗教的本质归结于人的本质。但是，人的本质不是单个人所固有的抽象物，在其现实性上，它是一切社会关系的总和。

费尔巴哈没有对这种现实的本质进行批判，因此他不得不：（1）撇开历史的进程，把宗教感情固定为独立的东西，并假定有一种抽象的——孤立的——人的个体；（2）因此，他只能把人的本质理解为“类”，理解为一种内在的、无声的、把许多个人纯粹自然地联系起来的普遍性。

因此，费尔巴哈没有看到，“宗教感情”本身是社会的产物，而他所分析的抽象的个人，实际上是属于一定的社会形式的。

社会生活在本质上是实践的。凡是把理论诱入神秘主义的神秘东西，都能在人的实践中以及对这种实践的理解中得到合理的解决。

直观的唯物主义，即不是把感性理解为实践活动的唯物主义，至多也只能做到对“市民社会”中的单个人的直观。

旧唯物主义的立脚点是“市民”社会；新唯物主义的立脚点则是人类社会或社会化的人类。

哲学家们只是用不同的方式解释世界，而问题在于改变世界。①

马克思的提纲共11条、1100多字，其中直接论及宗教的有5条、650多字，核心是阐述实践范畴对正确认识和改造世界（包括正确认识和解决宗教问题）的重要性，具有极强的方法论意义。

① ［德］马克思，［德］恩格斯：《马克思恩格斯文集》第1卷，人民出版社2009年版，第504—506页。

（5）《资本论》对宗教的社会根源及其消亡条件的深刻论述

《资本论》及其手稿倾注了马克思一生的心血，被誉为马克思主义的理论宝库和百科全书，其中论及宗教的地方很多，但相当零散。1867年出版的《资本论》第1卷由马克思生前亲自改定，是整部《资本论》及其大量手稿中的理论精品，其中第1章最后1节《商品的拜物教性质及其秘密》有一段关于“商品生产与宗教信仰”的论述，对宗教产生和存在的社会根源及消亡条件作了精辟论述。

> 在商品生产者的社会里，一般的社会生产关系是这样的：生产者把他们的产品当作商品，从而当作价值来对待，而且通过这种物的形式，把他们的私人劳动当作等同的人类劳动来互相发生关系。对于这种社会来说，崇拜抽象人的基督教，特别是资产阶级发展阶段的基督教，如新教、自然神教；等等，是最适当的宗教形式。在古亚细亚的、古代的等生产方式下，产品转化为商品，从而人作为商品生产者而存在的现象，处于从属地位，但是共同体越是走向没落阶段，这种现象就越是重要。真正的商业民族只存在于古代世界的空隙中，就像伊壁鸠鲁的神只存在于世界的空隙中，或者犹太人只存在于波兰社会的缝隙中一样。这些古老的社会生产有机体比资产阶级的社会生产有机体简单明了得多，但它们或者以个人尚未成熟，尚未脱掉同其他人的自然血缘联系的脐带为基础，或者以直接的统治和服从的关系为基础。它们存在的条件是：劳动生产力处于低级发展阶段，与此相应，人们在物质生活生产过程内部的关系，即他们彼此之间以及他们同自然之间的关系是很狭隘的。这种实际的狭隘性，观念地反映在古代的自然宗教和民间宗教中。只有当实际日常生活的关系，在人们面前表现为人与人之间和人与自然之间极明白而合理的关系的时候，现实世界的宗教反映才会消失。只有当社会生活过程即物质生产过程的形态，作为自由结合的人的

> 产物，处于人的有意识有计划的控制之下的时候，它才会把自己的神秘的纱幕揭掉。但是，这需要有一定的社会物质基础或一系列物质生存条件，而这些条件本身又是长期的、痛苦的发展史的自然产物。①

马克思的以上论述，从生产力与生产关系、经济基础与上层建筑的矛盾运动中观察分析宗教问题，深刻地揭示了社会形态对宗教发展的决定作用，为深刻认识宗教存在的长期性奠定了理论基础。

（6）《哥达纲领批判》对马克思主义政党宗教政策的论述

《哥达纲领批判》写于1875年4—5月，是德国工人党内思想路线斗争的产物，体现了马克思主义的革命纲领同右倾机会主义的反动纲领的尖锐对立，是国际共产主义运动的纲领性文件，在历史上起过重要作用。其中关于党的宗教信仰自由政策和无神论宣传教育的论述，是马克思主义政党制定和执行宗教政策的指导原则。

1871年巴黎公社失败后，德国工人运动高涨起来，实现德国工人政党的统一和团结成为迫切需要。德国社会民主工党领导人李卜克内西和倍倍尔等人没有听取马克思和恩格斯关于“决不拿原则做交易”的告诫，匆忙与拉萨尔派举行合并会谈，共同起草了一个充满拉萨尔主义观点的纲领草案，即“哥达纲领”，并在报纸上发表。马克思和恩格斯看到这个草案后，认为这是一个“极其糟糕的、会使党精神堕落的纲领”。为了肃清拉萨尔主义的影响，帮助李卜克内西和倍倍尔等人认清拉萨尔主义右倾机会主义的实质，划清科学社会主义与拉萨尔主义的界限，马克思抱病写了《对德国工人党纲领的几点意见》，即《哥达纲领批判》，对纲领草案中的拉萨尔主义进行了系统批判，同时对科学社会主义的基本原理作了精辟论述，使马克思主义关于未来共产主义社会的学说实现了一次重大飞跃。针对“哥达纲领”中关于“信仰自由”的条款，马克思指出：

① ［德］马克思，［德］恩格斯：《马克思恩格斯文集》第5卷，人民出版社2009年版，第97页。

如果现在，在进行文化斗争的时候，要想提醒自由主义者记住他们的旧口号，那么只有采用下面这样的形式才行：每一个人都应当有可能满足自己的宗教需要，就像满足自己的肉体需要一样，不受警察干涉。但是，工人党本来应当乘此机会说出自己的看法：资产阶级的“信仰自由”不过是容忍各种各样的宗教信仰自由而已，工人党则力求把信仰从宗教的妖术中解放出来。但是他们不愿越过“资产阶级的”水平。①

就是说，马克思主义政党的宗教政策不应该停留在资产阶级的水平上，只是“容忍各种各样的宗教信仰自由”，而是既主张人们有信仰宗教的自由，也主张人们有不信仰宗教的自由，最终要把人们的信仰从宗教的束缚中解放出来，只有这样才能实现人类解放。

2. 恩格斯论宗教

恩格斯不仅参与了马克思主义宗教学的创立，而且承担了对它的阐发和运用，还撰写了专论宗教的著作，对马克思主义宗教学的创立做出了重要贡献。除了 1844 年 2 月发表在《德法年鉴》上的《英国状况：评托马斯 · 卡莱尔的〈过去和现在〉》，恩格斯论宗教的著作主要有《德国农民战争》《反杜林论》《神灵世界中的自然研究》《布鲁诺 · 鲍威尔和原始基督教》《启示录》《路德维希 · 费尔巴哈和德国古典哲学的终结》《社会主义从空想到科学的发展 1892 年英文版导言》《论原始基督教的历史》等，内容很丰富。

（1）《德国农民战争》对宗教在阶级斗争中历史作用的论述

《德国农民战争》写于 1850 年，是恩格斯总结德国 1848—1849 年革

① ［德］马克思，［德］恩格斯：《马克思恩格斯文集》第 3 卷，人民出版社 2009 年版，第 448 页。

命的起因、性质、过程及失败原因的重要著作。恩格斯运用唯物史观研究德国历史特别是16世纪的德国农民战争史，通过考察包括宗教改革在内的复杂历史现象揭示了历史发展规律，批驳了把德国农民战争的原因归结为神学之争的错误观点。恩格斯指出:“16世纪的所谓宗教战争首先也是为着十分实际的物质的阶级利益而进行的。这些战争同后来英国和法国的国内冲突完全一样，都是阶级斗争。如果说这些阶级斗争当时是在宗教的标志下进行的，如果说各阶级的利益、需要和要求都还隐蔽在宗教的外衣之下，那么，这并没有改变事情的实质，而且也不难用时代条件来加以解释。”①

关于宗教卷入阶级斗争的原因，恩格斯认为与它在中世纪的特殊地位有关:“僧侣获得了知识教育的垄断地位，因而教育本身也渗透了神学的性质。在僧侣手中，政治和法学同其他一切科学一样，不过是神学的分支，一切都按照神学中适用的原则来处理。教会的教条同时就是政治信条，圣经词句在各个法庭都具有法律效力。甚至在法学家已经形成一种阶层的时候，法学还久久处于神学控制之下。神学在知识活动的整个领域的这种至高无上的权威，同时也是教会在当时封建统治下万流归宗的地位的必然结果。”②“在这种情况下，一切针对封建制度发出的全面攻击必然首先就是对教会的攻击，而一切革命的、社会和政治的理论大体上必然同时就是神学异端。为了有可能触犯当时的社会关系，就必须抹掉笼罩在这些关系上的灵光圈。”③“这些高级教士及其人数众多的、随着政治煽动和宗教煽动的扩大而日益强横的修道士打手队伍，不仅引起了人民，而且也引起了贵族的切齿痛恨。只要他们还直属于帝国，他们就总是诸侯前进的障碍。脑满肠肥的主教、修道院长以及他们的修道士走卒的奢侈生活引起了贵族的忌妒，激起了人民的愤怒。人民不得不承担他们这种生活的耗

① [德]马克思，[德]恩格斯:《马克思恩格斯文集》第2卷，人民出版社2009年版，第235—236页。

② [德]马克思，[德]恩格斯:《马克思恩格斯文集》第2卷，人民出版社2009年版，第235页。

③ [德]马克思，[德]恩格斯:《马克思恩格斯文集》第2卷，人民出版社2009年版，第236页。

费；他们的奢侈生活越是同他们的说教形成鲜明的对照，人民就越是怒不可遏。”[①]“正如在诸侯和贵族之上有皇帝一样，在高级僧侣和低级僧侣之上也有教皇。正如对皇帝要纳‘公捐’，即帝国税一样，对教皇也要纳一般教会税，而教皇就是用教会税去支付罗马教廷的豪华生活费用的。德国由于僧侣人多势众，因此这种教会税比任何其他国家都征收得更加认真和严格。特别是在主教出缺以后新任者要向教皇交纳上任年贡时，就更是如此。随着需求的日益提高，搜括钱财的新花样也相继被发明出来了，诸如贩卖圣徒遗物、收取赎罪金和庆祝费；等等。大宗钱财就这样年复一年地从德国流入罗马；由此而增加的沉重负担不仅加深了人们对僧侣的憎恨，而且激发了民族感情，特别是激起了贵族们的民族感情，贵族们在当时是最有民族意识的等级。”[②]“市民反对派还很激烈地反对僧侣，僧侣的侈靡生活和放荡行为使他们深恶痛绝。他们要求采取措施对这些尊贵人士的卑劣行径加以惩处。他们要求废止僧侣的独立审判权和免税权，并且限制全体修道士的人数。”[③]

关于宗教神秘主义和异端教派在欧洲反封建斗争中的历史作用，恩格斯指出：“反封建的革命反对派活跃于整个中世纪。随着时代条件的不同，他们或者是以神秘主义的形式出现，或者是以公开的异教的形式出现，或者是以武装起义的形式出现。说到神秘主义，大家知道，16 世纪的宗教改革派同它有着很深的依赖关系；就连闵采尔也从神秘主义中吸取了许多东西。至于各种异教，其中一部分是实行宗法制的阿尔卑斯山牧民反对封建势力侵入他们生活的表现（韦尔登派）；一部分是越出封建制度的城市同封建制度对抗的表现（阿尔比派，布雷西亚的阿尔诺德；等等）；一部分是农民直接暴动的表现（约翰 · 保尔，皮卡第地方的匈牙利

① ［德］马克思，［德］恩格斯：《马克思恩格斯文集》第 2 卷，人民出版社 2009 年版，第 226 页。
② ［德］马克思，［德］恩格斯：《马克思恩格斯文集》第 2 卷，人民出版社 2009 年版，第 227 页。
③ ［德］马克思，［德］恩格斯：《马克思恩格斯文集》第 2 卷，人民出版社 2009 年版，第 229 页。

牧师；等等）。”[①]“城市的异教——这是中世纪真正公开的异教——主要是反对僧侣，对他们的豪富殷实和政治地位进行抨击。正如现在资产阶级要求一个廉价政府一样，中世纪市民首先要求一个廉价教会。市民异教同所有把教会和教条的发展仅仅看成是一种蜕变的异教一样，从形式上来看是反动的，它要求恢复原始基督教的简单教规，要求取消自成一统的僧侣等级。实行这种廉价措施，就会取消修道士，取消高级教士，取消罗马教廷，一言以蔽之，就会取消教会中一切耗费钱财的东西。”[②]“另一种异教则有完全不同的性质，这种异教是农民和平民的要求的直接表现，并且几乎总是同起义结合在一起的。这种异教虽然也同意市民异教关于僧侣、教皇权力以及恢复原始基督教教规的一切要求，但是它却走得更远。它要求在教区成员间恢复原始基督教的平等关系，要求承认这种关系也是市民间的准则。它从‘上帝儿女的平等’得出有关市民平等的结论，甚至已经部分地得出有关财产平等的结论。它要求贵族同农民平等，要求城市贵族和享有特权的市民同平民平等，它要求取消徭役、地租、捐税、特权，要求至少消除那些极其悬殊的贫富差别——这些要求，都是带着或多或少的明确性提出来的，而且被说成是原始基督教教义的必然结论。这种农民平民异教，在封建制度全盛时期，例如在阿尔比派中，还不易同市民异教相区别，但是到了 14 和 15 世纪，它就发展成一种与市民异教截然不同的派别见解了，这时，农民平民异教通常总是完全独立地出现，同市民异教并立。”[③]

关于宗教领袖特别是路德在阶级斗争中的历史作用，恩格斯指出：“路德放出的闪电引起了燎原烈火。全体德国人民都投入了运动。一方面，农民和平民把路德反对僧侣的号召和关于基督教自由的说教看成是起义的

① ［德］马克思，［德］恩格斯：《马克思恩格斯文集》第 2 卷，人民出版社 2009 年版，第 236 页。

② ［德］马克思，［德］恩格斯：《马克思恩格斯文集》第 2 卷，人民出版社 2009 年版，第 236—237 页。

③ ［德］马克思，［德］恩格斯：《马克思恩格斯文集》第 2 卷，人民出版社 2009 年版，第 237—238 页。

信号；另一方面，较温和的市民和一大部分下层贵族也站到了路德一边，甚至诸侯也被卷进了这个潮流。农民和平民认为向一切压迫他们的人进行清算的日子来到了；而市民、贵族和诸侯只想剥夺僧侣的权力，摆脱对罗马的依附，废除天主教等级制度，并且没收教产而大发横财。两派势力壁垒分明，并且各自找到了自己的代表人物。路德不得不在两派中进行抉择。这个受到萨克森选帝侯①保护的人，这个维滕贝格的名教授，这个一鸣惊人、声势煊赫而被一群趋炎附势之徒簇拥着的大人物，毫不踌躇地抛弃了运动中的下层人民，倒向了市民、贵族和诸侯一边。剿灭罗马的号召销声匿迹了；现在路德吹起了和平发展和消极抵抗的调子（见1520年《致德意志基督教贵族公开信》等文件）。当胡登邀请路德前往贵族密谋反对僧侣和诸侯的中心埃伯恩堡去同他本人和济金根见面时，路德回答道：'我不希望人们靠暴力和流血来维护福音，世界是靠圣经来征服的。教会是靠圣经来维持的，也还是要靠圣经来复兴。反基督的人们不用暴力而取得一切，同样，他们也将在不施暴力的情况下自取灭亡。'”②“路德通过翻译圣经给平民运动提供了一种强有力的武器。他在圣经译本中使用公元最初几个世纪的纯朴基督教同当时已经封建化了的基督教形成鲜明的对照，他提供了一幅没有层层叠叠的、人为的封建等级制度的社会图景，同正在崩溃的封建社会形成鲜明的对照。农民利用这种武器从各方面反对诸侯、贵族、僧侣。而现在路德竟把这一武器掉转过来反对农民，他从圣经中拼凑了真正的赞美诗去歌颂那些由上帝委派的当权者，这是任何一个舔食专制君主残羹的臣仆从来没有能够做到的。神授君权、唯命是从，甚至农奴制度都由圣经认可了。在这方面，不仅农民起义，就连路德本人对教会权威和世俗权威的反抗活动也被全盘否定；这样，路德不仅把下层人民的运动，而且连市民阶级的运动也出卖给诸侯了。”③“路德认为，绝不可对农

① 指弗里德里希三世。

② ［德］马克思，［德］恩格斯：《马克思恩格斯文集》第2卷，人民出版社2009年版，第240—241页。

③ ［德］马克思，［德］恩格斯：《马克思恩格斯文集》第2卷，人民出版社2009年版，第244页。

民乱发慈悲。谁怜悯上帝所不怜悯的人，谁怜悯上帝所要惩罚和毁灭的人，谁就置身于叛乱者的行列。如果农民只须交出一头牛，就可以安然享用另一头牛，他们就会感谢上帝；诸侯们要从这次叛乱事件中认识到，贱民头脑里想的是什么，对于他们，只能用暴力来进行统治。”①

关于德国农民战争对宗教的打击和影响，恩格斯指出：“遭受农民战争打击最大的是僧侣。他们的寺院和教堂被焚毁，他们的金银财宝被抢走，不是卖给外国，就是入炉熔化了，他们贮存的物资都耗尽了。他们在各地的抵抗力最薄弱，而人民仇恨的怒火完全集中在他们身上。其他等级，即诸侯、贵族和市民阶级，甚至眼看高级教士陷入窘境成了众矢之的而暗中称快。农民战争普遍推广了使教产世俗化以利农民的做法，而世俗诸侯以及一些城市则极力设法按照对他们最有利的方式将教产收归俗用，在新教各邦中，高级教士的产业很快就转入诸侯或名门手中。甚至连僧侣诸侯的权势也已受到侵犯，世俗诸侯则很善于从这方面去利用人民的仇恨。”②

（2）《反杜林论》对马克思主义宗教学基本原理的阐述

《反杜林论》是恩格斯1876—1878年在马克思的支持和帮助下撰写的重要著作，目的是批判德国小资产阶级社会主义的代表杜林散布的错误思想，回击杜林对马克思学说的攻击，维护德国社会民主党的思想统一。恩格斯1885年在该书第2版《序言》中说：“本书所阐述的世界观，绝大部分是由马克思确立和阐发的，而只有极小的部分是属于我的，所以，我的这种阐述不可能在他不了解的情况下进行，这在我们相互之间是不言而喻的。在付印之前，我曾把全部原稿念给他听，而且经济学那一编的第十章（《批判史》论述）就是马克思写的，只是由于外部的原因，我才不得不很遗憾地把它稍加缩短。在各种专业上互相帮助，这早就成了我们的习

① ［德］马克思，［德］恩格斯：《马克思恩格斯文集》第2卷，人民出版社2009年版，第243页，引自路德《就反对农民的小册子发的通函》，1525年版。

② ［德］马克思，［德］恩格斯：《马克思恩格斯文集》第2卷，人民出版社2009年版，第235页。

惯。”[1]该书全面阐述了马克思主义的三个基本组成部分及其内在联系，被称为马克思主义的“百科全书”。该书对宗教的论述，主要是针对杜林要求在他设想的“未来国家和自由社会里”禁止宗教的谬论展开的。恩格斯以极其精练的语言阐述了宗教的本质、根源、作用及其产生、发展、消亡的规律，堪称马克思主义宗教学的“百科词条”。恩格斯指出：

> 一切宗教都不过是支配着人们日常生活的外部力量在人们头脑中的幻想的反映，在这种反映中，人间的力量采取了超人间的力量的形式。在历史的初期，首先是自然力量获得了这样的反映，而在进一步的发展中，在不同的民族那里又经历了极为不同和极为复杂的人格化。……但是除自然力量外，不久社会力量也起了作用，这种力量和自然力量本身一样，对人来说是异己的，最初也是不能解释的，它以同样的表面上的自然必然性支配着人。最初仅仅反映自然界的神秘力量的幻想的形象，现在又获得了社会的属性，成为历史力量的代表者[2]。在更进一步的发展阶段上，许多神的全部自然属性和社会属性都转移到一个万能的神身上，而这个神本身又只是抽象的人的反映。这样就产生了一神教，从历史上说它是后期希腊庸俗哲学的最后产物，并在犹太的独一无二的民族神雅赫维身上得到了体现。在这个适宜的、方便的和普遍适用的形式中，宗教可以作为人们对支配着他们的异己的自然力量和社会力量的这种关系的直接形式即有感情的形式而继续存在，只要人们还处在这种力量的支配之下。但是，我们已经不止一次地看到，在目前的资产阶级社会中，人们就像受某种异己力量的支配一样，受自己所创造的经济

① ［德］马克思，［德］恩格斯：《马克思恩格斯文集》第2卷，人民出版社2009年版，第315页。

② 恩格斯注：神的形象后来具有的这种两重性，是比较神话学（它片面地以为神只是自然力量的反映）所忽略的、使神话学以后陷入混乱的原因之一。这样，在若干日耳曼部落里，战神，按古代斯堪的纳维亚语，称为提尔，按古高地德语，称为齐奥，这就相当于希腊语里的宙斯，拉丁语里的“丘必特”（替代“迪斯必特”）；在其他日耳曼部落里，埃尔、埃奥尔相当于希腊语的亚力司、拉丁语的玛尔斯。

关系、自己所生产的生产资料的支配。因此，宗教反映活动的事实基础就继续存在，而且宗教反映本身也同这种基础一起继续存在。即使资产阶级经济学对这种异己力量的支配作用的因果关系有一定的认识，事情并不因此而有丝毫改变。资产阶级经济学既不能制止整个危机，又不能使各个资本家避免损失、负债和破产，或者使各个工人避免失业和贫困。现在还是这样：谋事在人，成事在神（即资本主义生产方式的异己力量的支配作用）。仅仅有认识，即使这种认识比资产阶级经济学的认识更进一步和更深刻，也不足以使社会力量服从于社会的支配。为此首先需要有某种社会的行动。当这种行动完成的时候，当社会通过占有和有计划地使用全部生产资料而使自己和一切社会成员摆脱奴役状态的时候（现在，人们正被这些由他们自己所生产的、但作为不可抗拒的异己力量而同自己相对立的生产资料所奴役），当谋事在人，成事也在人的时候，现在还在宗教中反映出来的最后的异己力量才会消失，因而宗教反映本身也就随着消失。理由很简单，因为那时再没有什么东西可以反映了。①

恩格斯的以上论述表明，宗教是人类社会发展到一定阶段的历史现象，有它产生、发展、消亡的规律，只有消灭支配着人们日常生活的外部异己力量才能使宗教自然消亡，对待宗教的正确态度是尊重规律，“静待宗教这样自然地死亡”，而不是像杜林那样“唆使他的未来的宪兵进攻宗教，以此帮助它殉道和延长生命期”②。

（3）《费尔巴哈论》对宗教适应社会的发展规律的揭示

恩格斯1886年撰写的《路德维希·费尔巴哈和德国古典哲学的终结》简称《费尔巴哈论》，是恩格斯晚年的重要哲学著作，对马克思主义

① ［德］马克思，［德］恩格斯：《马克思恩格斯文集》第9卷，人民出版社2009年版，第333—334页。

② ［德］马克思，［德］恩格斯：《马克思恩格斯文集》第9卷，人民出版社2009年版，第334页。

哲学和宗教观创立 40 多年的丰富成果进行了科学总结和提炼概括。如果说《反杜林论》是一部包括哲学、政治经济学和科学社会主义三个基本组成部分的马克思主义概论，那么《费尔巴哈论》就是一部马克思主义哲学及其宗教观的概论。列宁指出，恩格斯在《费尔巴哈论》和《反杜林论》中最明确详尽地阐述了马克思和恩格斯的观点，这两部著作“同《共产党宣言》一样，都是每个觉悟工人必读的书籍”[①]。恩格斯在1890年10月27 日给康拉德·施米特的信中说：“关于宗教，我在论费尔巴哈的最后一章里已经把最必要的东西说过了。”[②]《费尔巴哈论》对马克思主义宗教学的阐述涉及很多内容，其中最重要的是深刻揭示了宗教在生产力与生产关系、经济基础与上层建筑的矛盾运动中不断适应社会、发展变化的规律。

恩格斯首先阐述了从“原始宗教”到“民族宗教”再到“世界宗教”的发展规律，他指出：“宗教是在最原始的时代从人们关于他们自身的自然和周围的外部自然的错误的、最原始的观念中产生的。但是，任何意识形态一经产生，就同现有的观念材料相结合而发展起来，并对这些材料作进一步的加工；……人们头脑中发生的这一思想过程，归根到底是由人们的物质生活条件决定的，……因此，大部分是每个有亲属关系的民族集团所共有的这些原始的宗教观念，在这些集团分裂以后，便在每个民族那里依各自遇到的生活条件而独特地发展起来，而这一过程对一系列民族集团来说，特别是对雅利安人（所谓印欧人）来说，已由比较神话学详细地证实了。这样在每一个民族中形成的神，都是民族的神，这些神的王国不越出它们所守护的民族领域，在这个界线以外，就无可争辩地由别的神统治了。只要这些民族存在，这些神也就继续活在人们的观念中；这些民族没落了，这些神也就随着灭亡。罗马世界帝国使得古老的民族没落了（关于罗马世界帝国产生的经济条件，我们没有必要在这里加以研究），古老的

① ［苏］列宁：《列宁全集》第 23 卷，人民出版社 2017 年第 2 版，第 42 页。

② ［德］马克思，［德］恩格斯：《马克思恩格斯文集》第 10 卷，人民出版社 2009 年版，第 600 页。

民族的神就灭亡了，甚至罗马的那些仅仅适合于罗马城这个狭小圈子的神也灭亡了；罗马曾企图除本地的神以外还承认和供奉一切多少受崇敬的异族的神，这就清楚地表明了有以一种世界宗教来充实世界帝国的需要。但是一种新的世界宗教是不能这样用皇帝的敕令创造出来的。新的世界宗教，即基督教，已经从普遍化了的东方神学，特别是犹太神学同庸俗化了的希腊哲学，特别是斯多亚派哲学的混合中悄悄地产生了。我们必须重新进行艰苦的研究，才能够知道基督教最初是什么样子，因为它那流传到我们今天的官方形式仅仅是尼西亚宗教会议为了使它成为国教而赋予它的那种形式。它在 250 年后已经变成国教这一事实，足以证明它是适应时势的宗教。”①

恩格斯接着阐述了基督教从中世纪到近代的演变规律，他指出：“在中世纪，随着封建制度的发展，基督教成为一种同它相适应的、具有相应的封建等级制的宗教。当市民阶级兴起的时候，新教异端首先在法国南部的阿尔比派中间，在那里的城市最繁荣的时代，同封建的天主教相对抗而发展起来。中世纪把意识形态的其他一切形式——哲学、政治、法学，都合并到神学中，使它们成为神学中的科目。因此，当时任何社会运动和政治运动都不得不采取神学的形式；对于完全由宗教培育起来的群众感情说来，要掀起巨大的风暴，就必须让群众的切身利益披上宗教的外衣出现。市民阶级从最初起就给自己制造了一种由无财产的、不属于任何公认的等级的城市平民、短工和各种仆役所组成的附属品，即后来的无产阶级的前身，同样，宗教异端也早就分成了两派：市民温和派和甚至也为市民异教徒所憎恶的平民革命派。”②“新教异端的不可根绝是同正在兴起的市民阶级的不可战胜相适应的；当这个市民阶级已经充分强大的时候，他们从前同封建贵族进行的主要是地方性的斗争便开始采取全国性的

① ［德］马克思，［德］恩格斯：《马克思恩格斯文集》第 4 卷，人民出版社 2009 年版，第 309—310 页。

② ［德］马克思，［德］恩格斯：《马克思恩格斯文集》第4卷，人民出版社2009年版，第310页。

规模了。第一次大规模的行动发生在德国，这就是所谓的宗教改革。那时市民阶级既不够强大又不够发展，不足以把其他的反叛等级——城市平民、下层贵族和乡村农民——联合在自己的旗帜之下。贵族首先被击败；农民举行了起义，形成了这次整个革命运动的顶点；城市背弃了农民，革命被各邦君主的军队镇压下去了，这些君主攫取了革命的全部果实。从那时起，德国有整整三个世纪从那些能独立地干预历史的国家的行列中消失了。但是除德国人路德外，还出现了法国人加尔文，他以真正法国式的尖锐性突出了宗教改革的资产阶级性质，使教会共和化和民主化。当路德的宗教改革在德国已经蜕化并把德国引向灭亡的时候，加尔文的宗教改革却成了日内瓦、荷兰和苏格兰共和党人的旗帜，使荷兰摆脱了西班牙和德意志帝国的统治，并为英国发生的资产阶级革命的第二幕提供了意识形态的外衣。在这里，加尔文教显示出它是当时资产阶级利益的真正的宗教外衣，因此，在 1689 年革命由于一部分贵族同资产阶级间的妥协而结束以后，它也没有得到完全的承认。英国的国教会恢复了，但不是恢复到它以前的形式，即由国王充任教皇的天主教，而是强烈地加尔文教派化了。旧的国教会庆祝欢乐的天主教礼拜日，反对枯燥的加尔文教派礼拜日。新的资产阶级化的国教会，则采用后一种礼拜日，这种礼拜日至今还在装饰着英国。”①

恩格斯进一步阐述了宗教在近代欧洲的发展趋势，指出：“在法国，1685 年加尔文教派中的少数派曾遭到镇压，被迫皈依天主教或者被驱逐出境。但是这有什么用处呢？那时自由思想家皮埃尔·培尔已经在忙于从事活动，而 1694 年伏尔泰也诞生了。路易十四的暴力措施只是使法国的资产阶级更便于以唯一同已经发展起来的资产阶级相适应的、非宗教的、纯粹政治的形式进行自己的革命。出席国民议会的不是新教徒，而是自由思想家了。由此可见，基督教进入了它的最后阶段。此后，它已

① ［德］马克思，［德］恩格斯：《马克思恩格斯文集》第 4 卷，人民出版社 2009 年版，第 310—311 页。

不能成为任何进步阶级的意向的意识形态外衣了；它越来越变成统治阶级专有的东西，统治阶级只把它当作使下层阶级就范的统治手段。同时，每个不同的阶级都利用它自己认为适合的宗教：占有土地的容克利用天主教的耶稣会派或新教的正统派，自由的和激进的资产者则利用理性主义，至于这些先生自己相信还是不相信他们各自的宗教，这是完全无关紧要的。”①

在此基础上，恩格斯得出了宗教产生和发展的决定因素是人们的阶级关系的结论：“这样，我们看到，宗教一旦形成，总要包含某些传统的材料，因为在一切意识形态领域内传统都是一种巨大的保守力量。但是，这些材料所发生的变化是由造成这种变化的人们的阶级关系即经济关系引起的。在这里只说这一点就够了。”②

（4）恩格斯对资产阶级利用宗教阻挡无产阶级革命的分析

恩格斯 1880 年完成的《社会主义从空想到科学的发展》是一本普及马克思主义理论的小册子，该书从《反杜林论》中最重要的理论内容摘录改编而来，被誉为科学社会主义的入门书，其受欢迎的程度和流传的广度甚至超过了《共产党宣言》和《资本论》。该书的《1892 年英文版导言》深刻阐述了唯物主义和宗教、唯物史观和唯心史观之间斗争的社会背景和阶级实质，用自然科学的成就论证了世界的可知性，成为指导无产阶级与资产阶级进行意识形态斗争的经典著作。就马克思主义宗教学来说，该导言深入考察了资产阶级从反对宗教到扶植宗教的转变过程，揭露了其利用宗教阻挡无产阶级革命的实质，对深刻认识西方利用宗教干涉我国内政具有重要意义。

恩格斯指出，在唯物主义和自由思想盛行欧洲大陆的 19 世纪中叶，在英国却是另一番景象：几乎所有有教养的人都相信各种各样不可思议的

① ［德］马克思，［德］恩格斯：《马克思恩格斯文集》第 4 卷，人民出版社 2009 年版，第 311—312 页。

② ［德］马克思，［德］恩格斯：《马克思恩格斯文集》第 4 卷，人民出版社 2009 年版，第 312 页。

奇迹，甚至一些地质学家也歪曲他们发现的科学事实，唯恐过分有悖于创世纪的神话；要想在英国人中找到敢于凭自己的智力思考宗教问题的人，就必须去寻访那些没有受过教育的人，当时所谓的“无知群氓”，即工人，特别是去寻访那些欧文派的社会主义者。恩格斯通过这篇导言证明，那时候的英国资产阶级并不像有知识的外国人所认为的那样愚蠢，它的宗教倾向是有原因的。

恩格斯指出，当欧洲脱离中世纪的时候，新兴的城市资产阶级是欧洲的革命因素。一方面，资产阶级的发展，已经不能同封建制度并存，但是封建制度的巨大的国际中心是罗马天主教会，它给封建制度绕上一圈神圣的灵光，它按照封建的方式建立了自己的教阶制，它本身就是最有势力的封建领主，拥有天主教世界的地产的整整三分之一。资产阶级要想把每个国家的世俗的封建制度成功地各个击败，就必须先摧毁它的这个神圣的中心组织。另一方面，科学也随着资产阶级的兴起迅速振兴了。“资产阶级为了发展工业生产，需要科学来查明自然物体的物理特性，弄清自然力的作用方式。在此以前，科学只是教会的恭顺的婢女，不得超越宗教信仰所规定的界限，因此根本就不是科学。现在，科学反叛教会了；资产阶级没有科学是不行的，所以也不得不参加反叛。”以上两点证明：“第一，在反对罗马教会权利的斗争中，最有直接利害关系的阶级是资产阶级；第二，当时反对封建制度的历次斗争，都要披上宗教的外衣，把矛头首先指向教会。”①

恩格斯指出，资产阶级反对封建制度的长期斗争引发了三次大决战，分别发生在德国、英国和法国。第一次大决战是德国的宗教改革，“在路德失败的地方，加尔文却获得了胜利。加尔文的信条正适合当时资产阶级中最果敢大胆的分子的要求”②。第二次大决战发生在英国，它发现加尔文教就是现成的战斗理论。英国资产阶级成为统治阶级的组成部分后，它在

① ［德］马克思，［德］恩格斯：《马克思恩格斯文集》第3卷，人民出版社2009年版，第510页。
② ［德］马克思，［德］恩格斯：《马克思恩格斯文集》第3卷，人民出版社2009年版，第511页。

压迫国内广大劳动群众方面同统治阶级的其他部分有共同利益，它的利益是要从他们身上尽可能取得尽量多和尽量好的劳动；“为此目的，就必须把他们训练得驯服顺从。他本身是信仰宗教的，他曾打着宗教的旗帜战胜了国王和贵族；不久他又发现可以用宗教来操纵他的天然下属的灵魂，使他们服从由上帝安置在他们头上的那些主人的命令。简言之，英国资产阶级这时也参与镇压‘下层等级’，镇压全国广大的生产者大众了，为此所用的手段之一就是宗教的影响。”①“还有另一种情况也助长了资产阶级的宗教倾向。这就是唯物主义在英国的兴起。这个新的学说，不仅震撼了中间阶级的宗教情感，还自称是一种只适合世上有学问的和有教养的人们的哲学，完全不同于缺乏教养的群众以及资产阶级所感到尽善尽美的宗教。它随同霍布斯起而维护至高无上的王权，呼吁专制君主制镇压强壮而心怀恶意的小伙子，即人民。同样地，在霍布斯的后继者博林布罗克、舍夫茨别利等人那里，唯物主义的新的自然神论形式，仍然是一种贵族的秘传的学说，因此，唯物主义遭受中间阶级仇视，既是由于它是宗教的异端，也是由于它具有反资产阶级的政治联系。所以，同贵族的唯物主义和自然神论相反，过去曾经为反对斯图亚特王朝的斗争提供旗帜和战士的新教教派，继续提供了进步的中间阶级的主要战斗力量。”②“在法国，唯物主义最初也完全是贵族的学说。但是不久，它的革命性就显露出来。法国的唯物主义者并不是只批判宗教信仰问题；他们批判了当时的每一个科学传统或政治体制……这样，唯物主义就以其两种形式的这种或那种形式——公开的唯物主义或自然神论，成为法国一切有教养的青年信奉的教义。”③第三次大决战是法国大革命，“这是完全抛开宗教外衣、在毫不掩饰的政治战线上作战的首次起义；这也是真正把斗争进行到底，直到交战的一方

① ［德］马克思，［德］恩格斯：《马克思恩格斯文集》第3卷，人民出版社2009年版，第513页。

② ［德］马克思，［德］恩格斯：《马克思恩格斯文集》第3卷，人民出版社2009年版，第513—514页。

③ ［德］马克思，［德］恩格斯：《马克思恩格斯文集》第3卷，人民出版社2009年版，第514页。

贵族被彻底消灭而另一方即资产阶级完全胜利的首次起义”①。“唯物主义既然成为法国革命的信条，敬畏上帝的英国资产者就更要紧紧地抓住宗教了。难道巴黎的恐怖时代没有证明，群众一旦失去宗教信仰会有什么样的结局？唯物主义越是从法国传播到邻近国家，越是得到各种类似的理论思潮，特别是德国哲学的支持，唯物主义和自由思想越是在大陆上普遍地真正成为一个有教养的人所必须具备的条件，英国的中间阶级就越是要顽固地坚守各种各样的宗教信条。这些信条可以各不相同，但全都是地道的宗教信条，基督教信条。”②

恩格斯接着说：“后来，大陆上发生了 1848 年 2 月和 3 月革命，工人在革命中起了很重要的作用，而且，至少在巴黎，提出了一些从资本主义社会的观点看来决不能允许的要求。”③工人阶级的声势逼人的要求虽然被镇压下去了，“可是付出了多少代价啊！英国资产者以前就认为必须使普通人民保持宗教情绪，在经历了这一切之后，他们对这种必要性的感觉会变得多么强烈啊！他们毫不理会大陆上的伙伴们的讥笑，年复一年地继续花费成千上万的金钱去向下层等级宣传福音；他们不满足于本国的宗教机关，还求助于当时宗教买卖的最大组织者‘乔纳森大哥’，从美国输入了基督复活派，引来了穆迪和桑基之流；最后，他们接受了‘救世军’的危险的帮助——‘救世军’恢复了原始基督教的布道方式，把穷人看作是上帝的选民，用宗教手段反对资本主义，从而助长了原始基督教的阶级对抗因素，这总有一天会给目前为此投掷金钱的富翁带来麻烦”④。“但是英国的中间阶级——毕竟是很好的生意人——比德国的教授们看得更远。他们只是迫不得已才同工人阶级分享政权。在宪章运动的年代，他们对强壮而心怀恶意的小伙子即人民会有什么作为已经有所领教了。从那时以

① ［德］马克思，［德］恩格斯：《马克思恩格斯文集》第3卷，人民出版社2009年版，第514页。

② ［德］马克思，［德］恩格斯：《马克思恩格斯文集》第3卷，人民出版社2009年版，第515—516页。

③ ［德］马克思，［德］恩格斯：《马克思恩格斯文集》第3卷，人民出版社2009年版，第517页。

④ ［德］马克思，［德］恩格斯：《马克思恩格斯文集》第3卷，人民出版社2009年版，第517页。

来，他们被迫把人民宪章的大部分要求纳入联合王国的法律。现在比以往任何时候都更需要用精神手段去控制人民，影响群众的首要精神手段依然是宗教。于是，在学校董事会中，牧师就占优势；于是，资产阶级不断自我增税，以维持各种基督复活派，从崇礼派直到'救世军'。"①"现在，英国的体面人物终于战胜了大陆资产者的自由思想和对宗教的冷淡态度。法国和德国的工人已经变成了叛乱者。他们全都感染了社会主义，而且，他们在选择夺取统治权的手段时，有极充分的理由毫不考虑是否合法。这个强壮的小伙子一天比一天更加心怀恶意。法国和德国的资产阶级，只好采取最后的办法，不声不响地抛弃了他们的自由思想，就像一个少年公子，感到晕船时，把他为了在甲板上装腔作势而叼在嘴里的雪茄烟悄悄地吐掉一样；嘲笑宗教的人，一个一个地在外表上变成了笃信宗教的人，他们毕恭毕敬地谈论教会、它的教义和仪式，甚至在必要时，自己也举行这种仪式了。法国资产者每逢星期五吃素，德国资产者每逢星期日就呆坐在教堂的椅子上，聆听新教的冗长布道。他们已经因唯物主义而遭殃。'Die Religion muss dem Volk erhaltenwerden'——'必须为人民保存宗教'，这是使社会不致完全毁灭的唯一的和最后的拯救手段。对他们自己来说，不幸的是：等到他们发现这一点时，他们已经用尽一切力量把宗教永远破坏了。"②

恩格斯最后说："然而，无论英国资产者的宗教执迷，还是大陆资产者的事后皈依宗教，恐怕都阻挡不了日益高涨的无产阶级的潮流。传统是一种巨大的阻力，是历史的惰性力，但是它是消极的，所以一定要被摧毁；因此，宗教也不能永保资本主义社会的平安。如果说我们的法律的、哲学和宗教的观念，都是一定社会内占统治地位的经济关系的近枝或远蔓，那么，这些观念终究不能抵抗因这种经济关系的完全改变所产生的影

① ［德］马克思，［德］恩格斯：《马克思恩格斯文集》第3卷，人民出版社2009年版，第520页。

② ［德］马克思，［德］恩格斯：《马克思恩格斯文集》第3卷，人民出版社2009年版，第520—521页。

响。除非我们相信超自然的奇迹，否则，我们就必须承认，任何宗教教义都难以支撑一个摇摇欲坠的社会。”①

二、马克思主义宗教学的发展

在1894年恩格斯去世时，列宁已成长为坚定的马克思主义者。列宁在领导俄国社会主义革命的实践中创立了列宁主义，把马克思主义推进到新阶段，成为帝国主义时代无产阶级革命的伟大导师。在宗教理论上，列宁结合俄国革命实际捍卫和发展了马克思主义宗教学，为俄国工人阶级政党正确对待宗教提供了指导思想。列宁去世后，苏联共产党坚持以马克思列宁主义宗教理论为指导处理社会主义社会的宗教问题，以宗教治理新实践发展了马克思主义宗教学。

1. 列宁论宗教

列宁有关宗教的论述很多，代表性著作有《社会主义和宗教》《论工人政党对宗教的态度》《俄国共产党（布尔什维克）纲领草案》《论战斗唯物主义的意义》等。列宁对马克思主义宗教学的发展主要有两方面：一是对宗教在现代资本主义社会继续存在的社会根源和社会作用的阐述；二是对工人阶级政党在社会主义革命中如何对待宗教的论述。

（1）对社会主义和宗教关系的全面阐述

《社会主义和宗教》发表于1905年12月，是列宁阐述社会主义和宗教关系的重要著作，标志着列宁主义宗教观的正式形成。列宁的这篇著作既坚持和捍卫了马克思主义宗教学，又结合俄国革命的具体实际和资本主义进入帝国主义阶段的时代特征丰富和发展了马克思主义宗教学，形成了列宁科学社会主义理论的宗教问题篇。该文只有约3000字，集中揭示了宗教的社会根源和社会作用，重点阐明了科学社会主义关于宗教问题的基

① ［德］马克思，［德］恩格斯：《马克思恩格斯文集》第3卷，人民出版社2009年版，第521页。

本态度和基本政策。

关于宗教信仰的社会根源。列宁指出，现代社会建筑在地主资本家极少数人对工人阶级广大群众的剥削上，是奴隶占有者的社会，因为一生为资本做工的“自由”工人“有权”支配的仅仅是生产利润的奴隶赖以活命，从而使资本主义奴役制得以存在和延续的那一点生活资料。“对工人的经济压迫，必然会引起和产生对群众的各种政治压迫和社会屈辱，使他们在精神生活方面变得粗俗和愚昧。工人固然可以多少争得一点政治自由来为自身的经济解放而斗争，但是，在资本的政权未被推翻以前，任何自由都不会使他们摆脱贫困、失业和压迫。宗教是一生为他人干活而又深受穷困和孤独之苦的人民群众所普遍遭受的种种精神压迫之一。被剥削阶级由于没有力量同剥削者进行斗争，必然会产生对死后的幸福生活的憧憬，正如野蛮人由于没有力量同大自然搏斗而产生对上帝、魔鬼、奇迹等的信仰一样。”①

关于现代宗教的社会作用。列宁分析了宗教对被剥削者和剥削者的不同作用，指出：“对于辛劳一生贫困一生的人，宗教教导他们在人间要顺从和忍耐，劝他们把希望寄托在天国的恩赐上。对于依靠他人劳动而过活的人，宗教教导他们要在人间行善，廉价地为他们的整个剥削生活辩护，向他们廉价出售进入天国享福的门票。宗教是人民的鸦片。宗教是一种精神上的劣质酒，资本的奴隶饮了这种酒就毁坏了自己做人的形象，不再要求多少过一点人样的生活。”②

关于对待宗教的态度。列宁主要讲了三点：一是“应当宣布宗教是私人的事情”，即“国家不应当同宗教发生关系，宗教团体不应当同国家政权发生联系。任何人都有充分自由信仰任何宗教，或者不承认任何宗教，就是说，像通常任何一个社会主义者那样做一个无神论者。在公民中

① 韦建桦主编：《列宁专题文集：论辩证唯物主义和历史唯物主义》，人民出版社 2009 年版，第 219 页。

② 韦建桦主编：《列宁专题文集：论辩证唯物主义和历史唯物主义》，人民出版社 2009 年版，第 219—220 页。

间，完全不允许因为宗教信仰而产生权利不一样的现象。在正式文件里应当根本取消关于公民某种信仰的任何记载。决不应当把国家的钱补贴给国家教会，决不应当把国家的钱补贴给教会团体和宗教团体，这些团体应当是完全自由的、与政权无关的志同道合的公民联合会”。总之，“教会与国家完全分离，这就是社会主义无产阶级向现代国家和现代教会提出的要求”①。二是强调“对于社会主义无产阶级的政党，宗教并不是私人的事情”，因为“我们的党是争取工人阶级解放的觉悟的先进战士的联盟。这样的联盟不能够而且也不应当对信仰宗教这种不觉悟、无知和蒙昧的表现置之不理。我们要求教会与国家完全分离，以便用纯粹的思想武器，而且仅仅是思想武器，用我们的书刊、我们的言论来跟宗教迷雾进行斗争。我们建立自己的组织即俄国社会民主工党的目的之一，也正是为了要同一切利用宗教愚弄工人的行为进行这样的斗争。对我们来说，思想斗争不是私人的事情，而是全党的、全体无产阶级的事情”②。三是不应当离开阶级斗争去抽象地、唯心地提宗教问题，“如果认为，在一个以无休止的压迫和折磨劳动群众为基础的社会里，可以用纯粹说教的方法消除宗教偏见，那是愚蠢可笑的。如果忘记，宗教对人类的压迫只不过是社会内部经济压迫的产物和反映，那就是受了资产阶级观点的束缚。如果无产阶级本身的反对资本主义黑暗势力的斗争没有启发无产阶级，那么任何书本、任何说教都是无济于事的。在我们看来，被压迫阶级为创立人间的天堂而进行的这种真正革命斗争的一致，要比无产者对虚幻的天堂的看法上的一致更为重要”③。“因此，我们在我们的党纲中没有宣布而且也不应当宣布我们的无神论。因此，我们没有禁止而且也不应当禁止那些还保存着某些旧偏见残

① 韦建桦主编：《列宁专题文集：论辩证唯物主义和历史唯物主义》，人民出版社 2009 年版，第 220 页。

② 韦建桦主编：《列宁专题文集：论辩证唯物主义和历史唯物主义》，人民出版社 2009 年版，第 221—222 页。

③ 韦建桦主编：《列宁专题文集：论辩证唯物主义和历史唯物主义》，人民出版社 2009 年版，第 222 页。

余的无产者靠近我们党。我们永远要宣传科学的世界观，我们必须跟某些‘基督教徒’的不彻底性进行斗争。但是这决不是说，应当把宗教问题提到它所不应有的首要地位，决不是说，为了反对那些很快就会失去任何政治意义、很快就会被经济发展进程本身抛到垃圾箱里去的次要的意见或呓语，而分散真正革命斗争的、经济斗争的和政治斗争的力量。”①

（2）对工人阶级政党宗教政策的全面阐述

《论工人政党对宗教的态度》发表于1909年5月，是列宁针对俄国各阶级和各政党在国家杜马讨论宗教问题时对宗教和教会的态度而写的，集中论述了俄国社会民主党人应如何认识和对待宗教问题，是全面阐述马克思主义政党关于宗教的基本观点和基本政策的重要著作。该文首先对马克思和恩格斯关于如何正确认识和对待宗教的论述作了系统梳理，然后结合俄国实际和时代特征加以丰富发展，是对《社会主义和宗教》中阐述的基本观点和政策的具体化。

第一，关于对待宗教的基本态度。

列宁首先回顾了马克思和恩格斯对宗教问题表示意见的经过，概括出马克思主义政党在宗教问题上必须坚持的三大原则。

一是在世界观上同宗教划清界限。列宁指出：“社会民主党的整个世界观是以科学社会主义即马克思主义为基础的。马克思和恩格斯多次声明，马克思主义的哲学基础是辩证唯物主义，它完全继承了法国18世纪和德国19世纪上半叶费尔巴哈的唯物主义历史传统，即绝对无神论的、坚决反对一切宗教的唯物主义历史传统。我们要指出，恩格斯的《反杜林论》（马克思看过该书的手稿）通篇都是揭露唯物主义者和无神论者杜林没有坚持唯物主义，给宗教和宗教哲学留下了后路。必须指出，恩格斯在论路德维希·费尔巴哈的著作中批评费尔巴哈，说他反对宗教不是为了消灭宗教而是为了革新宗教，创造出一种新的、‘高尚的’宗教；等等。

① 韦建桦主编：《列宁专题文集：论辩证唯物主义和历史唯物主义》，人民出版社2009年版，第222—223页。

宗教是人民的鸦片，——马克思的这一句名言是马克思主义在宗教问题上的全部世界观的基石。马克思主义始终认为现代所有的宗教和教会、各式各样的宗教团体，都是资产阶级反动派用来捍卫剥削制度、麻醉工人阶级的机构。”①

二是在政治上实行宗教信仰自由。列宁指出：“但是，恩格斯同时也多次谴责那些相比社会民主党人‘更左’或‘更革命’的人，谴责他们企图在党的纲领里规定直接承认无神论，即向宗教宣战。1874 年，恩格斯谈到当时侨居伦敦的公社布朗基派流亡者发表的著名宣言时，认为他们大声疾呼向宗教宣战是一种愚蠢的举动，指出这样宣战是提高人们对宗教的兴趣、妨碍宗教真正消亡的最好手段。恩格斯斥责布朗基派不了解只有工人群众的阶级斗争从各方面吸引了最广大的无产阶级群众参加自觉的革命的社会实践，才能真正把被压迫的群众从宗教的压迫下解放出来，因此宣布党的政治任务是同宗教作战，不过是无政府主义的空谈而已。1877 年恩格斯在《反杜林论》中无情地斥责哲学家杜林在世界观上对唯心主义和宗教所作的让步，即使是些微的让步，但也同样严厉地斥责杜林提出的在社会主义社会中禁止宗教存在这一似乎是革命的主张。……恩格斯痛斥了妄想做超革命家的杜林，说他想用另一种方式来重复俾斯麦的蠢举，同时恩格斯要求工人政党耐心地去组织和教育无产阶级，使宗教渐渐消亡，而不要冒险地在政治上对宗教作战。这个观点已经被德国社会民主党完全接受，例如德国社会民主党主张给耶稣会士以自由，主张允许他们进入德国国境，主张取消对付这种或那种宗教的任何警察手段。‘宣布宗教为私人的事情’——这是爱尔福特纲领（1891 年）的一个著名论点，它确定了社会民主党的上述政治策略。”②

三是在实践上反对右倾机会主义。列宁指出：“这个策略现在竟然成为陈规，竟然产生了一种对马克思主义的新的歪曲，使它走向反面，成了

① ［苏］列宁:《列宁选集》第 2 卷，人民出版社 2012 年第 3 版修订版，第 247—248 页。

② ［苏］列宁:《列宁选集》第 2 卷，人民出版社 2012 年第 3 版修订版，第 248—249 页。

机会主义。有人把爱尔福特纲领的这一论点说成这样，似乎我们社会民主党人，我们的党，认为宗教是私人的事情，对于我们社会民主党人来说，对于我们党来说，宗教是私人的事情。在19世纪90年代，恩格斯没有同这种机会主义观点进行直接的论战，但是他认为必须坚决反对这种观点，不过不是用论战的方式而是采用正面叙述的方式。就是说，当时恩格斯有意地着重声明，社会民主党认为宗教对于国家来说是私人的事情，但是对于社会民主党本身、对于马克思主义、对于工人政党来说决不是私人的事情。”①

第二，对马克思主义宗教学的捍卫和发展。

在阐述了马克思恩格斯关于对待宗教的基本态度之后，列宁驳斥了无政府主义者对马克思主义宗教学的种种指责，阐述了马克思主义者同旧唯物主义者在宗教问题上的共同点和不同点，揭示了宗教在现代社会的深刻根源，论述了党的宗教政策的理论基础。

针对无政府主义者指责马克思主义对宗教温和而主张向宗教宣战的“左”倾错误，列宁指出：“只要稍微能认真一些看待马克思主义，考虑马克思主义的哲学原理和国际社会民主党的经验，就能很容易地看出，马克思主义对待宗教的策略是十分严谨的，是经过马克思和恩格斯周密考虑的；在迂腐或无知的人看来是动摇的表现，其实都是从辩证唯物主义中得出来的直接的和必然的结论。如果认为马克思主义对宗教采取似乎是‘温和’的态度只是出于所谓‘策略上的’考虑，是为了‘不要把人吓跑’；等等，那就大错特错了。相反，马克思主义在这个问题上的政治路线，是同它的哲学原理有密切关系的。”②“马克思主义是唯物主义。正因为如此，它同18世纪法国百科全书派的唯物主义或19世纪上半叶德国费尔巴哈的唯物主义一样，也毫不留情地批判宗教。但是马克思和恩格斯的辩证唯物主义比百科全书派和费尔巴哈更进了一步，把唯物主义哲学应用到了历史

① ［苏］列宁：《列宁选集》第2卷，人民出版社2012年第3版修订版，第249页。

② ［苏］列宁：《列宁选集》第2卷，人民出版社2012年第3版修订版，第250页。

领域，应用到社会科学领域。我们应当同宗教作斗争，这是整个唯物主义的起码原则，因而也是马克思主义的起码原则。但是，马克思主义不是停留在起码原则上的唯物主义。马克思主义更前进了一步。它认为必须善于同宗教作斗争，为此应当用唯物主义观点来说明群众中的信仰和宗教的根源。同宗教作斗争不应该局限于抽象的思想宣传，不能把它归结为这样的宣传；而应该把这一斗争同目的在于消灭产生宗教的社会根源的阶级运动的具体实践联系起来。……在现代资本主义国家里，这种根源主要是社会的根源……现代宗教的根源就是对资本的捉摸不定的力量的恐惧……只要受资本主义苦役制度压迫、受资本主义的捉摸不定的破坏势力摆布的群众自己还没有学会团结一致地、有组织地、有计划地、自觉地反对宗教的这种根源，反对任何形式的资本统治，那么无论什么启蒙书籍都不能使这些群众不信仰宗教。”[①]“由此是否可以说，反宗教的启蒙书籍是有害的或多余的呢？不是的。决不能得出这样的结论。应当说，社会民主党宣传无神论，必须服从社会民主党的基本任务：发展被剥削群众反对剥削者的阶级斗争。”[②]

针对右倾机会主义者害怕和反对进行无神论宣传的错误，列宁指出：“马克思主义者应该善于估计整个具体情况，随时看清无政府主义同机会主义的界限（这个界限是相对的，是可以移动、可以改变的，但它确实是存在的），既不陷入无政府主义者那种抽象的、口头上的，其实是空洞的‘革命主义’，也不陷入小资产者或自由派知识分子那种庸俗观念和机会主义，不要像他们那样害怕同宗教作斗争，忘记自己的这种任务，容忍对上帝的信仰，不从阶级斗争的利益出发，而是打小算盘：不得罪人，不排斥人，不吓唬人，遵循聪明绝顶的处世之道：‘你活，也让别人活’，如此等等。”[③]列宁指出，西欧社会民主党在宗教问题上产生机会主义，除了

① ［苏］列宁：《列宁选集》第2卷，人民出版社2012年第3版修订版，第250页。
② ［苏］列宁：《列宁选集》第2卷，人民出版社2012年第3版修订版，第250页。
③ ［苏］列宁：《列宁选集》第2卷，人民出版社2012年第3版修订版，第253页。

“产生机会主义的一般原因的影响，如为了眼前利益而牺牲工人运动的根本利益”，“还有一些特殊的历史条件使欧洲的社会民主党人对宗教问题采取了目前这种可以说是过分冷漠的态度”[①]。一是西欧资产阶级已经在他们自己的革命时代基本完成了反宗教斗争的历史任务，二是西欧需要纠正无政府主义者“在反宗教斗争中使革命的空谈达到登峰造极”的“左”倾错误，三是西欧资产阶级革命实现了比较完全的信教自由以后，反宗教斗争已经退居次要地位。俄国的情况完全不同，由于资产阶级民主革命的条件，反宗教斗争的任务几乎完全落到了工人阶级肩上。同西欧相比，俄国小资产阶级的（民粹主义的）民主派在这方面做的事情并不是太多了，而是太少了。与西欧资产阶级自己领导他们的民主革命的历史不同，俄国无产阶级是本国资产阶级民主革命的领袖，“无产阶级政党应当成为反对一切中世纪制度的斗争的思想领袖，这一斗争还包括反对陈腐的、官方的宗教，反对任何革新宗教、重新建立或用另一种方式建立宗教的尝试；等等。因此，如果说当德国社会民主党人把工人政党要求国家宣布宗教为私人的事情的主张偷换成宣布宗教对社会民主党人和社会民主党本身来说也是私人的事情时，恩格斯纠正这种机会主义的方式还比较温和，那么俄国机会主义者仿效德国人的这种歪曲，就应该受到恩格斯严厉‘一百倍’的斥责”[②]。

列宁还阐述了宗教信徒能否入党问题，指出：“经常有人提出这样的问题：司祭能不能成为社会民主党党员。人们通常根据欧洲各社会民主党的经验对这一问题作无条件的、肯定的回答。但是这种经验并不仅仅是把马克思主义学说应用于工人运动的结果，而且也是由西欧特殊的历史条件决定的；这种条件在俄国并不存在（关于这种条件，我们到下面再谈），所以在这个问题上无条件的肯定的回答在我国是不正确的。不能一成不变地在任何情况下都宣布说司祭不能成为社会民主党党员，但是也不能一成

① ［苏］列宁：《列宁选集》第 2 卷，人民出版社 2012 年第 3 版修订版，第 255 页。

② ［苏］列宁：《列宁选集》第 2 卷，人民出版社 2012 年第 3 版修订版，第 255—256 页。

不变地提出相反的规定。如果有一个司祭愿意到我们这里来共同进行政治工作，真心诚意地完成党的工作，不反对党纲，那我们就可以吸收他加入社会民主党，因为在这样的条件下，我们党纲的精神和基本原则同这个司祭的宗教信念的矛盾，也许只是关系到他一个人的矛盾，只是他个人的矛盾，而一个政治组织要用考试的方法来检验自己成员所持的观点是否同党纲矛盾，那是办不到的。当然，这种情况即使在欧洲也是极其少有的，在俄国则更是难以想象了。如果这位司祭加入社会民主党之后，竟在党内积极宣传宗教观点，以此作为他主要的甚至是唯一的工作，那么党当然应该把他开除出自己的队伍。我们不仅应当容许，而且应当特别注意吸收所有信仰上帝的工人加入社会民主党，我们当然反对任何侮辱他们宗教信念的行为，但是我们吸收他们是要用我们党纲的精神来教育他们，而不是要他们来积极反对党纲。我们容许党内自由发表意见，但是以自由结合原则所容许的一定范围为限，因为我们没有义务同积极宣传被党内多数人摒弃的观点的人携手并进。”①

2. 苏联的宗教政策

十月革命胜利后，俄共（布）结合苏联社会主义革命、建设和改革的实际，制定和实行了一系列宗教政策和法令，把马克思列宁主义宗教理论具体化，进一步发展了马克思主义宗教学。苏联处理宗教问题的理论和实践对中国共产党产生了重要影响。回顾苏联的宗教政策，对于全面了解马克思主义宗教学及其中国化具有重要意义。

（1）列宁斯大林时期的宗教政策

苏联的宗教政策形成于1918年前后，基本上是对1903年俄国社会民主工党党纲中确立的“教会同国家分离，学校同教会分离”这一基本原则的具体化。作为世界上第一个社会主义国家，苏联的宗教政策无论在社会主义历史上还是人类历史上都是开创性的。

---

①［苏］列宁：《列宁选集》第2卷，人民出版社2012年第3版修订版，第253—254页。

十月革命（1917 年 11 月 7 日）胜利后，全俄工农代表苏维埃代表大会立即通过《土地法令》（11 月 8 日），将一切土地（包括寺院、教堂的土地）收归国有，“无偿地取消其原主所有权，成为全民财产并交给一切耕种土地的劳动者使用”①，接着列宁和斯大林签署《俄罗斯各族人民权利宣言》（11 月 15 日），宣布“废除任何民族的和民族宗教的一切特权和限制”②，随后全俄中央执行委员会和人民委员会颁布《离婚法令》（12 月 29 日）和《婚姻、子女和办理户籍登记法令》（12 月 31 日），规定“所有现在由东正教会和其他宗教部门的各宗教法庭、主教公会和其他基督教与异教的各种机关以及管理各种宗教事务的负责人员受理的，尚未做出决定或已做出决定尚未生效的离婚案件，均为本法令强制取消，现存于受理离婚案件的上述机关和人员手中的全部档案必须立即移交当地州法院保存。男女双方不必等原案结束，有权按本法令重新提出离婚申请，如果类似申请已按过去手续办理，则新颁布的条文（第 4 条和第 5 条）对缺席者没有约束力”③；“俄罗斯共和国今后只承认非宗教婚姻”，“结婚双方除必须办理非宗教的婚姻登记手续外，另举行宗教结婚仪式，纯属他们的私事”，“命令所有宗教和行政机构，不论其过去是按哪一种宗教信仰办理婚姻、出生和死亡登记的，立即将这些登记簿册移交有关市、县和乡的地方自治机关的民政局，以便今后妥善保存”。④

1918 年 1 月 23 日，人民委员会通过《关于教会同国家分离和学校同教会分裂》法令：“一、教会同国家分离。二、在共和国境内，禁止发布任何排斥或限制信仰自由，或以公民的宗教信仰为理由而规定任何优先权

① 中国社会科学院世界宗教研究所：《苏联的宗教政策》，中国社会科学出版社 1980 年版，第 8 页。

② 中国社会科学院世界宗教研究所：《苏联的宗教政策》，中国社会科学出版社 1980 年版，第 10 页。

③ 中国社会科学院世界宗教研究所：《苏联的宗教政策》，中国社会科学出版社 1980 年版，第 14 页。

④ 中国社会科学院世界宗教研究所：《苏联的宗教政策》，中国社会科学出版社 1980 年版，第 15—16 页。

或特权的地方性法律或决议。三、每个公民都有权信奉或不信奉任何宗教。凡因信奉或不信奉某一宗教而剥夺权利的规定，一律废除。附注：从所有文件中取消一切有关说明公民信奉和不信奉宗教的规定。四、国家机关和其他公开的社会权力机关在进行活动时，不得举行任何宗教仪礼。五、保障举行宗教仪式的自由，但以不破坏社会秩序和不侵犯苏维埃共和国公民的权利为限。如果发生上述情况，地方政权有权采取一切必要措施来保障社会秩序和安全。六、任何人不得以自己的宗教观点为借口，逃避履行自己的公民义务。任何个别情况，只有根据人民法院的决定，以一项公民义务代替另一项公民义务为条件，准许例外。七、废除宗教宣誓。在必要时，只准做庄严的保证。八、户籍工作只由民政机关，即婚姻和出生登记处办理。九、学校同教会分离。在一切讲授普通科目的国立、公立和私立学校中，禁止讲授宗教教义。公民可以私人教授宗教教义。十、一切教会和宗教团体均须遵守关于私人社团的一般条例；国家和地方机关不给予任何特权和津贴。十一、不得为教会或宗教团体的利益强制征收捐款和课税，这些教会或宗教团体不得对本组织的成员采取强制手段或惩罚措施。十二、任何教会和宗教团体都无权占有财产。任何教会和宗教团体都不享有法人的权利。十三、凡在俄国属于教会和宗教团体的全部财产都宣布为人民的财产。专供祈祷用的建筑物和物品，根据地方或中央国家政权机关的特别规定，转交有关宗教团体无偿使用。”[①]该法令是苏联宗教政策的总纲，一直执行到 1987 年前后。

1918 年 7 月，全俄苏维埃第五次代表大会通过《俄罗斯苏维埃社会主义共和国宪法（根本法）》，第 13 条规定：“为保障劳动者享有真正的信仰自由，实行教会同国家分离和学校同教会分离，并承认所有公民都有进行宗教宣传与反宗教宣传的自由。”[②]1919年3月，俄共（布）第八次代表

① 中国社会科学院世界宗教研究所：《苏联的宗教政策》，中国社会科学出版社 1980 年版，第 18—20 页。

② 中国社会科学院世界宗教研究所：《苏联的宗教政策》，中国社会科学出版社 1980 年版，第 23 页。

大会通过《俄国共产党（布尔什维克）纲领》，第13条规定："俄共对宗教的政策是不满足于已经颁布过的教会同国家分离、学校同教会分离的法令，即不满足于资产阶级民主制许诺过，但由于资本同宗教宣传有多种多样的实际联系而在世界上任何地方也没有彻底实行过的措施。俄共遵循的信念是，只有在群众的所有社会经济活动实现了计划性和自觉性，宗教偏见才能随之完全消除。党力求摧毁剥削阶级和宗教宣传之间的联系，同时使劳动群众实际上从宗教偏见中解放出来，并为此组织最广泛的科学教育和反宗教的宣传工作。同时必须注意避免伤害信教者的感情，因为这种伤害只会加剧宗教狂。"①苏联宪法和俄共（布）党纲的上述规定是对苏联宗教政策的权威表述和高度概括，具有很强的稳定性和连续性。

上述政策在列宁斯大林时期得到了严肃认真的执行。当时世界上绝大多数国家尚处于封建社会和半殖民地半封建社会，没有宗教信仰自由。美国、法国等极少数资本主义国家虽然宣布政教分离和宗教信仰自由，但没有彻底实行，而其他国家则仍然实行国教统治、支持宗教宣传，根本没有改信他教、不信宗教和反宗教宣传的自由。苏联的革命性宗教政策遭到了宗教上层和西方反社会主义势力的激烈反对。由于宗教问题与阶级斗争相互交织，苏联在执行宗教政策时不得不使用无产阶级专政手段，迫使东正教等适应社会主义社会。

（2）赫鲁晓夫时期的宗教政策

从1953年斯大林去世到1987年戈尔巴乔夫开始背离马克思列宁主义，苏联的宗教政策总体上保持稳定。由于各宗教逐步走上适应社会主义社会的轨道，苏联对宗教的限制有所放松，宗教活动逐渐活跃起来。在这种情况下，苏联开始加强一度被忽视的科学无神论宣传，细化无神论宣传教育的具体措施和管理宗教事务的政策法令。

赫鲁晓夫时期，苏联宗教政策的最大特点是加强卫国战争以来被忽

① 中国社会科学院世界宗教研究所：《苏联的宗教政策》，中国社会科学出版社1980年版，第35页。

视的科学无神论宣传。1954年7月，苏共中央做出《关于科学无神论宣传中的重大缺点及其改进措施》的决议，指出“很多党组织对居民中的科学无神论宣传工作的领导是不能令人满意的”，“有好些党的组织显然没有认识到，这项工作是对劳动人民进行共产主义教育的一种重要手段。在某些党的和苏维埃的工作人员中有这样一种错误意见，认为随着教会的阶级基础在我国消灭和对其反革命活动的制止，已经没有再进行积极的无神论宣传的必要了”，“苏联文化部和全苏政治和科学知识普及协会所进行的科学无神论宣传也是不能令人满意的”，“很多工会和共青团组织对教会的活动和宗教在我国人民中影响的扩大，采取了中立的和消极的态度，它们事实上已自动放弃了在工人、职员和青年中的无神论教育工作”。[①]针对这些情况，苏共中央决定：“责成各加盟共和国共产党中央委员会，苏共各边疆区委员会及各州委员会消除反宗教工作中的无人管理状态，展开科学无神论宣传”，“为了培养科学无神论宣传干部，委托苏共中央宣传鼓动部把关于这些马列主义问题的一系列讲演列入各大学的教学大纲，同时也列入各地方党组织举办的宣传员训练班和讲习班的大纲”，“责成苏联文化部、各加盟共和国文化部和全苏政治和科学知识普及协会……改进对劳动人民的自然科学知识宣讲工作”，“批准全苏政治和科学知识普及协会出版通俗科学普及月刊《科学与宗教》”，“责成国家政治书籍出版社……组织出版马列主义经典作家论述宗教和无神论的著作单行本，同时还出版一套共产党和苏维埃政府对宗教态度的通俗读物和小册子”，“建议苏联科学院出版社出版无神论著作、古希腊罗马思想家和法国启蒙思想家著作的选集，附以通俗的序言”，“责成外文图书出版社出版外国学者和作家有关宗教与无神论的优秀著作”，“责成国家文学出版社大量发行俄国和外国文学家写的无神论题材的作品和廉价出版物，同时也出版反宗教的童话、民歌、谚语和传说”，“责成中央和地方报纸与杂志的编辑部

① 中国社会科学院世界宗教研究所：《苏联的宗教政策》，中国社会科学出版社1980年版，第85—87页。

系统地阐明各种自然科学和无神论的宣传问题，刊载有关这些题材的通俗资料，介绍优秀演讲员和主办公开演讲的工作经验”，“责成各加盟共和国教育部和苏联高等教育部加强对中学生和大学生的战斗唯物主义教育工作”，“责成全苏共青团中央改进对青年的科学无神论宣传”，“建议全苏工会中央理事会采取措施加强工人和职员特别是妇女的科学无神论知识宣传”。①

由于在贯彻执行中出现了“左”的错误，苏共中央又在1954年11月做出《关于在居民中进行科学无神论宣传中的错误》的决议，指出“近来对居民的科学无神论宣传中，有许多地方犯有严重错误”，“中央和地方某些个别报纸不经常开展耐心细致的自然科学知识宣传和同宗教作思想斗争的工作，有些演讲员和报告人在发言中对神职人员和举行宗教仪式的教徒进行了伤害性的攻击。经常发生这样一些事件，如有些报刊和宣传员的口头发言毫无根据地把一些宗教神职人员和教徒说成是政治上不能信任的人。在有些地区，某些地方组织和个别人员竟然从行政上干涉宗教组织和小组的活动并对神职人员采取了粗暴的态度”，“反宗教宣传工作中的这些错误是与共产党对待宗教和教徒的纲领和政策根本抵触的，它违背了党关于禁止伤害教徒的感情的多次指示”，②“责成苏共各州委、各边疆区委，各加盟共和国党中央和一切党组织必须坚决消除无神论宣传工作中的错误，今后绝对不允许伤害教徒和教会人员的感情以及采取行政手段去干涉教会的活动”，“党过去总是要求并且今后也将要求，用同情和关心的态度来对待这些信教公民。由于某些苏联公民有宗教信仰而对他们政治上加以怀疑，那就更加愚蠢和有害了”，“在进行科学无神论宣传的时候，必须注意不能把社会主义国家的教会状况跟剥削社会的教会状况混为一谈”，“在沙皇俄国，教会忠实地为专制制度、地主和资本家效劳，为其

① 中国社会科学院世界宗教研究所：《苏联的宗教政策》，中国社会科学出版社1980年版，第87—90页。

② 中国社会科学院世界宗教研究所：《苏联的宗教政策》，中国社会科学出版社1980年版，第91页。

对人民群众的残酷剥削辩护，支持剥削者反对劳动人民。大家还知道，十月社会主义革命刚刚胜利之后，在国内战争年代里和晚些时候，很多宗教组织、僧侣小组对苏维埃政权一直抱敌视态度。为此，国家曾对某些神职人员进行起诉，其原因不在于他们进行宗教活动，而是由于他们为讨好国内反革命势力和国际帝国主义进行了反对苏联人民利益的反政府活动。因此，苏联人民反对社会主义国家的敌人的斗争也曾包括那些从事敌视苏联人民活动的教会反动人物，这是很自然的。现在，由于苏联社会主义的胜利和剥削阶级的消灭，动摇了宗教的社会基础，消灭了教会赖以存在的基础。事实表明，大多数教会人员现在对苏维埃政权还是采取忠诚老实态度的。因此，目前应该把反对宗教偏见的斗争看作是科学的唯物主义世界观反对反科学的宗教世界观的斗争"，"党认为必须进行深刻的经常不断的科学无神论宣传，但同时又不允许伤害教徒以及神职人员的宗教感情"。①

1961 年 10 月，苏共第二十二次代表大会通过的《苏联共产党纲领》对科学无神论宣传作了新的表述："党运用思想教育方法培养人们树立科学唯物主义世界观，克服宗教偏见，禁止伤害教徒的感情。必须系统地进行广泛的科学无神论宣传，耐心地解释宗教信仰是没有任何根据的，说明它是由于过去人们受到自然界自发力量的压抑和社会的压迫以及因为不了解自然现象和社会现象的真实原因而产生的。在这方面应当依靠现代科学的成就，因为现代科学越来越充分地揭示了世界的真实情况，提高了人对自然的控制能力，使得所谓的超自然力量这种虚幻的宗教臆造毫无容身之地。"②1964年2月，苏共中央进一步通过《关于加强居民中的科学无神论教育的措施》，包括"无神论问题的科学研究和反宗教专家的培养"，"干部的无神论学习"，"在无神论教育中运用各种教育手段"，"对儿童和少

① 中国社会科学院世界宗教研究所:《苏联的宗教政策》，中国社会科学出版社 1980 年版，第 91—94 页。

② 中国社会科学院世界宗教研究所:《苏联的宗教政策》，中国社会科学出版社 1980 年版，第 101 页。

年进行无神论教育”，“检查苏维埃关于宗教法律的执行情况，无神论工作的组织”，并“建议各加盟共和国党中央、各边疆区党委及各州党委结合本地条件制定并采取根本改进无神论宣传工作的具体措施”。[①]

（3）勃列日涅夫时期的宗教政策

勃列日涅夫时期，苏联宗教政策的最大特点是制定、修订和细化宗教事务法律，加强对宗教事务的管理。1966 年 3 月，最高苏维埃主席团发布《关于违反有关宗教法律的行政处分》令规定：“凡有以下行为表现者应视为违反有关宗教的法律：不向各级政权机关进行组织登记的宗教组织领导人；违反法律所规定的关于组织与举行宗教集会、游行和其他宗教礼仪的条例者；组织与举行专门的青少年集会以及其他与履行宗教仪式无关的劳动、文学等小组的神职人员和宗教组织的成员，——将由区、市劳动人民代表苏维埃执行委员会所属行政委员会判处五十卢布以下的罚金。”[②]同时发布的《关于贯彻苏俄刑法典第一百四十二条的规定》指出：“鉴于在贯彻《苏俄刑法典》第一百四十二条过程中出现的问题……违反关于教会同国家分离和学校同教会分离的法令的刑事犯罪，应作如下解释：强迫宗教组织和神职人员摊派捐款；为了广泛传播而编造或者广泛传播书信、传单和其他号召不执行宗教法令的文件；为了鼓动居民中的宗教迷信而进行欺骗行为；组织和举行破坏社会秩序的宗教集会、游行和其他宗教仪式；一贯向未成年人灌输宗教教义而违反有关法规；根据公民对宗教的态度，停止招收他们做工或入学，开除他们的公职和学籍，剥夺他们按法律应享有的优待权以及其他对公民权的主要限制。”[③]1968 年和 1971 年制定的人民代表苏维埃示范条例规定，在实行人民监督、保证社会主义

---

① 中国社会科学院世界宗教研究所：《苏联的宗教政策》，中国社会科学出版社 1980 年版，第 104—110 页。

② 中国社会科学院世界宗教研究所：《苏联的宗教政策》，中国社会科学出版社 1980 年版，第 113 页。

③ 中国社会科学院世界宗教研究所：《苏联的宗教政策》，中国社会科学出版社 1980 年版，第 114 页。

法制、维护国家与社会秩序及公民权利方面，村、镇、城市、区劳动人民代表苏维埃监督对宗教法律的执行情况。

1971 年 4 月苏共第二十四次代表大会通过的《苏联共产党章程》规定，党员应做到："掌握马克思列宁主义的理论，提高自己的思想水平，促进共产主义社会的人的形成和培养。坚决同资产阶级思想的任何表现、私有心理的残余、宗教偏见和其他旧的残余作斗争，遵守共产主义道德原则，把公共利益摆在个人利益之上……" ①1973 年 7 月通过的《苏联及各加盟共和国关于国民教育的立法原则》规定，"苏联国民教育的基本原则"有十二项，其中第七项为"教学与共产主义教育要统一，学校、家庭和社会在教育儿童和青年方面实行合作"，第十二项为"实行排除宗教影响的世俗教育"。②

1975 年 6 月，俄罗斯苏维埃联邦社会主义共和国最高苏维埃主席团通过对 1929 年 4 月全俄中央执行委员会和俄罗斯苏维埃联邦社会主义共和国人民委员会《关于宗教组织》的决议的修正和补充令，"取消了一些陈旧的规则、概念和提法"，主要的修改和补充包括："宗教中心与教区管理机构可以生产教堂用品和供宗教仪式使用的物品，并可将它们出售给各宗教团体。各宗教团体（中央和地方的）都有权获得运输工具，有权租赁、建造和购买为自己所需的建筑物。" ③"强调在检查有关宗教的法律执行情况时遵循集中制原则。为此，授予苏联部长会议宗教事务委员会以极大的权力。宗教事务委员会通过中央和地方组织以及有关负责人员，检查是否正确执行关于宗教的法律，负责向各部、各主管部门和其他组织，就

① 中国社会科学院世界宗教研究所：《苏联的宗教政策》，中国社会科学出版社 1980 年版，第 118 页。

② 中国社会科学院世界宗教研究所：《苏联的宗教政策》，中国社会科学出版社 1980 年版，第 120—121 页。

③ 中国社会科学院世界宗教研究所：《苏联的宗教政策》，中国社会科学出版社 1980 年版，第 200 页。

宗教和教会有关的问题做出解释，还有一系列其他的权力。”[①]“宗教团体和教徒小组只有在国家政权机关里登记后，方可进行自己的活动。这是苏联关于宗教法律的最重要的要求。登记的意义就在于：这些宗教团体承担遵守法律的义务，同时受到苏维埃法律的保护。这样，宗教团体的登记，既符合教徒的利益，也符合国家的利益。因此，关于宗教团体登记和取消登记、教堂开放和关闭等问题的规定这一条文非常重要，它与1929年法令规定的不一样，最后的决定权不在地方政权机关，而是由中央机关——苏联部长会议宗教事务委员会根据边区、州人民代表苏维埃执行委员会，自治共和国部长会议的报告来决定，在不设州的加盟共和国则根据这些共和国部长会议的报告来决定。”[②]“在这些问题上，集中制原则具有特别重要的意义。例如，剥夺宗教团体的登记，关闭供祈祷用的建筑物和房屋，要掌握分寸，需要谨慎，必须考虑各种情况。在对待关闭东正教堂、天主教堂和清真寺等问题时，先在各级机关里进行多次而全面的审查，最后由中央机关决定。这种处理方法可以避免错误。采用集中制原则监督遵守宗教和教会法律的情况，保证了信仰自由不受侵害，使有关宗教的法律得以正确执行。”[③]

1977年10月通过的《苏维埃社会主义共和国联盟宪法（根本法）》第52条规定：“保障苏联公民有信仰自由，即信仰任何宗教或不信仰任何宗教、举行宗教仪式或进行无神论宣传的权利。禁止利用宗教信仰挑动敌对情绪与仇恨。苏联实行教会同国家分离、学校同教会分离。”[④]苏联部长会议宗教事务委员会主席库罗耶多夫指出：“用‘无神论宣传’这一提法取代

① 中国社会科学院世界宗教研究所：《苏联的宗教政策》，中国社会科学出版社1980年版，第200页。

② 中国社会科学院世界宗教研究所：《苏联的宗教政策》，中国社会科学出版社1980年版，第200—201页。

③ 中国社会科学院世界宗教研究所：《苏联的宗教政策》，中国社会科学出版社1980年版，第201页。

④ 中国社会科学院世界宗教研究所：《苏联的宗教政策》，中国社会科学出版社1980年版，第135页。

‘反宗教宣传’，这里包含着深刻的含义。除了批判宗教外，还有正面的东西——形成科学的和唯物主义的世界观。特别应该指出，如果说 1936 年宪法曾规定，承认所有公民有举行宗教仪式的自由和进行反宗教宣传的自由，那么新宪法第 52 条则规定了保障苏联所有公民有信仰任何宗教或者不信仰任何宗教、举行宗教仪式或者进行无神论宣传的权利。”①

（4）戈尔巴乔夫时期的宗教政策

1985 年戈尔巴乔夫上台后，逐步抛弃马克思列宁主义宗教理论，采取放任、支持宗教发展和扩大宗教影响的政策。1990 年 10 月 1 日通过的《关于信仰自由和宗教组织法》彻底颠覆了苏联的宗教政策和法律。该法规定：“宗教社团之建立，不一定通知国家机关”，“宗教组织自其章程（或条例）登记在册之时起即被确认为法人”，“宗教组织之活动如不与法律相抵触，国家不得干预”，“在苏联之宗教组织，如拥有国外之领导中心，只要不违反苏联法规，可遵循其章程（或条例）进行活动”，“地方人民代表苏维埃和国家机关可把属于国家所有之崇拜用建筑物和其他财产转交归宗教组织所有或无偿使用”，“宗教组织拥有对其自资购置与建造之财产、公民与组织捐献之财产，或国家转交之财产以及按法律规定之其他根据获得之财产的所有权”，“宗教组织根据法律与自己之章程（或条例）有权建立出版、印刷、生产、修缮、农业与其他企业以及具有法人权利之慈善机构（收容所、青少年教养所、医院与其他）”，“国家不资助宗教组织的活动和无神论宣传的活动”，“宗教组织有权建立与维护自由开放之礼拜或宗教集会场所以及在某一宗教中受崇奉之地（朝圣地）”，“礼拜、宗教仪式与典礼可在祈祷所及其所属场地、朝圣地、宗教组织机构内、墓地、火葬场、公民住宅与家庭中无阻碍地举行”，“军队首长不得阻碍军人在其业余时间参加礼拜与履行宗教仪式”，“按住在医院、军医院、养老院、残疾人福利院、判决前拘留所与服刑地公民之请求，可举行礼拜与宗教仪

① 中国社会科学院世界宗教研究所：《苏联的宗教政策》，中国社会科学出版社 1980 年版，第 194 页。

式”，“宗教组织有权建议为住在医院、军医院、养老院、残疾人福利院以及失去自由地方之公民举行礼拜”，“宗教组织有权生产、出口、进口与传播宗教用品、宗教书籍与其他宗教内容之信息材料”，“宗教组织为了慈善事业，研究与传播宗教书籍及其他文化教育活动可建立社团、团体、协会及其他公民之联合组织”，“宗教组织有权既可独立地、也可通过社会基金进行慈善活动与实现仁慈”，“公民与宗教组织有权在群众或个人之基础上建立与保持国际联系以及直接的个人交往，包括出国朝圣、参加会议与其他宗教活动”，“如在苏联参加之国际条约中所制定之规章与苏联信仰自由与宗教组织之法规不同，则采用国际条约之规章”，而原来负责宗教工作的“苏联国家宗教事务机关”则沦为没有实权的“信息、协商与评审之中心”。[①]

三、马克思主义宗教学中国化

马克思主义宗教学中国化，是指中国共产党运用马克思列宁主义宗教理论观察分析中国宗教问题，在实践中丰富和发展马克思主义宗教学的过程。中国共产党成立以来，坚持把马克思主义宗教学作为观察分析宗教问题的思想武器，正确认识和处理新民主主义革命时期、社会主义革命和建设时期、改革开放和社会主义现代化建设新时期和中国特色社会主义新时代的宗教问题，实现了马克思主义宗教学的中国化和新发展，形成了独具特色的中国宗教治理思想。因为下一专题涉及“新中国宗教工作历史及现状研究”，为避免部分内容前后重复和本专题篇幅过大，下面只涉及新民主主义革命时期。

1. 大革命时期的探索

1921 年中国共产党成立前后，新文化运动的先进分子率先接受了马

① 乐峰:《俄国宗教史（上卷）》，社会科学文献出版社 2008 年版，第 174—182 页。

克思主义宗教学。新文化运动初期，李大钊和陈独秀就用近代唯物主义批判儒教。十月革命胜利后，他们相继接受了马克思主义，进一步用唯物史观分析宗教。李大钊指出："宗教的信仰就是神的绝对的体认"①，"是人类的精神把地上的实物写映于天上"的结果②，"是不平等关系的表现"③。"人类对于自然界或人间现象不能理解的地方，便归之于神。"④因此，"一切宗教没有不受生产技术进步的左右的，没有不随着它变迁的"⑤。随着人类认识和实践能力不断提高，"自然现象、人类社会都会脱去神秘的暗云，赤裸裸的立在科学知识之上"，宗教将逐渐消亡。⑥当然，"犹太教、儒教、回教、佛教、耶教等五大宗教的教义，曾与于人类进步以很深的影响，亦是不争的事实"⑦。这些论述初步体现了马克思主义在宗教问题上的基本立场、观点和方法，成为马克思主义宗教学中国化的理论起点。

从建党到1927年的大革命时期，毛泽东撰写了《湖南农民运动考察报告》，初步阐明了中国共产党处理宗教问题的基本原则。他指出：由一国、一省、一县以至一乡的国家系统（政权），宗祠、支祠以至家长的家族系统（族权），阎罗天子、城隍庙王以至土地菩萨的阴间系统，玉皇上帝以至各种神怪的神仙系统（神权），以及男子对女子的支配（夫权），代表了全部封建宗法的思想和制度，是束缚中国人民特别是农民的四条极大的绳索，其基干是地主政权。因此，目前应该领导农民做政治斗争，期于推翻地主权力；并随即开始经济斗争，期于根本解决贫农的土地及其他经济问题。至于家族主义、迷信观念和不正确的男女关系之破坏，乃是政治斗争和经济斗争胜利以后自然而然的结果。若用过大的力量生硬地勉强

① 李大钊：《李大钊全集》第4卷，人民出版社2006年版，第81页。
② 李大钊：《李大钊全集》第3卷，人民出版社2006年版，第107页。
③ 李大钊：《李大钊全集》第4卷，人民出版社2006年版，第82—83页。
④ 李大钊：《李大钊全集》第3卷，人民出版社2006年版，第102页。
⑤ 李大钊：《李大钊全集》第3卷，人民出版社2006年版，第105页。
⑥ 李大钊：《李大钊全集》第3卷，人民出版社2006年版，第109页。
⑦ 李大钊：《李大钊全集》第3卷，人民出版社2006年版，第218页。

地从事这些东西的破坏，那就必被土豪劣绅借为口实，提出“农民协会不孝祖宗”“农民协会欺神灭道”等反革命宣传口号，来破坏农民运动。总之，“菩萨是农民立起来的，到了一定时期农民会用他们自己的双手丢开这些菩萨，无须旁人过早地代庖丢菩萨。共产党对于这些东西的宣传政策应当是：‘引而不发，跃如也。’菩萨要农民自己去丢，烈女祠、节孝坊要农民自己去摧毁，别人代庖是不对的”①。这些论述，已经开始自觉地把马克思主义宗教学的基本原理运用于解决中国革命中的宗教问题，是马克思主义宗教学中国化的第一个重要理论成果。

2. 土地革命战争时期的结合

在中国共产党独立领导开展的土地革命战争时期，毛泽东对江南汉族地区的传统宗教信仰作了深入调研，初步实现了马克思主义宗教学与中国宗教实际的理论结合。中国共产党处理宗教问题的政策法令，初步实现了马克思主义宗教学与中国实际的实践结合。

以马克思主义基本原理为指导对中国宗教的实际进行调查研究，是马克思主义宗教学中国化的首要任务。毛泽东的《寻乌调查》，把传统神道划分为神、坛、社、庙、寺、观六种。“神”是指没有屋子安放却为农民信奉的各种超自然力，其组织形式为“会”，如赵公会、观音会、关爷会等。“坛”是立起一块石头，用几块石头垒成一个小屋，里面藏着神灵。无论神、坛，凡有会的都有公田，出钱弄这种神会的都是富农地主。“社”是与神坛有别的一种社坛，每个村子一个，保佑庄稼牲畜和人的康健。每个社都有会，是普通群众的，虽然也信神，却与地主富农的神坛完全两样。“庙”是比神、坛、社更庄严的宗教活动场所，是有屋子且里面有菩萨的，如城隍庙、关帝庙、龙王庙等，其田产很少，租入不够香纸费及庙老用，不是严重剥削所在。“寺”是和尚的住所，是剥削厉害的地方。“寺产都是大地主‘施’出的，施了田的大地主，叫作‘施主’。大地主

① 毛泽东：《毛泽东选集》第1卷，人民出版社1991年版，第31—33页。

为什么施田地给和尚呢？因为佛教是大地主阶级利用的宗教，大地主为了‘修子修孙修自己’，所以施田给和尚。”“观”是道士斋公的，其田产的来源和剥削的状况，与寺无二样。[①] 这一调查分析基本弄清了汉族地区民间信仰及佛教和道教的性质与现状，厘清了中国传统宗教信仰的类型和特点，为在土地革命战争中制定正确的宗教政策提供了依据。

以马克思主义基本原理为指导制定有关宗教的政策法令，是马克思主义宗教学中国化的实践需要。土地革命战争时期，中国共产党从中国宗教问题的实际出发，根据革命形势和任务的需要，制定和实行了一系列正确的宗教政策和法令。如 1930 年 8 月《关于土地问题的决议案》规定："封建制度的附属品，和尚、尼姑、道士、阴阳先生等，凡是专以宗教事业来度生者的土地都须一概收回，至于以农为主、以宗教为副业的分子和受压迫受剥削的和尚、尼姑等的土地，在大多数的农民群众允许的条件下，可以不实行收回。"[②]1931 年 11 月颁布的《中华苏维埃共和国宪法大纲》规定："中国苏维埃政权以保证工农劳苦民众有真正的信教自由的实际为目的，绝对实行政教分离的原则，一切宗教不能得到苏维埃国家的任何保护和供给费用，一切苏维埃公民有反宗教的宣传之自由，帝国主义的教会只有在服从苏维埃法律时，才能许其存在。"这一规定参考了苏联宪法的相应条款，又结合了中国的实际，实现了马克思主义宗教学与中国实际的实践结合，为党在新民主主义革命时期的宗教政策奠定了基础。

3. 全民族抗战时期的升华

1937 年到 1945 年全民族抗日战争时期，马克思主义基本原理与中国革命实际深入结合，形成了指导新民主主义革命走向胜利的毛泽东思想。毛泽东、周恩来、李达及中央文件和文稿对宗教问题作了深入研究和阐

① 毛泽东:《毛泽东文集》第 1 卷，人民出版社 1993 年版，第 178—180 页。

② 本书选编组:《第二次国内革命战争时期土地革命文献选编》，中央党校出版社 1987 年版，第 473 页。

述，逐步形成了中国共产党关于正确认识和处理宗教问题的完整理论，使马克思主义宗教学具有了鲜明的中国特色。

对宗教理论的全面阐述和概括。1937 年夏，李达著《社会学大纲》出版，这是中国人自己写的第一本马克思主义哲学教科书，书中第一次对宗教的本质、根源、形态、产生、发展、社会作用及消亡条件等作了全面论述。1938 年春，毛泽东在研读该书时写下大量批注，对宗教的本质、根源和演变规律作了高度概括。他写道："宗教的本质是崇拜超自然力，认为超自然力支配个人、社会及世界。这完全是由于不理解自然力及社会力这个事实而发生的。其最初形态有两种：一是崇拜祖先，二是崇拜自然物。""自然支配，社会支配，万物有灵论，是原始宗教的三个来源。""生产发达，对自然力逐渐理解的多，宗教发生的第一个根源渐渐失去。然社会的阶级制度确立，社会力仍觉不可理解；加以万物有灵论深入人心，故宗教仍然存在，但依各个特定社会形态而变化了宗教的形式与内容。"[①]这些论述，使马克思主义宗教学的基本原理进一步有了中国化的经典表达。

提出与宗教界建立统一战线的理论。1938 年 5 月，周恩来在拜访基督教人士吴耀宗时表示："马列主义者是无神论者，但是尊重宗教信仰自由，并愿和宗教界人士合作，共同抗日。"[②]1940 年 1 月，毛泽东在《新民主主义论》中提出："这种新民主主义的文化是科学的。它是反对一切封建思想和迷信思想，主张实事求是，主张客观真理，主张理论和实践一致的。在这点上，中国无产阶级的科学思想能够和中国还有进步性的资产阶级的唯物论者和自然科学家，建立反帝反封建反迷信的统一战线；但是决不能和任何反动的唯心论建立统一战线。共产党员可以和某些唯心论者甚至宗教徒建立在政治行动上的反帝反封建的统一战线，但是绝不能赞同他们的唯心论和宗教教义。"[③]1942 年 1 月，《解放日报》社论《在信教自由

---

① 毛泽东:《毛泽东哲学批注集》，中央文献出版社 1988 年版，第 205—218 页。

② 吴耀宗:《纪念周恩来同志诞辰八十一周年》，《文汇报》1979 年 3 月 5 日。

③ 毛泽东:《毛泽东选集》第 2 卷，人民出版社 1991 年版，第 707 页。

的旗帜之下》指出：中国共产党对于各种宗教团体的政策是信教自由，这是抗日民族统一战线总原则在宗教方面的具体适用；我们的统一战线是不分党派、不分阶级、不分宗教信仰的；为了完成抗日建国大业，必须加强各方面的团结，对于宗教方面的团结是整个团结的重要一环；信教自由的政策是团结和动员各种宗教团体的最好方法，只有在这种政策之下，才能消除各种宗派之间的成见，消除教徒与非教徒之间的隔阂，使他们把一切力量都用于抗战建国的事业中来。①

全面阐述中国共产党对待宗教的基本政策。1942 年 2 月 15 日，《新华日报》发表题为《共产党对宗教的态度》的社论指出：共产党人对于共产主义的信仰，是基于唯物主义的认识，基于科学的客观真理。共产党人主张教会同国家分离，主张国家不偏袒任何宗教，但绝不强迫别人遵从自己的信仰，这犹之别人不应强迫共产党人遵从他们的信仰一样，因为这是每一个人的意识和世界观的问题。各人有各人的宗教信仰自由，每个人有举行自己所奉行的这一种或那一种宗教仪式的自由，同时，每个人也有不属于任何宗教团体而保持自己不信宗教的自由。因此，在陕甘宁边区施政纲领中，明文规定保证一切抗日人民之信仰自由权，尊重蒙古、回民族的宗教信仰与风俗习惯；在尊重中国主权与遵守政府法令的原则下，允许任何外国人到边区游历，参加抗日工作，或在边区进行实业文化与宗教活动。

4. 解放战争时期的发展

解放战争时期，中国人民同国民党反动派和美帝国主义的矛盾空前尖锐，宗教界也出现了阶级分化，受国民党控制的上层和受外国势力控制的教会采取了反共反人民的立场。中国共产党适时调整和完善宗教政策，使马克思主义宗教学进一步中国化。

争取照顾守法的宗教团体和宗教信徒。中国共产党在《西北人民解放军前委扩大会议决定》中提出：对于不反对土地改革及我军行动的宗教

① 《解放日报》1942 年 1 月 30 日。

组织，应当争取其与我合作，或使其站在善意中立的地位，在土地改革中逐渐分化他们，争取其下层群众，孤立其上层分子。① 在新华社社论《人民解放战争两周年的总结和第三周年的任务》中指出：对于新区和新解放的城市，必须切实保护守法的宗教团体，使其不受侵害。② 在《关于土地改革中各社会阶级的划分及其待遇的规定（草案）》中规定：乡村中合法的宗教职业者之生活极端困难、查明属实者，在当地群众同意下，得酌量分给一部分土地、财产。③

调整和完善涉及宗教的土地政策。1946 年《华东局关于土地改革的指示》要求：凡祠堂、庙宇、天主教和基督教的土地，应根据当地情况、农民公意及族人意见妥为处理；农民要求分配时，除留一些作为祭祀、传教和居留人维持生活外，其余一律分配；清真寺的土地应以回民公意解决。④1947 年《中国土地大纲》规定："废除一切祠堂、庙宇、寺院、学校、机关及团体的土地所有权。"⑤1948 年《中共中央关于土地改革中各社会阶级的划分及其待遇的规定（草案）》规定：祠堂、庙宇、寺院、教堂等所占耕地应由农会接受分配，但附属于祠堂、庙宇、寺观、教堂等的不大的园地不在接收分配之列。⑥

调整和完善对外国传教士的政策。1946 年《中央关于解放区外交方针的指示》提出：外国在我区进行传教及其文化活动，只要遵守政府法令，许其自由进行。⑦1948 年《中央关于对待在华外国人的政策的指示》强调：外国人办的宗教机关，不论是否属于帝国主义性质，一般不采取排除或没收政策；遇有外国人设立的教堂，我军到后不得没收和破坏；外国

① 中央档案馆：《中共中央文件选集》第 14 册，中央党校出版社 1987 年版，第 66 页。

② 中央档案馆：《中共中央文件选集》第 14 册，中央党校出版社 1987 年版，第 254 页。

③ 中央档案馆：《解放战争时期土地改革文件选辑》，中央党校出版社 1981 年版，第 221 页。

④ 中国人民解放军政治学院党史教研室编：《中共党史参考资料》第 10 册，第 169 页。

⑤ 中央档案馆：《解放战争时期土地改革文件选辑》，中央党校出版社 1981 年版，第 85 页。

⑥ 中央档案馆：《解放战争时期土地改革文件选辑》，中央党校出版社 1981 年版，第 221 页。

⑦ 中央档案馆：《中共中央文件选集》第 13 册，中央党校出版社 1987 年版，第 397 页。

传教士进行特务破坏活动时应扣留治罪，并将证据公布中外，但必须将其罪行与合法的宗教活动区别开，即犯罪的传教士须治罪或驱逐出境，教堂则不必封闭，许可其另派人来主持。①

宗教信仰自由政策写入临时宪法。东北各省市民主政府共同施政纲领规定：保障人民的宗教信仰自由，尊重蒙古、回各民族的宗教信仰和风俗习惯。②党在晋察冀边区施政纲领中规定：各界人民均有信教自由，边区内蒙古、回、藏少数民族一律平等，尊重其宗教信仰。③内蒙古自治政府施政纲领规定：自治政府确保人民享有宗教信仰自由，喇嘛的人权、财权受自治政府保障。④具有临时宪法性质的中国人民政治协商会议共同纲领规定：中华人民共和国人民有宗教信仰自由，各少数民族有保持或改革其风俗习惯及宗教信仰的自由。⑤这使党的宗教政策成为国家意志，为新中国的宗教政策奠定了基础。

---

① 中央档案馆：《中共中央文件选集》第 14 册，中央党校出版社 1987 年版，第 23—26 页。

② 韩延龙，常兆儒：《中国新民主主义革命时期根据地法制文献选编》第 1 卷，中国社会科学出版社 1981 年版，第 68 页。

③ 韩延龙，常兆儒：《中国新民主主义革命时期根据地法制文献选编》第 1 卷，中国社会科学出版社 1981 年版，第 62—63 页。

④ 韩延龙，常兆儒：《中国新民主主义革命时期根据地法制文献选编》第 1 卷，中国社会科学出版社 1981 年版，第 62—63 页。

⑤ 中共中央党校党史教研室：《中共党史参考资料》第 7 册，人民出版社 1980 年版，第 18 页。

专 题 二

社会主义革命和建设时期的宗教治理研究

【教学目的】社会主义革命和建设时期是新中国宗教治理的奠基期，是新民主主义革命时期马克思主义宗教学中国化的继续，为改革开放后的中国宗教治理奠定了理论政策和制度基础。通过本专题学习，使学员了解新中国成立后中国共产党面对的宗教现实、制定的宗教政策、处理的宗教问题，深刻理解中国特色宗教治理的历史背景和工作基础，从而正确认识党在改革开放以来的宗教工作。

【内容提要】新中国成立后，以毛泽东同志为代表的中国共产党人在新的历史起点上推进马克思主义宗教学中国化，在领导中国社会主义革命和建设的实践中丰富和发展了马克思主义宗教学，形成了中国共产党关于正确认识和处理社会主义时期宗教问题的理论政策，开辟了中国宗教治理新纪元。在探索中国特色社会主义道路过程中，党的指导思想发生“左”的错误，导致党的宗教工作遭受严重曲折。中国共产党在社会主义革命和建设时期的宗教治理，积累了正反两个方面的历史经验，为中国特色社会主义宗教理论作了准备。

从 1949 年 10 月新中国成立到 1978 年 12 月党的十一届三中全会，是中国共产党在马克思列宁主义、毛泽东思想的指导下，领导全国各族人民进行社会主义革命和建设的历史时期。在这一历史时期，以毛泽东为主要代表的中国共产党人进行了马克思列宁主义宗教理论与中国实际第二次结合的积极探索，以社会主义革命和建设的新实践丰富和发展了毛泽东宗教工作思想。毛泽东宗教工作思想作为毛泽东思想的有机组成部分形成于新民主主义革命时期，在社会主义革命和建设时期得到了进一步的丰富和发展。在毛泽东宗教工作思想的指引下，中国开辟了宗教治理的新纪元。

一、新中国的宗教问题

中国是有着悠久历史、广阔领土和灿烂文化的多民族多宗教国家，历代中央政府对宗教问题的认识和处理形成了独特的治理传统。新中国成立后，以毛泽东为主要代表的中国共产党人正确认识长期封建社会和一百多年半殖民地半封建社会形成的宗教问题，全面发展新民主主义革命时期的宗教政策，为宗教治理奠定了坚实基础。

新中国成立的时候，中国共产党面对的是一个经过长期封建社会和一百多年半殖民地半封建社会浸润的宗教格局：作为封建王朝主流意识形态的程朱理学及其天神地祇祭祀体系已经瓦解，与之相关的鬼神信仰和巫术活动被视为封建迷信；明清以来的民间教派和会道门发生分化，有的发展为“反动会道门”和“一贯害人道”；汉传佛教和道教严重衰落并出现分化，藏传佛教、南传佛教和伊斯兰教与封建制度紧密结合，天主教和基督教则被外国势力控制。1982 年《中共中央关于我国社会主义时期宗教问题的基本观点和基本政策》指出：“在旧中国，在长期封建社会和一百多年半殖民地半封建社会中，总的说来，我国各种宗教都曾经被统治阶级控制和利用，起过重大的消极作用。国内封建地主阶级、领主阶级以及反动军阀和官僚资产阶级，主要是控制佛教、道教和伊斯兰教的领导权；后来的外国殖民主义、帝国主义势力，则主要是控制天主教和基督教的教会。”①

① 中共中央文献研究室综合组等编：《新时期宗教工作文献选编》，宗教文化出版社 1995 年版，第 56 页。

1. 佛教

佛教是最早传入中国的世界宗教，已有约2500年的历史。佛教产生于公元前6—公元前5世纪古印度东北部恒河中下游地区，公元前1世纪以后陆续传入中国，南北朝隋唐时期实现中国化并传到朝鲜、日本、越南等地，宋元明清时期进一步民族化、民俗化，成为中国宗教版图上历史最久、影响最大的宗教。佛教在古印度流传1000多年，形成了原始佛教、部派佛教、大乘空宗、小乘佛教、大乘有宗和密教等历史形态，传入中国后形成汉传佛教、藏传佛教、南传佛教三大语系。原始佛教主要关注生死苦乐问题，认为人生是苦，追求寂灭。部派佛教出现思想教派分化，开始探讨宇宙论等哲学问题，在大乘佛教兴起后发展为追求个人解脱的小乘佛教。大乘空宗强调缘起性空、普度众生，不再追求寂灭。大乘有宗注重学术研究，发展为经院哲学。密教注重“密法”修持，追求即身成佛。佛教传入中国后，影响最大的是空宗和密宗。汉传佛教以空宗为主，形成众多中国化宗派，流传下来的主要是禅宗和净土宗。禅宗强调心即是佛，发展为文人佛教。净土宗强调专心念佛，死后往生西方净土，成为大众佛教。后来出现禅净合一趋势，近代发展为强调庄严国土、利乐有情的人间佛教。藏传佛教以大乘和密教为主，发展出政教合一的封建农奴制。

新中国成立时，我国佛教尚处于封建、半封建状态。辛亥革命后，汉传佛教出现改革运动，相继成立了中国佛教总会、中华佛教联合会等全国性组织，创办了华严大学、武昌佛学院、闽南佛学院、柏林教理院、汉藏教理院、支那内学院等院校和《佛学月报》《海潮音》等刊物，提出了实行教理、教制、教产三大革命和建立“人间佛教”等口号，努力打破封建状态，但遭到保守势力抵制。解放战争时期，佛教界上层发生分化，以太虚为首的部分高僧加紧向国民党靠拢，参与反共活动，有的离开大陆到台湾地区发展，以圆瑛为代表的大部分僧人居士留在大陆，接受中国共产党领导。19世纪后期，英国势力侵入西藏，在清朝国力衰弱情况下，西藏上层出现独立倾向。1912年年初藏军驱逐清兵后，民国政府未能驻军西藏，十三世达赖重掌政教大权并打压班禅，英国势力加紧对西藏进行渗透并提出“西藏自治问题”，九世班禅被迫逃往内地。1933年和1937年，达赖和班禅相继去世，后经中央政府批准分别在1939年和1949年完成“转世”程序。解放战争时期，亲英的噶厦政府害死爱国宗教领袖热振活佛，并发动“驱汉事件”。1949年10月1日，十世班禅致电毛主席，代表西藏人民和僧侣拥护新中国。1950年10月8日，十四世达赖举行亲政典礼，随后致电毛主席，同意和平谈判。1951年5月23日，以阿沛·阿旺晋美为首席代表的西藏地方政府代表团与中央人民政府达成协议，西藏和平解放，但继续保持政教合一的封建农奴制度。

2. 道教

道教是中国本土产生的民族宗教，已有约1800年历史。道教产生于2世纪的东汉后期，利用道家思想和民间方术吸引群众、组织起义，最初有太平道和五斗米道两支。黄巾起义失败后，太平道消亡，五斗米道割据汉中，成为天师道。张鲁降曹后，天师道传入北方，发展为神仙道教。南北朝时期，寇谦之和陆修静改革道教，分别创立北天师道和南天师道，成为主流宗教，经陶弘景改革的上清派成为隋唐道教第一宗派。唐朝统治者三教并奖，道教位列三教之首。宋元时期，内丹道和全真道兴起，南北天师道合为正一道，江西龙虎山张天师世家成为天师道正宗，正一派和全真派成为道教两大系统。明清时期，道教失去朝廷支持，开始衰落，主要在民间流传。

辛亥革命后，张天师封号及封地被取消，全真道在北京成立“中华民国道教会”，正一道天师张元旭在上海成立“中华民国道教会江西本部驻上海总机关部”。新文化运动开始后，道教受到激烈批判。大革命时期，龙虎山遭到沉重打击。1927年，北京白云观举行了民国时期最后一次传戒。1928年，国民党政府公布神祠存废标准，部分道教神祠被废，但龙虎山天师府和上清宫得到修缮，天师张恩溥被蒋介石任命为国民党第二十一军代理副军长。解放战争后期，张恩溥等道教界上层逃往台湾省。新中国成立时，全国约有宫观丛林和子孙庙1万多座，常住宫观的全真、正一两派道士约5万人。

3. 伊斯兰教

伊斯兰教是唐朝传入中国并延续至今的世界宗教，已有1300多年历史。伊斯兰教是7世纪初西南亚杰出政治家、军事家穆罕默德（570—632年）为实现阿拉伯半岛社会变革和政治统一而编创的，仅用20多年时间就发展成为阿拉伯半岛占统治地位的民族国家宗教。此后，伊斯兰教一直维持政教合一和征服扩张态势，直到18世纪被西方殖民势力打败。四大哈里发时期（632—661年），伊斯兰教随着军事征服冲出半岛，成为跨地区的世界宗教。伍麦耶王朝时期（661—750年），哈里发国家转变为君主专制的封建国家，伊斯兰教也扩大征服范围，成为横跨欧亚非的世界宗教，并形成多民族的阿拉伯文化。阿巴斯王朝时期（750—1258年），波斯人取代阿拉伯贵族成为实际统治者，由于停止了对外征服战争，出现了阿拉伯伊斯兰文化的黄金时代。10世纪末，哈里发国家出现巴格达的阿巴斯王朝（黑衣大食）、埃及开罗的法蒂玛王朝（绿衣大食）和西班牙的伍麦耶王朝（白衣大食）三足鼎立的局面。奥斯曼帝国时期（13世纪中叶至18世纪末），土耳其人取得统治地位并继续对外扩张，建立了横跨欧亚非的封建军事帝国。此外，伊斯兰教势力还在印度建立了莫卧儿王朝，并把伊斯兰教传入东南亚地区。18世纪末，拿破仑军队占领埃及，奥斯曼帝国成为欧洲列强的角逐场，导致帝国彻底崩溃。1922年，土耳其发生资产阶级革命，废除了苏丹和哈里发制度。但是，伊斯兰教至今仍然在沙特、伊朗等几十个国家拥有国教或准国教地位。

从7世纪中叶开始，陆续有阿拉伯和波斯商人经陆海两路来到中国经商定居，他们与中国人通婚繁衍，逐渐形成中国的穆斯林群体。13 世纪初，成吉思汗西征，大批中亚人、波斯人和阿拉伯人被迫东迁，并把伊斯兰教带到中国各地。元世祖忽必烈之孙阿难答自幼信奉伊斯兰教，所率士卒多为穆斯林，使伊斯兰教在所辖陕、甘、宁、青广泛传播。北宋时期，伊斯兰教由中亚的萨曼尼王朝传入新疆喀什的哈拉汗国，16 世纪时传遍新疆。此外，沿海路来华经商的蕃客也把伊斯兰教带到南方沿海地区。到明朝时，已有回、维吾尔、哈萨克、乌孜别克、柯尔克孜、塔吉克、塔塔尔、撒拉、保安等 10 个少数民族的大多数群众信奉伊斯兰教。中国穆斯林大都为逊尼派，在传播发展过程中逐渐与中国封建制度结合，形成教坊制和门宦制。元朝时形成了以一个清真寺为中心的穆斯林聚居区，作为独立的地域性宗教组织被称为教坊。清朝初年，又在教坊基础上形成了门宦，各门宦创始人和首领被尊为教主，身份、地位、权利世袭，逐渐成为宗教领袖的高门世家，哲赫林耶、虎夫耶、格底林耶、库布林耶成为四大门宦。中国伊斯兰教在明朝兴起经堂教育，即在清真寺内附设学校，以私塾方式进行宗教文化教育。辛亥革命后，中国穆斯林开始创办新式学校，教育内容从宗教教育扩展到普通国民教育。民国时期，相继建立了中国回教俱进会、中国回教救国会、中国回教协会等社团。除新疆个别地方外，中国穆斯林从未建立过政教合一的封建制度，但伊斯兰教对相关民族的文化影响较大，很多民俗被打上宗教烙印。

4. 天主教

天主教在明朝传入中国后得以延续，鸦片战争后又大规模传入并得到较大发展，最终成为新中国五大宗教之一。广义或原本的基督教产生于 1 世纪罗马帝国统治下的巴勒斯坦犹太人下层，起初为犹太教的异端教派，遭到犹太教上层和罗马帝国迫害，后来流传于罗马全境，4 世纪时被罗马帝国立为国教。5 世纪罗马帝国分裂后形成以罗马为中心的西部教会和以君士坦丁堡为中心的东部教会。西罗马帝国解体过程中，西部教会通过与入侵的匈奴王媾和提高了自己的政治地位，进而宣称罗马主教位居众主教之首。6世纪末，罗马主教利用伦巴德人侵扰意大利之机，在罗马城建立了政教合一的封建统治。8世纪后期，教会通过为法兰克国王祝福和加冕获得大量土地，从而建立了教皇国，此后又利用《伪伊西多尔教令集》宣称教皇拥有高于国王的权力。11世纪时东西教会彻底决裂，西部教会自称公教，东部教会自称正教。“公教”在16世纪传入中国后被称为天主教，“正教”在17世纪传入中国北方边境地区后被称为东正教。

罗马教皇在11世纪末与德皇展开主教叙任权之争，经过两个世纪的激烈争斗，教廷权力在13世纪初达到顶峰。13世纪末教皇与法王争斗失败后，教廷迁至法国边境的阿维尼翁接受法王的庇护。14世纪后期，教廷迁回罗马，由于亲法势力和亲意势力争权夺利，造成在罗马和阿维尼翁同时有两个教皇并存的局面，15世纪初还出现三个教皇鼎立的局面。中世纪时，在贫苦农民、城市平民和新兴市民中涌现出许多反抗罗马教廷统治的异端教派，教廷除要求世俗政权进行镇压外，还利用多明我会和方济各会组织异端裁判所进行搜捕、审讯和迫害。16世纪爆发宗教改革运动后，教廷发起了反改革运动，1534年成立的耶稣会成为拥护教皇和抵制新教的重要组织。17世纪时，詹森主义与耶稣会展开激烈争论。在18世纪启蒙运动和理性主义的影响下，西欧民族国家对教廷的离心倾向日益增强。1789年法国大革命爆发后，拿破仑侵入意大利，数年后洗劫了教皇国，1799年庇护二世被掳并死于法国，使教皇威信降至历史低谷。1800年，庇护七世重建教皇国，1809年又被拿破仑并入法国版图。1869—1870年，庇护九世召开第一次梵蒂冈公会议重申“马利亚无原罪始胎”信条，并通过“教皇无讹”信条。20世纪初出现的现代主义思潮，被庇护十世宣布为“一切异端之总汇”加以禁绝。1929年，庇护十一世与墨索里尼签订《拉特兰条约》，使教皇拥有独立梵蒂冈城国的主权获得承认。20世纪60年代，教廷召开第二次梵蒂冈公会议，强调“跟上时代”并进行改革，主张与基督教各派乃至其他宗教和不信教者对话，有人据此认为罗马天主教进入了“普世合一运动时代”。

罗马公教于 13 世纪传入中国。1294 年，意大利方济各会传教士以教廷使节身份来到中国，获准在京城建堂传教，但未能延续。16 世纪时，罗马公教随西方殖民主义浪潮再次传入中国，被称为天主教。利玛窦以传播科学知识为媒介，将公教教义与儒教伦理相融合，吸引了不少信徒，后来列强为争夺对华传教区的领导权和势力范围挑起“礼仪之争”，最终升级为罗马教皇与中国皇帝的公开冲突，清政府因不满教廷和传教士干涉中国内政而下令禁教。鸦片战争后，各国修会大举进入中国，到 19 世纪末全国已有 37 个代牧区，74 万教徒。由于大量外国教会及其庇护下的劣绅、地痞侵犯民众利益，造成大量“民教纠纷”和民众反抗外国教会势力压迫的“教案”，直到爆发义和团运动。后来，一些教会改变策略，利用在中国取得的巨额赔款以小恩小惠吸引信徒，通过兴办公益慈善事业来扩大影响。1946 年，罗马教廷宣布在中国建立圣统制，全国设 137 个教区，分属 20 个总主教区，下辖教徒 300 多万。新中国成立前，中国天主教一直被西方传教士把持，在 20 个总主教区中只有 3 位中国籍总主教，139 个教区中只有 17 位中国主教。解放战争后期，罗马教廷发布“反对共产主义”命令，要求传教机构和传教士“做抗拒共产主义的柱石”，使天主教会成为西方帝国主义势力反共反华的前沿阵地。

5. 基督教

作为中国五大宗教之一的基督教是 16 世纪欧洲宗教改革运动中从天主教分化出来的新教派，19 世纪初传入中国后被称为基督教或耶稣教。16 世纪的宗教改革形成了新教的三大宗派，即马丁 · 路德创立的路德宗、加尔文创立的归正宗和作为英格兰国教的安立甘宗。根据“教随国定”原则，路德宗分布于德国大部和北欧诸国，归正宗分布于瑞士、德国一部、荷兰和苏格兰，安立甘宗主要在英格兰。17 世纪中叶，英格兰的清教徒运动以加尔文主义改革保守的安立甘国教会，又催生了一批脱离国教的新宗派，如长老会、公理会、浸礼会、公谊会等，在德国也发生了提倡个人虔修和布道工作的虔敬主义运动。新教各派反对天主教一切权力归教皇的圣统制，因地制宜地实行主教制、长老制或公理制，强调因信称义、信徒皆可为祭司和《圣经》为最高权威三大原则，只有洗礼和圣餐两项圣事，神职人员可以结婚，礼堂建筑、陈设及宗教服饰无统一规定。18 世纪以后，新教随着西方资本主义殖民扩张兴起传教运动，各宗派先后成立向国外布道的差会组织，将新教传布到世界各地，特别是亚洲和非洲。一些传教士充当了殖民主义和帝国主义侵略掠夺的先锋和谋士，新教的“世界主义”成为帝国主义殖民统治和破坏民族独立运动的思想武器。

1807 年，英国伦敦布道会派遣马礼逊来到中国，成为第一个来华的新教传教士。1830 年，美国新教传教士也开始进入中国。鸦片战争后，新教传教士利用不平等条约大举进入中国。在粤、闽、江、浙、鄂、冀、鲁、晋等省活动的有公理会系统的伦敦会和美国公理会，路德宗则从香港扩展到粤、赣、鄂、豫、鲁，直至东北三省。安立甘宗的活动区域在江、浙、闽、两湖、两广、皖、鲁、赣、川、冀等省。浸礼宗在两广、江、浙、赣、皖、豫、川、鲁、晋、陕等省传教。归正宗的传教区域大致与路德宗、公理宗相同。帝国主义的殖民侵略和宗教扩张激起中国人民反抗，导致大小教案不断。义和团运动后，各国差会调整传教策略，改为利用巨额赔款兴办医院、学校和其他文化慈善事业。到新中国成立前夕，在中国活动的外国差会有 130 多个，教徒人数达到 70 多万。进入中国的新教派别林立，被帝国主义和外国势力控制，总体上充当着帝国主义侵略中国的工具。

二、新中国的宗教政策

新中国成立后，中国共产党的宗教理论政策在社会主义革命和建设的实践中得到进一步的丰富和发展，但也发生了一些曲折和失误。1982

年中央 19 号文件《中共中央关于我国社会主义时期宗教问题的基本观点和基本政策》在回顾总结这一时期的宗教工作历程时指出："我们宣布和实行了宗教信仰自由的政策，使广大信教群众不仅和全国各族人民一道获得政治上和经济上的翻身解放，而且开始享受了宗教信仰自由的权利。我们对宗教界人士实行了争取、团结、教育的方针，团结了宗教界的广大爱国人士。我们还支持和帮助宗教界开展国际友好活动，也起了积极的良好的作用。但是，自一九五七年以后，我们在对宗教的工作中的'左'的错误逐渐滋长，六十年代中期更进一步地发展起来。特别是在'文化大革命'中，林彪、江青反革命集团别有用心地利用这种'左'的错误，肆意践踏马克思列宁主义、毛泽东思想关于宗教问题的科学理论，全盘否定建国以来党对宗教问题的正确方针，根本取消了党对宗教的工作。他们强行禁止信教群众的正常宗教生活，把宗教界爱国人士以至一般信教群众当作'专政对象'，在宗教界制造了大量冤假错案。他们还把某些少数民族的风俗习惯也视为宗教迷信，强行禁止，个别地方甚至镇压信教群众，破坏民族团结。他们在宗教问题上使用暴力，结果却使宗教活动在秘密和分散的状态下得到某些发展，少数反革命分子和坏分子则利用这种条件，在宗教活动掩盖下大搞违法犯罪活动和反革命破坏活动。"①1976年粉碎江青反革命集团以后，特别是党的十一届三中全会以后，中国共产党对宗教问题的正确方针和政策又逐步得到恢复。

1. 宪法赋予公民宗教信仰自由权利

1949 年 9 月 21—30 日召开的中国人民政治协商会议第一届全体会议，通过具有临时宪法性质的《中国人民政治协商会议共同纲领》（以下简称《共同纲领》），第 5 条规定"中华人民共和国公民有思想、言论、出版、集会、结社、通讯、人身、居住、迁徙、宗教信仰及示威游行的自由权"，

① 中共中央文献研究室综合组等编：《新时期宗教工作文献选编》，宗教文化出版社 1995 年版，第 57—58 页。

第 53 条规定“各少数民族均有发展其语言文字、保持或改革其风俗习惯及宗教信仰的自由”，把党在新民主主义革命时期主要在解放区实行的宗教信仰自由政策上升为在全中国实行的基本政策。1954 年 9 月 15 日第一届全国人民代表大会第一次会议制定的《中华人民共和国宪法》，是中国历史上第一部社会主义类型的宪法，其第 88 条明确规定：“中华人民共和国公民有宗教信仰的自由。”

2. 实行积极稳妥的宗教工作方针

1950 年 6 月，中共中央在转发中央人民政府民族事务委员会负责人乌兰夫、刘格平对新疆分局关于少数民族宗教问题的意见中指出：“少数民族的宗教问题，是一个历史性民族性的群众思想信仰问题，它与少数民族落后的经济文化及社会状况有密切关系。在少数民族经济文化未得到相当发展、人民的觉悟未大大提高以前，宗教在少数人民的生活中，还会有深刻的影响。因此，对少数民族宗教问题的态度应该十分审慎，切忌急躁，必须毫不动摇地坚持信教自由政策。”①1950 年 7 月，中共中央在关于天主教和基督教问题的文件中指出：“马克思主义者是彻底的无神论者，认为宗教有害于人民的觉悟，但是马克思主义者对待群众性的宗教问题从来是当作一种有历史必然性的社会问题和群众问题来处理的，从来是反对单纯依靠行政命令的简单急躁的办法的。”②该文件指出，对中国的天主教和基督教，应反对其中的帝国主义影响，使它们由帝国主义的工具变为中国人民自己的宗教事业。1951 年 6 月，中共中央在关于汉传佛教问题的文件中重申了上述方针，指出佛教在中国有着久远的历史，在政治和文化生活上发生过很大的影响，成为封建统治阶级压迫剥削农民的工具，近百年来在一部分汉族人民中仍有不可忽视的影响，藏传佛教则在蒙古族尤其是西藏民族中享有极高的信仰，因此，对佛教问题也要采取适当政策，应

① 赤耐：《当代中国的宗教工作（上）》，当代中国出版社 1999 年版，第 67 页。

② 赤耐：《当代中国的宗教工作（上）》，当代中国出版社 1999 年版，第 67 页。

当与民族问题相联系，当作民族问题的一部分来处理，对汉民族的佛教信仰则可以当作单纯的宗教问题来处理，当前佛教工作的重点是使绝大多数僧尼和居士参加爱国运动，同时在他们中展开镇压反革命运动，以便清除间谍、特务等反动分子。

关于宗教职业人员的传教活动及相关事务，中共中央和政务院内务部分别在 1950 年的 7 月、9 月和 12 月做出如下指示：外籍传教士只能在其所在教堂内传教，中国传教士外出传教及进行其他正当教务活动，除土改地区、作战地区及匪情严重地区可劝其不去外，一般不予干涉；教会不能在教堂以外传教，其他团体也不能到教堂内进行反宗教宣传。对教派之间的争议，在不影响社会秩序的情况下可不过问，但影响社会秩序的应予干预或制止；教会可出版宣传一般教义的书刊，但其内容不得违反《共同纲领》；教会学校应遵守政府法令，设政治课为必修课；信教学生和不信教学生要互相尊重，团结起来，一致反对帝国主义和特务分子；教会在教堂及教徒中募捐，且属自愿捐献性质的不予干涉，但有勒捐行为的应予制止。

3. 纠正工作失误和宣传宗教政策

新中国成立初期，一些干部不熟悉党的宗教理论政策和文物保护政策，在实际工作中出现严重错误，如毁坏道观内塑像收集废铜、拆毁佛教寺塔取石铺路、把佛教古籍当作迷信用品予以焚毁、随意居住藏传佛教寺庙等。国务院接到报告后作了通报，对违反政策法令、破坏历史文物、引发群众不满的行为予以严厉批评，要求严肃查处、立即纠正。按照党中央和国务院要求，各地对民族、宗教政策的执行情况进行检查，对个别地方和单位违反政策的现象予以纠正。1955 年，政府对汉民族佛教工作作了总结，认为既有急躁冒进也有放任自流。中央统战部副部长汪锋在关于汉民族地区佛教工作的报告中分析了产生这些缺点和错误的原因：一是不少同志对宗教产生的社会根源还不认识或认识不足；二是不少同志对佛教的历史性、群众性、国际性、民族性还缺乏深刻的认识和体会；三是不少同志还不了解党对宗教问题的基本政策是宗教信仰自由政策，而且这一政策是一直要贯彻到宗教消亡为止的长期政策，不了解宗教信仰自由乃是党根据马克思列宁主义理论所制定的一个符合党的利益的政策。通过检查宗教政策执行情况、总结这一时期的宗教工作，不仅纠正了工作中的错误，保证了宗教信仰自由政策的贯彻执行，而且使广大从事宗教工作的干部受到了一次实际的马克思主义宗教理论和宗教政策的教育。

4. 正确对待人们的思想信仰问题

1957 年 2 月，毛泽东在最高国务会议第十一次（扩大）会议上发表《关于正确处理人民内部矛盾的问题》的重要讲话，后来经过整理、补充和修改，在 1957 年 6 月 19 日的《人民日报》发表。毛泽东指出："敌我之间和人民内部这两类矛盾的性质不同，解决的方法也不同。简单地说起来，前者是分清敌我的问题，后者是分清是非的问题。当然，敌我问题也是一种是非问题。比如我们同帝国主义、封建主义、官僚资本主义这些内外反动派，究竟谁是谁非，也是是非问题，但是这是和人民内部问题性质不同的另一类是非问题。"[①]"我们主张有领导的自由，主张集中指导下的民主，这在任何意义上都不是说，人民内部的思想问题、是非的辨别问题，可以用强制的方法去解决。企图用行政命令的方法，用强制的方法解决思想问题，是非问题，不但没有效力，而且是有害的。我们不能用行政命令去消灭宗教，不能强制人们不信教。不能强制人们放弃唯心主义，也不能强制人们相信马克思主义。凡属于思想性质的问题，凡属于人民内部的争论问题，只能用民主的方法去解决，只能用讨论的方法、批评的方法、说服教育的方法去解决，而不能用强制的、压服的方法去解决。"[②]周恩来总理也指出：我们只把宗教信仰肯定为人民内部的思想信仰问题，而不涉及政治问题；不管是无神论者还是有神论者，大家一样可以拥护社会

① 毛泽东：《毛泽东文集》第 7 卷，人民出版社 1999 年版，第 206 页。

② 毛泽东：《毛泽东文集》第 7 卷，人民出版社 1999 年版，第 209 页。

主义制度；不信仰宗教的人和信仰宗教的人可以合作，信仰不同宗教的人也可以合作，这对我们民族大家庭的团结互助合作是有利的。我们要造成这样一种习惯：不信教的尊重信教的，信教的尊重不信教的，和睦共处，团结一致。① 李维汉也强调：统一战线是按政治划分的，有神论和无神论是世界观问题，只要政治一致，就可以而且应当团结起来，共同奋斗。只有这样，才符合整个革命斗争的利益，包括宗教界一切爱国人士的利益在内。② 新中国成立后，中国共产党坚持用马克思主义宗教学分析宗教问题，逐步形成宗教具有群众性、民族性、国际性、复杂性、长期性和双重作用等基本观点，这是党在全国执政后推进马克思主义宗教学中国化的重要成果。中央认为，由于民主革命和社会主义改造的胜利，特别是由于宗教制度民主改革的胜利，宗教矛盾的阶级背景已经起了根本性变化，从既是人民内部矛盾又是敌我矛盾转化为基本上是人民内部矛盾。李维汉指出："宗教界的大多数是爱国的，并且政治上大有进步。宗教界同社会主义的矛盾，除了反革命分子以外，是人民内部的问题，属于人民内部性质的矛盾。对宗教界应当按照处理人民内部矛盾的原则来处理同他们的关系。确实属于敌我性质的，才按照敌我矛盾处理。"③

5. 在汉族宗教界开展社会主义教育

根据汉族地区宗教状况已发生根本变化的实际，国务院宗教事务局在 1957 年年初提出，宗教工作的主要任务是正确处理人民内部矛盾，检查宗教政策执行情况，帮助宗教界解决生活困难，广泛发动信教群众为经济建设贡献力量，但是受反右派斗争和"大跃进"影响而未能实施，宗教工作还出现"左"的错误，不少城市组织宗教界人士参加生产劳动，动员他们献出宗教活动场所和铜铁支援社会主义建设，在个别地方的农村甚至

---

① 周恩来：《周恩来统一战线文选》，人民出版社 1984 年版。

② 李维汉：《统一战线与民族问题》，人民出版社 1982 年版。

③ 李维汉：《统一战线问题与民族问题》，人民出版社 1982 年版，第 645—646 页。

设想通过“大跃进”使宗教消亡。

极少数资产阶级右派分子向共产党发动猖狂进攻，使宗教界人士也受到了影响。不少人思想产生了波动，一些人同情右派言论，少数人也跟着散布反动言论。为了端正宗教界人士的思想认识，分清是非，中央统战部认为采取慎重的方针，有计划、有步骤地在汉民族宗教界进行一次社会主义教育是完全必要的。1957 年 8 月 24 日至 9 月 3 日，在北京召开的第四次全国宗教工作会议，讨论了在汉族宗教界进行社会主义教育的问题，同年 11 月向党中央写了报告，就教育活动的对象、形式、方法、步骤、政策界限等提出意见，得到了中央的批准。报告指出：这次教育活动的主要对象是宗教职业者，教育形式是推动各宗教召开代表会议；工作步骤是各宗教分别召开全国性代表会议，然后各地分别召开传达会议；要求各宗教代表会议通过学习和辩论使代表们分清是非，划清敌我界限，坚定反帝、爱国、守法和走社会主义道路的决心；要求各宗教会议期间辩论关于共产党领导、走社会主义道路，反帝、爱国、守法，对宗教政策的认识等问题；辩论坚持摆事实、讲道理，坚决防止和纠正简单粗暴的方法，不要牵涉唯物论和唯心论的争论，避免各教内部宗派矛盾的争论；在社会主义教育中，要严格控制批判斗争对象，对极少数散布右派言论的人可以进行批斗，但批斗宗教职业者中的全国人大代表和政协委员，天主教、基督教爱国组织中的常务委员，佛教、道教爱国组织中的常务理事，天主教主教以上的人员，必须先报中央批准。这次教育活动同样受到了反右派斗争扩大化影响，在实际执行中搞成了反右派斗争。在各宗教召开的代表会议上，都把少数有错误言论的宗教界人士错划为“右派分子”，混淆了两类不同性质的矛盾。1959 年，中共中央发出了分期分批摘掉“右派分子帽子”的指示，此后对宗教界也开展了摘帽工作。

6. 贯彻宗教政策和调整宗教关系

“大跃进”使宗教受到很大冲击，大量宗教活动场所被占用。在“大炼钢铁”中，不少宗教活动场所的铜铁用具被“动员”献出，少数地方甚至出现“打菩萨”现象。对宗教职业者不加区别地组织生产劳动，有的地方甚至发生动员年轻宗教职业者“转业”还俗，正常的宗教活动被迫停止。1960 年“大跃进”运动停止后，宗教工作迅速转到贯彻政策、调整关系上来。1961 年 1 月，中央统战部邀请中国佛教协会负责人和部分专家就中国佛学院的工作召开座谈会，中央统战部副部长徐冰、张执一在发言中指出：根据中国佛学院“政治和佛学兼授，佛学各宗并重”的教学方针，佛学院应担负起研究佛学和编写中国佛教史的工作；研究佛学应“各宗并重、在教言教”，不要搞唯心论和唯物论的结合；要以编写中国佛教史为主广泛搜集资料，进行整理和综合；研究佛教文化、艺术和哲学思想对整理中国文化遗产有利，争取编出一部好的中国佛教史；为了开展研究工作，佛学院应当培养更多佛教知识分子，特别是佛教高级知识分子。会后中国佛学院进行了认真讨论和研究，制订了工作规划，有步骤地开展工作。1961 年 3 月，中央统战部又邀请中国道教协会负责人就开展道教工作进行座谈，李维汉在讲话中重申了党的宗教政策，要求认真贯彻执行，并强调对道教历史、哲学、医学、音乐、文艺、武术等各方面都应开展研究工作；中国道教协会应当把道教界人士组织起来，搜集资料，进行分析和综合，整理道教史料；中国道协可以调些人来，有什么困难有关部门定能帮助解决；应当努力培养道教知识分子，还可以用“带徒弟”的办法进行培养。座谈会后，中国道协决定建立研究机构，调配人员，并制订了“五年规划”，开展了研究工作。

1960 年 11 月至 1962 年 2 月，全国性基督教、道教、天主教、佛教的爱国组织分别在上海和北京召开代表会议，本着“自己提出问题、自己分析问题、自己解决问题”和“不抓辫子、不打棍子、不戴帽子”的原则对若干重大问题进行讨论，被宗教界人士称为“神仙会”。中央统战部副部长张执一和国务院宗教事务局局长肖贤法到会讲话：一是肯定宗教界人士在政治上大有进步，三年经济暂时困难时期大多数人经受了考验，坚信共产党领导和社会主义道路，暂时困难一定能克服，爱国组织在协助政府贯彻宗教政策和开展各教工作中做出了贡献；二是重申宗教政策长期不变，人民群众是否信教是自由的，受法律保护，群众自愿入教、出家，宗教职业者履行宗教职务，都不应干涉；对宗教活动场所要列出保护名单，不得占用，已被占用的，如教会需要，应予退还或另行调剂；宗教界人士参加劳动，应区别对待，形式多样，量力而行；组织宗教界人士学习应坚持自愿原则，对他们的生活应予照顾；教堂和寺观可接受教徒群众自愿的"奉献"和"布施"，但不得接受帝国主义津贴；各宗教要继续办好宗教院校，出版发行宗教经典；三是要求各教开展研究工作，广泛搜集、整理各自宗教的史料进行综合研究，编写各自宗教的史书；各宗教院校要努力培养宗教知识分子，制订计划，开展工作。上述四大宗教代表会议后，各省、自治区、直辖市的爱国宗教组织先后分别召开会议传达贯彻。以上工作密切了党和政府同宗教界的关系，增强了团结。

7. 宗教工作中"左"倾错误的发展

1962 年 9 月党的八届十中全会提出"以阶级斗争为纲"的口号后，宗教工作再次发生"左"倾错误。1962 年 12 月 17 日至 1963 年 1 月 11 日召开的第七次全国宗教工作会议，讨论了汉民族宗教工作的形势、任务和若干政策问题，认为 1962 年以来宗教领域的阶级斗争是很激烈的，一部分披着宗教外衣的反动分子明目张胆地向党进攻，地主富农分子也利用宗教进行复辟，相当多的宗教界人士千方百计地扩大宗教的势力和影响，汉族地区有这个问题，少数民族地区同样有这个问题。会议确定，在宗教界人士中开展以反帝、爱国、守法为主要内容的爱国主义、国际主义和社会主义的阶级教育，加强对教徒群众的阶级教育和科学文化知识教育，坚决打击披着宗教外衣的反革命分子、坏分子和反党反社会主义的右派分子，全面贯彻宗教信仰自由政策，加强对宗教活动的管理。中共中央于 1963 年 6 月批转了第七次全国宗教工作会议纪要，国务院宗教事务局下发了在宗教界人士中开展“三个主义”教育的文件，要求加强宗教界人士的反帝、爱国、守法观念，端正对国内外形势的认识，坚定走社会主义道路的决心，加强自我改造；揭露帝国主义和国内反动阶级利用宗教的罪行，对某些错误的和反动的言论展开讨论，分清大是大非；对教徒群众加强阶级教育和科学文化知识教育，提高他们的阶级觉悟，帮助他们同反、坏分子在政治上划清界限，提高科学文化知识水平，充分发挥建设社会主义的积极性；各地宗教工作部门要向党委汇报情况，提出工作意见，同有关部门一道深入到教徒聚居地方开展工作，改变那里的落后面貌；开展“三个主义”教育是当前宗教工作的首要任务，是正确处理宗教方面阶级关系、团结教育宗教界多数，孤立、分化、打击少数披着宗教外衣的反、坏分子的一项基本措施；教育活动要普遍、深入、系统，既要采取集中教育，又要进行经常性教育；全国性和地方性的爱国宗教组织都要把开展“三个主义”教育作为首要任务，各教的刊物要把报道、推动“三个主义”教育作为一项主要内容。1963 年至 1964 年上半年，各地宗教工作部门普遍开展了对宗教界人士的“三个主义”教育。在教育活动初期还比较和风细雨，后来发展到“揭阶级斗争盖子”，使“左”倾错误有了进一步发展。“文化大革命”开始后，林彪、陈伯达、江青等野心家打着反对“投降主义”“修正主义”幌子推行极“左”路线，疯狂破坏党的统战政策和统战工作。“文化大革命”中，林彪、江青反革命集团肆意践踏马列主义、毛泽东思想关于宗教问题的科学理论，全盘否定新中国成立以来党对宗教问题的正确方针，根本取消了党对宗教的工作。与此同时，宗教工作也像其他领域一样，对“左”倾错误进行了一定程度的抵制。

8. 逐步恢复党的宗教工作方针政策

“文化大革命”初期，周总理在极其困难的条件下指示有关部门甚至直接出面，保护了一批寺观教堂和宗教界上层人士。统战宗教工作部门的不少干部在自身难保的情况下，冒着危险与“左”倾错误的干扰破坏进行抗争，保护著名寺观教堂和宗教界人士。“文化大革命”中后期，周总理亲自关怀和过问宗教工作，指导有关部门恢复宗教工作。1972 年，根据周总理的指示，中国佛教协会和中国伊斯兰教协会相继恢复了部分工作。在周总理的直接过问下，逐步恢复了一批佛教寺院，还促成了中日宗教界新的交往活动。从 1973 年到 1977 年，日本佛教界六次组团访华，均受到中国佛教界的盛情接待。周建人、廖承志、乌兰夫等国家领导人以及中国政府有关部门负责人先后会见了访问团。粉碎江青反革命集团后，党对宗教问题的正确方针和政策逐步恢复。1978 年 2 月，中共中央主席华国锋在《政府工作报告》中提出，要继续贯彻执行宗教信仰自由政策。同年 7 月，中央统战部召开部分省、自治区、直辖市统战部负责人座谈会，分析“文化大革命”对宗教工作造成的破坏，研究宗教工作急需解决的问题。12 月 11—12 日，中央统战部召开了有 28 个省、自治区、直辖市党委统战部负责人和有关中央国家机关负责人参加的宗教工作座谈会，对宗教工作进行了研究部署。这次会议后来被定为第八次全国宗教工作会议。通过这两次会议，党的宗教工作和有关方针政策逐步恢复。

三、新中国的宗教工作

1982 年中央 19 号文件《中共中央关于我国社会主义时期宗教问题的基本观点和基本政策》在回顾总结社会主义革命和建设时期的宗教工作时指出：“新中国成立以后，直到‘文化大革命’以前的这十七年中，虽然也有一些重要失误，但是总的说来，在党中央正确方针政策的指引下，党对宗教的工作取得了重大的成就。我们清除了教会中的帝国主义势力，推行了独立自主自办教会和‘三自’（自治、自养、自传）的正确方针，使天主教、基督教由帝国主义的侵略工具变为中国教徒独立自主自办的宗教事业。我们废除了宗教封建特权和压迫剥削制度，揭露和打击了披着宗教外衣的反革命分子和坏分子，使佛教、道教和伊斯兰教也摆脱了反动阶级的控制和利用。”[①]总的来说，这一时期党对宗教的工作和国家对宗教的治理取得了巨大成功，但也发生了一些严重失误，特别是在“文化大革命”时期。

1. 基督教问题及其治理

新中国成立初期，宗教领域的首要矛盾是天主教和基督教这两个被帝国主义利用的“洋教”，首先被提到中央层面的是基督教问题。1950 年 4 月，基督教界爱国人士吴耀宗、邓裕志、刘良模等组成的访问团到达北京，向周总理反映新中国成立后各地基督教情况及面临的困难，希望政府帮助解决。周总理在 5 月 2 日、6 日、13 日同他们作了三次深谈，指出基督教的最大问题是同帝国主义的关系：基督教是靠着帝国主义枪炮的威力强迫清政府签订不平等条约而获得传教和其他特权的；基督教界要把反帝的决心坚持下去，割断同帝国主义的联系，让宗教还其本来面目；宗教团体要独立自主、自力更生，开展民族自觉运动，建立自治、自养、自传的教会；基督教界要团结起来，主动解决问题，使基督教在中国人民的心目中观感一新；宗教界要完成自己的历史任务，各教派之间就应加强团结，联合起来，研究怎样服务于中国人民，使基督教有益于新民主主义社会；共产党同宗教界长期合作是有基础的，因为基督教里有进步分子，他们是同情中国革命的；唯物论者同唯心论者在政治上可以合作，应互相尊重；统一战线要扩大，其界限要看是否同帝国主义、封建主义和官僚资本主义割断了关系；宗教的存在是长期的，企图人为地消灭宗教是不可能的；中国人民有宗教信仰自由，但中国是一个新民主主义国家，不是一个基督教国家，所以传教是要受到若干限制的。周总理的三次谈话，对基督教治理乃至新中国的宗教治理都具有重要指导作用。

1950 年 7 月，中共中央印发了关于基督教工作的文件，指出中国的

---

① 中共中央文献研究室综合组等编：《新时期宗教工作文献选编》，宗教文化出版社 1995 年版，第 57 页。

基督教问题一方面是群众的宗教信仰，另一方面是帝国主义侵略中国的工具，一部分组织从事间谍活动；基督教办有学校、医院及其他文化、救济事业，接受外国津贴，大量外国传教士占据领导地位并分成许多派系；对基督教问题必须采取慎重步骤，否则不但不能使广大教徒从帝国主义影响下解放出来，反而会使他们产生反感和敌意，适中帝国主义之计；既要坚决保护宗教信仰自由，又要反对基督教中的帝国主义势力，在广大教徒中进行爱国主义教育，使中国基督教由帝国主义的侵略工具变为中国基督徒自办的宗教事业；基督教工作的任务不是进行群众性的反宗教宣传，而是领导人民坚决实现《共同纲领》，争取财政经济根本好转，广泛进行唯物主义与科学知识宣传，揭露帝国主义文化侵略与间谍活动，领导和支持基督教徒中的爱国人士使基督教会逐步摆脱帝国主义影响和经济关系；对利用基督教进行间谍活动和破坏活动的反动分子，不论外国人或中国人均应坚决惩处，但不牵连整个教会、教堂或教会学校、医院，要把教徒的大多数团结到爱国主义的旗帜下，共同反对帝国主义和特务分子。

1950 年 12 月，政务院副总理郭沫若在政务院第六十五次政务会议上报告了《关于处理接受美国津贴的文化教育救济机关及宗教团体的方针》，提出肃清美帝国主义在中国的影响、维护中国人民文化教育及宗教事业自主权、彻底制止美帝国主义进行破坏活动的四条方针，其中第四条规定，接受美国津贴的中国宗教团体应使之改变为中国教徒完全自办的团体，政府对他们的“三自”爱国运动应予支持和鼓励，这次会议还通过了《接受外国津贴及外资经营之文化教育救济机关及宗教团体登记条例》，政务院于 1951 年 1 月批准了该条例的实施办法。4 月，政务院文教委员会在北京召开处理接受美国津贴的基督教团体会议，有来自全国性、区域性、地方性基督教团体的代表 151 人出席会议。会议揭露了美帝国主义在新中国成立后继续利用基督教进行破坏活动的事实，希望基督教界人士站到爱国主义的旗帜下，与全国人民团结起来，清算美帝国主义利用基督教侵略中国的罪行，在人民政府支持下实现中国基督教的“三自”方针。与会代表经过充分讨论制定了《对于接受美国津贴的基督教团体处理办法》，责令中国基督教会及团体与美国“差会”及大部分由美国经费支持的其他非美国“差会”断绝关系，在中国的上述“差会”停止活动，还对在中国基督教会及团体工作的美国人员、“差会”愿把在中国的财产捐赠给中国教会的对待办法、对基督教会及团体的教堂和办公处所免征房地产税等都作了明确规定。当时中国有一百多个基督教团体机构，绝大多数接受美国津贴，到 1954 年年底全部清理完毕。

1950 年 9 月，《人民日报》刊登了吴耀宗等人起草的《中国基督教在新中国建设中努力的途径》和基督教界的第一批签名。该宣言强调，中国基督教界拥护《共同纲领》，肃清基督教内的帝国主义影响，实现“三自”，在政府的领导下反对帝国主义、封建主义和官僚资本主义，为建设独立、民主、和平、统一、富强的新中国而奋斗，《人民日报》还发表社论，欢迎基督教界发起的“三自”运动，指出这是基督教人士应有的使中国基督教脱离帝国主义影响的爱国运动，必将改变中国人民对基督教的观感，使中国基督教获得新生。1951 年 4 月，出席处理接受美国津贴基督教团体会议的代表决定筹组“中国基督教抗美援朝三自革新运动委员会”，推举吴耀宗等 25 人组成筹备委员会，拟定了章程草案和工作方案。1954 年 7 月 22 日，中国基督教全国会议在北京举行，基督教各教派团体的 230 名代表出席，审议了吴耀宗作的《中国基督教三自革新运动四年来的工作报告》，通过了《谴责美帝国主义侵略中国、破坏和平的决议》及《中国基督教全国会议告全国同道书》和《中国基督教三自爱国运动委员会简章》，成立了“中国基督教三自爱国运动委员会”。基督教三自革新运动经过控诉帝国主义利用基督教侵略中国的罪行和其后展开的学习活动，揭露王明道利用基督教进行的反革命罪行和对倪柝声“基督徒聚会处”反革命集团的批判，使中国基督教的面貌焕然一新，从过去的帝国主义侵略工具逐渐转变为中国基督教徒自办的宗教事业。

1957 年，在全社会反右派斗争的形势下，中国基督教界开展了社会主义教育。中国基督教三自爱国运动委员会发出通知，号召全国基督教会的工作人员和教徒加强政治学习，树立社会主义思想，积极参加反右派斗争。各地基督教会的工作人员对社会上揭露出来的“右派分子”进行了声讨批判，针对一些错误观点组织工作人员进行学习。该会的机关刊物《天风》半月刊还针对教会工作人员的思想，在刊物上组织了“新中国对我们究竟好不好”“如何分辨好人与坏人”“哪一个社会制度合乎基督的教训，是资本主义还是社会主义”等专题讨论，对提高他们的爱国主义和社会主义觉悟起了积极作用。由于全国的反右派斗争出现了扩大化错误，基督教界的社会主义教育也很快转为揭发、批判基督教内的“右派分子”，犯了扩大化的错误。

1958 年，全国掀起了“大跃进”热潮，不少中小城市的教会工作人员提出各种倡议，有的建议“生产与宗教生活两不误”，把全日礼拜制改为半日制。《天风》半月刊为此发表社论《劳动锻炼是改造自己的正确方向》，指出“这是基督教界在政治思想上大跃进的一个具体表现，也是基督教界的一个转变风气的创举”。其后，中国基督教三自爱国运动委员会通过了《关于号召全国基督教界学习、宣传和贯彻社会主义建设总路线的通知》。在各地开展学习实践的过程中，有的教徒提出了各教派联合办公、互通有无的建议，一些地方出现了合并教会、调整教堂的实践，最后实现了联合礼拜。

1959 年，中国基督教三自爱国运动委员会成立了以编写帝国主义利用基督教侵华史为主要任务的史料组，将各人亲见、亲闻、亲历的材料写成文稿，同时从报纸杂志上查找有关帝国主义利用基督教侵略中国的史料，形成了《基督教史话》《传教士与不平等条约》《传教士与义和团运动》等资料，工作人员还就各自教派情况写了多篇回忆录，《天风》也刊载了不少揭露帝国主义利用基督教的材料，这项工作对教育基督教教职人员及教徒都起了良好作用。

1961 年 1 月，中国基督教第二次全国会议在上海举行，来自 25 个省、自治区、直辖市的 319 名代表出席。会议总结了六年多来基督教界反帝爱国工作的成绩，指出帝国主义并不甘心失败，仍在阴谋利用基督教对中国进行敌对活动，中国基督教内的帝国主义思想影响还未彻底清除，还有反动分子进行违法活动。通过了工作报告、修改章程报告和《中国基督教第二届全国会议决议》，指出今后的主要任务是继续高举反帝爱国旗帜，彻底割断与帝国主义的关系，彻底实现自治、自养、自传；全心全意接受中国共产党领导，走社会主义道路，积极参加社会主义建设；继续加强政治学习，积极参加生产劳动或劳动锻炼，加强思想改造；协助人民政府贯彻宗教信仰自由政策，在服从生产、国家政策法令和社会主义利益的前提下安排宗教生活。选举产生了中国基督教三自爱国运动委员会第二届委员会，委员会选举吴耀宗为主席、陈见真等 7 人为副主席、丁玉璋等 49 人为常务委员。

2. 天主教问题及其治理

新中国成立初期，宗教领域最尖锐的矛盾是罗马教廷和帝国主义势力操纵中国天主教会从事反共反华活动。罗马教廷一贯反对中国革命，在第二次世界大战前追随德、意、日法西斯，战后转而追随美帝国主义，与中国人民为敌。1950 年 7 月，梵蒂冈向中国神职人员和教徒发出“通谕”，不许他们拥护中国共产党和人民政府，不许阅读红色报刊、参加中共领导的任何组织和活动，不许参加反帝爱国运动。当时控制中国天主教的外国传教士约有 5500 人，罗马教廷指令他们“坚守岗位”，其中一批间谍分子披着“宗座代表”“主教”“神甫”外衣刺探政治、经济等情报，制造谣言，扰乱人心，煽动天主教徒反对人民政府，妄图颠覆新中国。党中央针对天主教问题采取了一系列政策措施：揭露帝国主义利用天主教侵略中国的罪行，清除教内的帝国主义分子，割断中国天主教与帝国主义的政治经济关系，使中国天主教由帝国主义的侵略工具变为中国天主教界独立自主自办的宗教事业；发动天主教界开展反帝爱国运动，自下而上逐步建立爱国组织，直到建立中国天主教自己的教务领导机构；坚决取缔中国天主教内的反动秘密组织“圣母军”，对主要成员中的违法犯罪分子依法惩处，外籍人员根据不同情况驱逐出境或限期离境，破获以上海教区“主教”龚品梅为首的反革命叛国集团案；惩办披着天主教外衣的反革命分子，把首恶分子与胁从者区别开来，对犯有一般罪行的人进行批评教育，对仅有某些反动言论的神职人员争取团结；对教徒群众和神职人员的绝大多数进行反帝、爱国、守法教育，执行争取、团结、教育的方针；对正当的宗教活动予以保护，明确机关、学校等企事业单位不得占用教堂，占用教会多余房屋的单位应与其订立合同交付租金，教会可出版宗教书刊但不得违反《共同纲领》，对教会自用房屋免征房地产税以支持其“自养”，教徒中具备充任教员条件的可以录用，但不许其利用教员地位在校内宣传宗教或带领学生参加宗教活动；教会土地除在土改中分给中国宗教职业者一份外均予没收，外国男女修会在华房地产为宗教事业所用者产权原则上转归中国天主教会，土地转移时收归国有；妥善处理中国天主教与罗马教廷的关系，教育中国神职人员和教徒充分了解和警惕罗马教廷的反华活动。

1950 年 6 月朝鲜战争爆发后，黎培里以“宗座代表”身份向帝国主义传教士发布训令，号召他们加紧破坏活动、配合侵略战争，颠覆新生的人民政权。广大爱国的天主教徒纷纷揭露帝国主义传教士的罪行，参加到反美爱国运动中来。1950 年 11 月 30 日，四川省广元县天主教神甫王良佐率教徒 500 多人发表宣言，提出与帝国主义割断关系、建立爱国教会。1951 年 1 月 8 日，《人民日报》发表社论《欢迎天主教人士的爱国运动》予以支持。1 月 17 日，政务院文化教育委员会邀请华北地区 40 多位天主教人士举行茶话会，周总理到会讲话，支持天主教界的爱国运动。4 月 7 日，天津市天主教界成立了自己的爱国组织，并致电全国天主教徒，《人民日报》再发社论予以支持，天主教界的反帝爱国运动逐步在全国展开，得到人民政府和各界爱国人士支持。对于中国天主教界的反帝爱国运动，罗马教廷进行了种种阻挠和破坏，《人民日报》分别在 4 月 6 日和 6 月 24 日发表社论，揭露帝国主义利用天主教进行的罪恶活动，号召天主教界团结起来，粉碎帝国主义破坏反帝爱国运动的阴谋。1955 年年底，天主教界建立的地方性爱国组织达200多个。1956年2月，出席政协第二届全国委员会第二次（扩大）会议的天主教界人士王文成等9人提出建立中国天主教全国性反帝爱国组织，得到政府的支持。他们联名向一部分神职人员和地方性爱国组织负责人发出《发起书》，得到广大神职人员和教徒的赞同，7月在北京召开了有主教、代主教、副主教、神甫和教徒36人出席的预备会议，决定建立筹备处，向各教区、各地方性爱国组织发出《发起书》。周总理接见了出席预备会的全体人员，号召天主教界加强团结、爱国爱教、办好教会。

1957年7月15日至8月2日，中国天主教代表会议在北京举行，来自26个省、自治区、直辖市100多个教区的主教、代主教、副主教、神甫、修士、修女和教徒代表241人参加。王文成主教代表筹备处致开幕词，李伯渔、董文隆主教代表筹备处作《中国天主教友爱国运动情况和今后任务》报告和《中国天主教友爱国会章程（草案）》说明。经过讨论，与会代表对坚持社会主义道路、反帝爱国运动、宗教政策、中国天主教同梵蒂冈关系等重大问题取得共识，认为中国天主教必须实行独立自主自办，在政治上经济上同梵蒂冈教廷彻底割断关系，坚决反对梵蒂冈教廷利用宗教干涉中国内政、侵犯中国主权、破坏反帝爱国运动的阴谋活动，在不损害祖国利益和独立尊严的前提下同梵蒂冈教廷保持纯宗教关系。会议批准了李伯渔的报告，通过了《中国天主教友爱国会章程》，成立了“中国天主教友爱国会”，沈阳教区总主教皮漱石当选为爱国会主席，杨士达、李伯渔、李维光、王文成、赵振声、董文隆、李德培、曹道生当选为副主席。会议期间，国务院秘书长习仲勋到会讲话，就两条道路、反帝爱国、宗教政策、中国天主教同梵蒂冈关系等问题作了全面深刻论述，受到全体代表热烈欢迎。7月24日上午，中华人民共和国副主席朱德、全国人民代表大会常务委员会副委员长林伯渠、陈叔通、李济深等在怀仁堂接见了全体代表，同会议主席团成员亲切谈话，希望出席会议的代表们团结中国天主教徒，发扬爱国主义精神，积极参加祖国的社会主义建设。8月3日，

《人民日报》发表《深入开展天主教反帝爱国运动》的社论，对中国天主教界成立全国性爱国组织予以支持。

中国天主教代表会议明确了独立自主自办教会的方针后，天主教界的上层人士提出解决不少教区没有主教的问题。他们经过酝酿，取得了自选主教的共识，得到国务院宗教事务局支持。1957 年 12 月 16 日，成都教区召开神职人员和教徒代表 100 多人参加的代表会议，经过充分协商以投票方式选举李熙亭为主教，唐俊、李道揆为副主教。在教区谘议会作证下，李熙亭按教会传统宣誓就职。其后，又有汉口、武昌等 42 个教区先后选出了自己的主教。1958 年 3 月在汉口、武昌教区举行庆祝选出主教的活动时，蒲圻教区主教李道南表示他要按教会规定为这两个教区选出的主教董光清、袁文华举行“祝圣”，得到神职人员和教徒普遍拥护，罗马教廷却以开除教籍的所谓超级绝罚相威胁，妄图剥夺中国天主教界独立自主自办教会的权利。4 月 9 日，武汉市天主教界 1000 余人举行大会，主教们坚决举行“祝圣”活动，一致通过了对罗马教廷的抗议书。4 月 13 日，为新选主教董光清、袁文华的“祝圣”活动在汉口上海路天主教堂隆重举行，“祝圣”典礼完全按照教会规定进行。4 月 16 日，参加“祝圣”典礼的 23 个省、直辖市的天主教界代表针对罗马教廷对自选主教的干涉举行集会，批判罗马教廷干涉中国天主教独立自主自办教会的行径，向罗马教廷发出严正抗议。此后，对新选出的主教都由一位主教主礼、三位主教襄礼，先后进行了“祝圣”。自选自圣主教，标志中国天主教界在独立自主自办教会征途上迈出关键一步，取得了历史性胜利。

1961 年 1 月，中国天主教爱国会在北京召开了第二届代表会议。会议总结了四年来的工作：团结全国神长教友发扬爱国主义精神，参加社会主义教育运动和社会主义建设事业，开展以独立自主自办教会为中心的反帝爱国运动，协助政府贯彻宗教信仰自由政策，协助教区办理教务并着手进行研究工作；提出了今后工作任务：坚决摆脱罗马教廷控制、彻底实现独立自主自办教会，协助政府贯彻宗教信仰自由政策，开展以编写中国天主教史为纲的研究工作，协助各教区集中力量联合办好一所神学院以培养宗教人才，加强政治学习和自我改造，积极参加反对帝国主义侵略和保卫世界和平的斗争；修改了中国天主教爱国会章程，决定采用“中国天主教爱国会”名称；选举了中国天主教爱国会第二届委员会委员，皮漱石继续当选主席，原副主席除王文成去世外全部当选，新选张家树、李君武、王良佐为副主席。随后由皮漱石总主教主礼，在北京南堂为开封、韶关、惠阳、太原、汾阳、福州、正定7个教区的自选主教祝圣。中国天主教爱国会加紧进行神学院筹备工作，决定将上海天主教爱国会的《信鸽》报移到北京作为中国天主教爱国会的机关报。1962年9月中共八届十中全会以后，宗教工作中“左”的错误又有发展，天主教神学院筹备工作停止，中国天主教爱国会接办的《信鸽》在刊出两期后停刊。

1963年5月以后，城乡社会主义教育运动即“四清”运动在全国展开，当时认为中国出现了严重尖锐的阶级斗争，对宗教界的形势也作了错误估计，“揭开宗教掩盖下的阶级斗争盖子”成为宗教工作的指针，在加强社会主义教育的同时采取了压缩宗教活动场所、限制宗教生活的做法。1964年7月以后，全国各地宗教事务部门派出干部以“四清工作队”名义进驻一些教徒聚居村，进行社会主义教育运动，加强反帝爱国教育。大多数四清工作队中的宗教干部在以阶级斗争观点分析教徒聚居村形势时注意区分政治问题与宗教问题两类不同性质的矛盾，但也有个别地区和个别工作队混淆了政治问题和宗教问题，在打击坏人坏事的同时冲击了宗教。1965年，山西太原对天主教神职人员进行社会主义教育时对少数人开展了过火斗争，在个别教徒聚居村发动退教，伤害了一部分教徒的宗教感情。宗教工作中的错误和敌人的煽动，刺激了群众的宗教狂热。3月初，太原市郊区长沟村出现“圣母显圣”谣言，大批教徒在夜间前往朝圣，涉及邻近40多个教徒聚居村，晋中、晋南10多个县的少数教徒也闻风而来，一些教徒聚居村出现多个活“圣母”和活“天主”，采取跳大神手法蛊惑群众，有的教徒聚居村甚至发生骚乱，司法部门对骚乱事件的首要分子判处有期徒刑，四清工作队通过宣传教育和组织生产，使群众情绪逐渐稳定下来。8 月，中央政治局委员、公安部部长谢富治在主持“关于解决太原地区天主教闹事问题座谈会”上进一步混淆了宗教问题和政治问题的界限，在讲话中把天主教与会道门相提并论，视其为“地主党”和“帝国主义别动队”，提出要把太原附近的教会搞垮作为备战的一项重要措施，使一些地方“左”的错误更加严重。1966 年 8 月以后，“文化大革命”进入高潮，全国各地的天主教堂几乎全部被砸，神职人员在集中学习后全部转业参加劳动，其中一部分人被打成“牛鬼蛇神”，教徒群众公开的宗教活动全部停止。

3. 伊斯兰教问题及其治理

新中国成立初期，中央对伊斯兰教问题的基本观点和政策是：伊斯兰教问题主要是历史性、民族性的群众思想信仰问题，尊重各族穆斯林的宗教信仰就是尊重其民族，开展伊斯兰教工作必须采取慎重稳妥政策。在划分阶级成分时，对教长、阿訇等宗教人士，家庭是地主成分的，其本人可定为宗教职业者而不定为地主分子。斗争回族地主，主要发动回族穆斯林参加，回族地主的东西优先分给回族穆斯林。对清真寺的土地，在当地穆斯林同意的情况下，可酌予保留。对阿訇等宗教职业者采取争取、团结、教育的方针，主要是召开座谈会、讲解政策、组织爱国主义学习活动，使他们不干涉政治、司法、教育，同时照顾其切身利益，生活确有困难的政府可酌予补助。对极少数勾结土匪、特务和帝国主义的宗教职业者，在查清问题、取得证据后依法严惩，并在群众中揭露其罪行，使群众明白惩办这种人与宗教信仰无关。阿文是伊斯兰教的经典文字而不是回族通用文字，在宗教方面可以使用，但不能把它当作回族全民族的文字。回族既然都讲汉语，就应提倡学习汉文。对回汉通婚不应宣传鼓动，一般应避免此种婚姻发生，遇有回女汉男要求结婚且双方意志坚决者，可经过与回族代表协商，在男方愿意依照回族生活习惯的条件下可以结婚。对少数民族群众在“三大节日”（开斋节、古尔邦节、圣纪节）食用的牛、羊免征屠宰税，对他们的饮食习惯、丧葬处理等均予照顾。对穆斯林根据宗教习惯出国“朝觐”，应帮助他们进行适当安排。不再使用“回教”这个名称，而应采用国际上通用的“伊斯兰教”。

1949年12月新疆省人民政府成立时制定的施政方针提出，实行土改必须发动群众，采取肃清土匪特务、反对恶霸、减租减息等步骤。从1950年开始，中共中央新疆分局和省人民政府开展了镇反肃特，建立各族各界人民参加的人民政权，普遍建立工会、农民协会等组织。在此基础上，1951年4月至1952年5月在农村开展了减租反霸斗争。1952年9月至1953年进行土改，政府始终强调从当地情况和特点出发做好民族宗教界的工作，如召开各族各界人民代表会议及宗教人士座谈会，吸收宗教人士参加土改委员会，组织宗教人士参观土改、参加土改宣传，对清真寺、宗教学校、麻札（公共墓地）的土地、房屋、财产等不没收、不征收，一般宗教职业者可与农民同样分得土改果实；对各民族、各教派领袖人物，其家庭是地主成分且以前有罪恶的，只要愿意守法改过，也说服群众不予斗争，并在没收分配财产时予以照顾。通过土地改革没收和征收的地主多占土地、耕畜、农具、房屋，被合理分配给贫苦农民，特别是维吾尔族贫苦群众。

新中国成立初期，云南省一方面在边疆民族地区从疏通民族关系和民族团结入手集中全力加强对敌斗争，一方面根据本省少数民族人民反民族压迫和反封建斗争的一致性开展土地改革。对经济文化发展水平较高的回族穆斯林与白、壮、纳西、彝族居住的平坝和低山区，在考虑民族特点的同时，运用派工作队形式，基本上采取同汉族地区相同的土改政策。在回族地区的土改中，坚持工作队以本民族干部为主，采取本民族地主由本族农民说理斗争、汉族农民不分回族地主的房屋等政策。从1951年至1952年，回族穆斯林聚居的内地民族区基本完成土地改革，极大地支援了边疆民族地区的工作。

1952 年，伊斯兰教界知名人士包尔汉、刘格平、赛福鼎·艾则孜、达浦生、杨静仁、马坚、庞世谦、马玉槐等开始筹备成立中国伊斯兰教协会，得到中央人民政府支持。1953 年 5 月，中国伊斯兰教第一次代表会议在北京召开，10 个少数民族的 111 名代表出席会议，通过了包尔汉的报告和协会简章，确定了今后工作任务，选出了 83 名委员，产生了领导机构，包尔汉为主任，杨静仁等 5 人为副主任。简章规定的宗旨是：协助人民政府贯彻宗教信仰自由政策，发扬伊斯兰教优良传统，爱护祖国，保卫世界和平。协会成立后，主要开展了以下工作：与各地伊斯兰教界人士及民族部门联系，接收反映情况的信件，派人赴各地调查，及时向政府反映穆斯林的意见和要求，宣传有关的政策法令，协助和推动各地伊斯兰教界的时事政策学习，组织宗教界人士赴东北工业建设地区参观，参加各项社会活动与和平运动，组织朝觐团，研究教义，举办宗教节日活动，解答宗教上的有关问题及慈善事宜，促进中国穆斯林同世界各国穆斯林之间的友好联系，创办中国伊斯兰教经学院，开展编译工作，出版伊斯兰教经典等。

1956 年 12 月，中国伊斯兰教协会在北京召开了第二次代表会议，总结了过去三年的工作，研究了今后工作任务，增选了委员和副主任，设立了教义研究委员会。1957 年创办了《中国穆斯林》杂志，到 1959 年停刊时共出版 24 期。自 1956 年新疆成立自治区伊斯兰教协会后，甘肃（1957）、宁夏（1959）、武汉（1959）、上海（1962）、辽宁（1963）、黑龙江（1964）等省市相继成立了地方性伊斯兰教协会。通过周恩来总理和随团伊斯兰事务顾问达浦生在万隆会议（1955 年 4 月）上的外交努力，打破了帝国主义的禁运和围堵，实现了中国穆斯林的朝觐愿望，从 1955 年到 1964 年共组织 10 次。

1957 年 10 月，中央决定在少数民族中也进行整风和社会主义教育。当时在全国汉族地区党组织中开展的以反对主观主义、宗派主义和官僚主义为主要内容的整风运动已发展为全民整风。中央决定在少数民族中分三种不同情况在党内整风，着重批判地方民族主义，并在人民中包括伊斯兰教界适当进行社会主义教育。中国伊斯兰教界的社会主义教育运动从 1958 年 8 月召开的中国回民文化协进会第二届会议开始，大致分为四个阶段依次进行。第一阶段自 1957 年 8 月至年底，以批判中国回民文化协进会副主任、中国伊斯兰教协会副主任、中国伊斯兰教经学院副院长和全国政协委员马松亭为中心，将他作为“反面教员”推动宗教界投入运动。1958 年 1—3 月为第二阶段，明确了教育运动的重点是批判地方民族主义和大伊斯兰主义，并把反右派和“反坏人坏事斗争”推向全国伊斯兰教界，主要是强化国家观念、分清敌我界线、正确对待政府法令、正确处理民族关系、接受共产党领导，将民族主义分子、大伊斯兰主义分子和有某些民族主义、大伊斯兰主义思想的人严格区别，将民族主义、大伊斯兰主义思想和民族感情加以区别，对“右派分子”和“思想糊涂的人”严格区别。1958 年 4—5 月为第三阶段，以制定爱国公约方式巩固政治思想进步成果，号召全国伊斯兰教界人士在进行关于两条道路的“大鸣、大放、大辩论”及反右派斗争和“批判坏人坏事”的基础上制定爱国公约，做到爱国守法、参加劳动、永远跟着共产党、坚决走社会主义道路。1958 年 6 月至 1959 年为第四阶段，主要是批判和废除伊斯兰教中的封建特权和改革宗教制度。经过整风和社会主义教育运动，相关少数民族干部群众和宗教人士提高了爱国守法观念和社会主义觉悟，端正了在一些大是大非问题上的认识，政治上和思想上取得了明显效果。但是，由于对当时阶级斗争的形势估计得过于严重，混淆了两类不同性质的矛盾，把大量人民内部矛盾当作敌我矛盾来处理，发生了扩大化错误。

1958 年至 1960 年的宗教制度民主改革是伊斯兰教的重点工作。1958 年 5 月，杨静仁在党的八大二次会议上作了关于回族宗教问题的发言，提出消除宗教制度中的封建残余和宗教特权，使宗教成为个人的思想信仰问题，为此必须实行五个分开：民族和宗教分开，逐步改变实际生活中族教不分的情况；宗教信仰和宗教制度分开，宗教信仰是思想问题，应长期坚持宗教信仰自由政策，而宗教制度绝大部分是封建性的，应当且可以逐步改变；宗教和行政分开，宗教不得违反和干涉国家法律、行政和司法；宗教和教育分开，宗教不得干涉学校教育，不得强迫儿童学经文；党内外分开，主要在共产党员中讲清宗教信仰自由绝不是对党而言，而是对国家而言，教育党员划清共产主义同宗教信仰、无神论同有神论的界限。为此，中央统战部于1958年5—6月在青岛召开伊斯兰教问题座谈会，李维汉部长作了重要讲话，指出宗教制度中的封建剥削压迫成了回族发展的绊脚石，但改革要用说服教育方法，宗教上层中反对改革的顽固分子只要不进行破坏活动或没有严重破坏活动可以当作人民内部矛盾处理，改革要建立在群众觉悟基础上，不能用行政命令强迫改。8月，中央统战部根据座谈情况形成关于在回族中改革宗教制度的意见，分析了回族人民受宗教束缚的情况和宗教制度改革的五分开原则，把回族伊斯兰教制度分为对回族发展妨碍比较大、妨碍不大和没有妨碍的三类，第一类必须改，第二类可改可不改，第三类可以不改。第一类有11条：门宦制度（特别是教主放口唤、放阿訇）和世袭伊玛目制度；封建性的清真寺管理制度；清真寺和道堂的土地、牧畜、森林封建所有制；清真寺和道堂的教主对教民的劳役制度；强迫性的宗教负担制度；非信仰必须的、妨碍生产和浪费财物的宗教活动制度；干涉婚姻自由和压迫歧视妇女的制度；强迫儿童学教义和封斋的制度；限制群众文化娱乐活动的制度；阿訇、满拉不参加劳动的制度；对教徒的宗教处罚制度。第二类有5条：成人的封斋礼拜，三大节日的宗教仪式和宰牲制度，生下小孩起经名，结婚请阿訇写"依札布"（宗教性证婚书），吃牛羊鸡鸭等要请阿訇宰。经中央批准，首先在共产党内部进行无神论教育，帮助党员划清共产主义同宗教信仰的界限，在伊斯兰教上层开展"反对坏人坏事"的斗争。1958年12月，中央批转国家民委党组《关于当前伊斯兰教喇嘛教工作问题的报告》，正式提出改革和废除宗教封建特权和压迫剥削制度的要求：废除宗教的一切封建特权，包括寺庙私设法庭、监牢和刑罚，干涉民事诉讼，擅自委派部落头人，阿訇私藏武器，干涉婚姻自由，压迫歧视妇女，干涉文化教育事业等；废除喇嘛庙和清真寺的生产资料所有制和高利贷、无偿劳役等剥削制度，取缔非法商业，处理寺庙财产时对保留的寺庙可适当留出小部分土地、牧畜和其他财物，使留下来的宗教人员参加劳动生产、维持生活；禁止寺庙敲诈勒索群众财物，宗教活动不得妨碍生产和违反国家政策法令，群众自愿的布施不加干涉；寺庙不得强迫群众当喇嘛，强迫封斋，强迫儿童学经文、当喇嘛，喇嘛有还俗自由，群众自愿当喇嘛或满拉不强行制止；废除寺庙封建管理制度，包括管家制度、等级制度、打罚制度和寺庙间的隶属关系等，宗教人士能劳动的一般要参加生产，封建管理制度废除后可由宗教人员成立新的管理组织，但须加以领导。这项重大工作的完成，对西北穆斯林聚居区相关少数民族的政治、经济、文化发展和社会进步产生了重大影响。

1961 年至 1962 年，针对有的地方出现消灭宗教的想法和干涉群众宗教信仰与风俗习惯的做法，先后召开了西北地区第一次民族工作会议、全国统战工作和民族工作会议，中央批转了西北地区第一次民族工作会议纪要，要求注意宗教的长期性、群众性和民族性，任何过急的想法和简单粗暴的办法都是不能解决宗教问题的。宁夏回族自治区党委为贯彻中央和西北民族工作会议精神，于 1962 年秋召开民族工作会议，对存在问题做出规定：凡有回民的公社原则上一个社留一座清真寺，回民多的可增加一个，回民聚居的山区一个公社可保留二至三个；“尔德节”和“古尔邦节”休假，增加油、肉副食品供应；回民亡人供应“卡凡”布、棉花和食油；商业部门应组织供应汤瓶、吊罐、妇女的线帽子等穆斯林特需用品；重申党对宗教界人士“顾一头，一边倒”的要求和“包下来、包到底”的政策；依据“有帮助、无妨碍、不挡路”原则，在伊协中再安排一批有一定影响和代表性的宗教界人士；留寺阿訇不提生产自给口号，老弱病残可以不劳动，专门研究经典的阿訇可以不劳动或少劳动；清真寺民主管理委员会由当地信教群众代表和宗教人员组成，注意保持寺内经典。上述规定使民族宗教工作中“左”的错误得到局部纠正，调整了民族宗教关系。党的八届十中全会把一定范围内存在的阶级斗争扩大化、绝对化后，宗教工作中“左”倾错误反弹，在“四清”运动中又有发展。

1963 年 10—11 月，中国伊斯兰教协会第三次代表会议在北京举行，203 名代表参加。会议总结了第二次代表会议以来的工作，选举了第三届委员会，通过了包尔汉的工作报告，产生了 136 名委员组成的第三届委员会，选举包尔汉为主任，达浦生、丹彤、马玉槐、张杰、白寿彝、刘品一等 11 人为副主任，刘品一兼秘书长。会议肯定了几年来伊斯兰教界在爱国守法、自我教育改造、学习毛主席著作、参加时事政策学习和生产劳动及其他服务工作方面的成绩，承认在伊斯兰教中存在着严重尖锐的阶级斗争，要求认真进行自我教育和思想改造，还对伊斯兰教界的“坏人坏事”进行了揭发和批判。“文化大革命”爆发后，宁夏、新疆、甘肃、临夏等实施民族区域自治的自治区和自治州取消了民族宗教工作部门，宗教政策被践踏，一些少数民族干部受到打击，伊斯兰教人士被视为‘牛鬼蛇神”，许多人受到批斗，穆斯林群众的风俗习惯、文化传统被当作“四旧”破除，许多清真寺、拱北被拆毁，伊斯兰教经典、用品被焚烧或砸坏。

4. 佛教问题及其治理

新中国成立初期的佛教工作，主要是解决与封建主义的关系问题。1951 年 6 月，中央对汉族地区的佛教问题和治理发出指示，指出佛教为世界性宗教，在中国有久远的历史，对政治和文化发生过很大影响，成为封建统治阶级压迫剥削人民的工具，近百年来势力和影响日趋削弱，但在一部分汉族群众中仍有不可忽视的影响，必须正确对待，开展相应的工作；新中国成立后，不少地方的僧尼参加了爱国运动，订立了爱国公约，要更加广泛深入地进行爱国主义教育，使绝大多数僧尼、居士参加爱国运动；对僧尼进行工作时，既要照顾他们的生活，更要尊重其宗教信仰，使他们在参加劳动和爱国学习中提高思想认识；对农村和城郊中有劳动能力、愿意从事农业生产的，要依照土地改革法的规定分给土地，或以其他方式帮助他们谋生；对名山大寺的僧尼，可发动他们在山上进行植树、护林工作或分给耕地；对年老或残疾的僧尼必须予以照顾，使他们安心地生活下去；对佛教经典确有研究或在群众中确有信誉的僧尼，要特别注意照顾；对坚持修行的僧尼，要保障他们的宗教信仰自由。政府机关征用或借用寺庙房屋时，应先与寺庙负责人协商，订立合同，不要占用佛殿，对其经卷文物、法器须加保护，对其清规亦须尊重；对佛教徒崇拜的名山大寺及具有历史文物价值的寺庙，均需妥加保护，防止破坏，不可轻易占用；在僧尼和寺庙较多的大中城市，须保留若干较大的寺庙，完全由僧尼使用，以便于他们进行正常的宗教活动。对现存的佛教团体，均应依照社会团体登记条例进行登记，其纯为帝国主义、蒋介石政府组织的应予解散，有少数违法犯罪分子借此为掩护进行破坏活动的应令其改组或整顿，无破坏活动的应准其合法存在。各大城市的僧尼、居士要求成立新的佛教团体时，可允许其组织，但任何佛教团体均无处理寺庙财产之权。各地积极落实中央指示精神，稳妥地开展工作，取得了巨大成绩。1951 年至 1953 年，中央人民政府还接受佛教界上层人士建议，拨款对一些著名寺院和石窟进行了维修。

1952 年 10 月，中国佛教界知名人士开始筹建中国佛教协会，11 月召开了发起人会议。中央统战部部长李维汉在会前同发起人座谈，阐释了党的宗教政策，希望爱国的佛教徒团结起来，继续划清敌我界限，与全国人民结成牢固的爱国统一战线，协助人民政府贯彻宗教信仰自由政策，为建设祖国和保卫世界和平而努力。1953 年 5 月 30 日至 6 月 3 日，中国佛教协会成立大会在北京举行，汉、蒙古、藏、满、苗、裕固等民族的法师、活佛、喇嘛、居士代表 120 人出席会议。会议通过了《中国佛教协会章程》，做出了相关决议；经过协商，推举达赖喇嘛、班禅额尔德尼、虚云、查干葛根为名誉会长，选举圆瑛为会长，喜饶嘉措、公德林、晋美吉村、能海、赵朴初、噶喇藏、祜巴猛、阿旺嘉措为副会长，赵朴初任秘书长。章程规定，中国佛教协会是中国佛教徒的联合组织，其宗旨为团结全国佛教徒，在人民政府的领导下参加爱护祖国及保卫世界和平运动，协助人民政府贯彻宗教信仰自由政策，联系各地佛教徒，发扬佛教优良传统。因各地区各民族佛教情况不同，决定不设分支机构。各地方的佛教组织受当地人民政府领导，不与中国佛教协会发生隶属关系。中国佛教协会成立后，许多省、自治区、直辖市和一些地方的佛教协会也相继成立。

1952 年，赵朴初居士和上海佛教界人士发起组织金陵刻经处护持委员会。在政府有关部门和中国佛教协会的帮助下，经过几年努力解决了住户搬迁问题，收回全部房屋，修理扩建了处内建筑及杨仁山居士塔院，业务得到开展，规模逐渐扩大。除整理原有经版外，还将北京及天津刻经处、三时学会、扬州江北刻经处、苏州玛瑙经房、常州毗陵刻经处、洞庭西山祇树庵等地经版和重庆前支那内学院经版都集中到金陵刻经处，加以整理和保管，1957 年金陵刻经处归属中国佛教协会。1956 年 9 月，中国佛教协会主办的中国佛学院在北京法源寺成立，这是中国历史上规模最大的新型佛教教学机构，旨在培养热爱祖国、拥护和平、具足正信、能发扬佛教优良传统的僧伽人才。1956 年是世界佛教徒公认的释迦牟尼佛涅槃 2500 周年，中国及东南亚许多国家的佛教徒举行了各种纪念活动，中国佛教界还派团到其他国家举办展览、参加纪念释迦牟尼涅槃 2500 周年的活动。

1957 年，由中国佛教界发起，经周恩来总理批准，在北京西山著名胜地八大处第二处原灵光寺旧址，依照佛教传统在原塔址旁重建佛牙塔，1964 年春新塔及附属殿堂落成，6 月 25 日中国佛教协会举行隆重的佛牙舍利塔开光典礼，来自柬埔寨、斯里兰卡、印度尼西亚、日本、老挝、蒙古国、尼泊尔、巴基斯坦、越南和越南南方的佛教代表团以及一些国家的驻华使节与外交官参加了典礼。

1957 年 3 月，中国佛教协会第二届全国代表会议在北京举行，汉、藏、蒙古、傣、满、土家、裕固、崩龙、佧佤、纳西、布朗等 11 个民族的代表 213 人出席，会议通过了赵朴初副会长所做的工作报告及有关决议，修改了《中国佛教协会章程》。会议认为，中国佛教协会成立以来做了不少工作，取得了显著成绩，今后全国各民族、各地区、各宗派的佛教徒应在这个基础上进一步加强团结，提高爱国主义觉悟，有计划地研修教理和学习时事政策，发扬佛教优良传统，为社会主义事业和人类持久和平贡献力量。大会决定在理事会下设立两个委员会，对代表们最关心的传戒、学戒办法进行研究，提出方案。会议希望汉族地区的各位代表回去后将这次会议重视如法传戒的精神向当地寺院和教徒广泛传达，务使滥传现象再发生。

西藏地区藏传佛教中封建制度的民主改革是佛教工作的难点。根据和平解放西藏《十七条协议》，要在西藏实行社会民主改革，但对何时改革及如何改革中央一直采取耐心等待的态度。1956 年 9 月中央提出要做到“和平改革”，其后又根据西藏上层人士的觉悟状况决定“六年不改”，但西藏上层中的反动分子寻找各种借口竭力阻挠改革，企图永远保持封建农奴制。1959 年 3 月 10 日，西藏上层反动集团公然撕毁《十七条协议》，发动全面武装叛乱，多数寺庙参加了叛乱，有些还是叛乱中心。中央发出平叛命令后，驻藏部队在广大西藏人民的协助下，仅用几天就平息了叛乱。中央决定采取“边平边改”的方针，按照“先叛先改、后叛后改、未叛缓改”的原则，有步骤地进行民主改革。对参加叛乱寺庙的生产资料一律没收，分配给农奴，对未参加叛乱寺庙的生产资料实行赎买政策。在寺庙中开展反对叛乱、反对封建特权、反对封建剥削的斗争。对参加叛乱的寺庙，发动群众清查叛乱分子，摧毁反动组织，揭露其分裂祖国、破坏民族团结、反对民主改革、残害人民的罪行。对未参加叛乱的上层僧侣，在政治上继续安排，生活上予以照顾。坚决废除寺庙的一切封建特权和剥削制度，包括私藏武器、委派官员、管理市政，私设法庭、监狱、刑罚，没收群众财产、流放人民，干涉民事诉讼、婚姻自由和文化教育事业，摊派乌拉差役、放高利贷、人身奴役、强迫群众当喇嘛，以及寺庙内的等级制度和寺庙间的隶属关系等。同时，坚定执行宗教信仰自由政策，保护寺庙及其建筑、宗教用具和陈列品，保护正当的宗教活动和文物古迹，保护喇嘛的人身自由，安排好他们的生活，不干涉群众自愿给寺庙发放“布施”，不干涉寺庙学经和确定宗教职务的考试等。为了更好贯彻“政治统一、信仰自由、政教分离”原则，搞好寺庙民主管理，在改革基础上建立了寺庙民主管理委员会，制定了《寺庙民主管理试行章程》，对寺庙的经济、行政和内部宗教事务进行民主管理。经过民主改革，西藏藏语系佛教的面貌为之一新。

1962 年 2 月，中国佛教协会第三届全国代表会议在北京举行，28 个省、自治区、直辖市的汉、藏、蒙古、傣、满、土家、白、崩龙、布朗、裕固、佧佤、纳西等 12 个民族的代表 244 人出席。会议肯定了中国佛教协会几年来在佛教教义弘扬、学术研究等方面的成绩，通过了《中国佛教协会第二届理事会工作报告》和《向毛主席致敬电》及有关决议，选举了新的领导机构，号召全国各地区、各宗派佛教徒“报国土恩、报众生恩”，为祖国、为人类、为佛教争业勇猛精进。

1963 年 10 月，来自亚洲 11 个国家和地区的佛教徒在北京法源寺举行国际会议。大会由中国佛教协会、中国人民保卫世界和平委员会、中国亚非团结委员会、中国人民对外文化协会等 4 个单位联合举办。会议通过了《告世界佛教徒书》。国务院总理周恩来、全国人大常委会副委员长郭沫若接见了出席会议的法师和居士。

1964 年，首都佛教四众弟子在法源寺举行了“玄奘法师圆寂 1300 周年纪念法会”。由中国佛教协会、中国人民保卫世界和平委员会、中国人民对外文化协会、中国文学艺术家联合会、中国美术家协会、中国历史学会、中国历史博物馆等 7 个单位组成的“玄奘法师逝世 1300 周年纪念委员会”在全国政协礼堂举行纪念大会，应邀参加大会的有来自亚洲 10 个国家和地区的佛教界人士，一些亚洲国家驻中国的使节和外交官也出席了大会。1962—1964 年，中日两国宗教、文化等各界人士共同筹备和举办了“纪念鉴真和尚逝世 1200 周年”系列活动，为增进两国人民的友谊发挥了积极作用。

“文化大革命”期间，佛教工作被迫停顿，佛教组织陷于瘫痪，全国绝大多数寺院被毁坏或占用，大批僧尼被赶出寺院；佛教界人士大多遭到批斗，有些人含冤死去，佛教文化教育事业单位和地方佛教协会被迫关闭，整个佛教事业遭受了一场浩劫。在此期间，一些著名寺院和一批重要佛教文物由于周恩来总理等老一辈领导人的明令保护得以幸存，个别寺院还得到维修。“文化大革命”中后期，在周恩来等老一辈领导人的直接关怀下，中国佛教协会恢复工作，北京广济寺得到修复，浙江天台山国清寺和河南洛阳白马寺也进行了大规模修葺，并从北京运去大量佛像、法物、供器等。周总理在接见美籍华人赵元任、杨步伟（杨仁山居士的孙女）夫妇时得知金陵刻经处被毁情况，深夜召见有关部门和中国佛教协会负责人，指示加以恢复。

5. 道教问题及其治理

鉴于道教在历史上同汉传佛教有不少相似之处，中央要求对道教问题的处理参照对待汉传佛教的方针政策。同时，道教问题及其治理也有其自身特点，主要是与封建迷信和会道门划清界限。

近代以来，中国有很多秘密流传的“会”“道”“门”，如“圣教会”“圣道会”“红枪会”“神兵会”“一贯道”“九宫道”“黄天道”“先天道”“普渡道”“混元门”“义和门”“如意门”“理教”“长生教”“闻香教”“无为教”“道德社”“悟善社”“同善社”等，达200多种。他们高喊“三教归一”“五教归一”“万教归一”口号，自称“教主”“救世主”“真龙天子”，竖起各种秘密宗教旗帜，成为社会潜在恶势力。他们轻则诈骗钱财、损害人民身心健康，扰乱社会秩序，重则为反动分子操纵，进行反对中国共产党和人民政府的活动。由于这些会道门有很多吸取了道教教义，有的直接采用道教经典，或者奉祀道教神仙，造成了混淆。通过土地改革和破除封建迷信、取缔反动“会道门”组织，使道教实现了一次大清整，原本以正一道为主体的道教转变为以全真道为教团主体，历史上为某些道教徒奉行的卜卦、星相、摸骨、测字、看风水、跳大神、驱魔赶鬼、符水治病等迷信被清除，使道教面目一新。

土地改革前，宫观旧制虽实行推举方丈、监院及执事制度，但监院升座后便成了封建家长。监院俗称当家，由他与八大执事等上层道士管理宫观，一切事务皆由他们决定，享有役使和责罚道士的特权，底层道士只能唯命是从，以劳作、服役求得菲薄衣食，否则便会受到跪香、驱逐、棒笞、禁闭等处罚。土地改革后，企业、工厂废除封建把头及封建压迫，实行民主管理，有才干的工人可以参加管理工作，成为管理人员或领导成员；同时制定了新的管理制度，定期改选，有事大家商量，实行民主集中制。这样，工人成了工厂企业的主人。这种新的民主风气，自然为广大底层道众所钦慕，要求废除宫观中的封建特权与封建压迫，改变原来的封建家长制，成立宫观民主管理委员会或民主管理小组，选举有才能的道士参与宫观管理。宫观人事、财务、宗教活动等方面的大事，概由该委员会议定，然后由监院及诸执事执行。委员会受道众监督，亦定期改选。与此同时，在城市中若干宫观还联合成立了“学习委员会”，采取自我教育的形式，组织道众学习爱国主义和社会主义知识，也学习时事政策。这都是宫观在管理体制方面的变革，也是道教新面貌的一大特征。

1956 年初夏，全真道东北地区领袖人物、沈阳太清宫方丈岳崇岱联络全国著名高道，倡议建立全国性爱国道教团体，得到道教界积极响应。7 月初，岳崇岱被全国政协吸收为特邀委员。11 月，道教界推选组成了中国道教协会筹备委员会，拟定了《发起书》。1957 年 4 月，来自 23 个省、自治区、直辖市的 92 名代表参加了在北京召开的道教界第一次全国代表会议，成立了中国道教协会，通过了《中国道教协会章程》，宗旨是联系和团结全国道教徒，继承和发扬道教优良传统，在人民政府的领导下爱护祖国，积极参加社会主义建设和保卫世界和平运动，协助政府贯彻宗教信仰自由政策。第一届理事会推举常务理事 17 人，选举岳崇岱为会长，汪月清、易心莹、孟明慧、乔清心、陈撄宁为副会长，陈撄宁兼秘书长。国务院宗教事务局局长何成湘应邀作了宗教政策报告，国家副主席朱德、李济深，粮食部部长章伯钧等在中南海接见了与会代表及部分大会工作人员，并合影留念。

1958 年 3—4 月，中国道教协会一届二次理事会在北京召开，会议首先请政府有关部门负责人做《政治报告》，动员道教界人士给党政机关提意见，帮助中国共产党整风。通过贴大字报和小组座谈，共提出意见 800 多条，涉及道协工作、道协负责人、政府宗教工作部门、收徒传戒、机关工厂借用宫观、国家政策、粮食供应、福利照顾、农业合作社、本次会议、经书印行等方面，有的意见被认为“向社会主义猖狂进攻”，必须予以揭露和打击。于是转入“大批判”“大辩论”阶段，组建了“社会主义学习领导小组”，开成了以社会主义教育为主题的反右派斗争会，岳崇岱、李净尘、王信安、向元理等被戴上“右派分子”帽子。会后，一些教职人员较多的十方丛林和教徒聚居较多的城市进行了深挖右派运动，武当山等极少数丛林宫观进行了激烈斗争，打击了一大批道教徒，造成了扩大化错误。在随后开展的“大跃进”和公社化运动中，道教宫观和道院归入公社，成为生产单位，道士成为社员，宫观经济由道教徒集体所有制变成以生产队为基础、全公社统一核算和分配，道士生活由修持为主变为生产为主，农村子孙庙的道士有的被集中管理，腾出的庙宇改作它用。

1961 年 1 月党的八届九中全会决定对国民经济实行“调整、巩固、充实、提高”的方针后，全国统战工作会议和民族工作会议开始检查纠正工作中的“左”倾错误，强调必须正确处理阶级关系、民族关系、宗教关系，加强各阶层各民族团结。1961 年 11 月，中国道教协会第二次代表会议在北京召开，出席会议的道教界代表 99 人，其中全真派 85 人（坤道 12 人）、正一派 14 人。陈撄宁代会长兼秘书长作工作报告，总结了道协的主要工作：一是开展道教研究，为上海中华书局新辞海编辑拟定了“道教词目”释文，为北京中华书局审阅了《太平经合校》稿及其他道教书稿六种，重新校正《道藏》卷数，重新编写了《道藏目录》，编写了《道教历代大事记》，协助有关部门撰修地方宗教志；二是接待了苏联、捷克、缅甸、荷兰、芬兰、丹麦、冰岛、法国、日本、奥地利、尼泊尔、锡兰、南斯拉夫等国家的外宾 30 多次；三是接管北京白云观；四是通过理事调查了各地宫观所藏经典文物；五是协助北京文化局拓印了北京白云观碑文；六是接待来访及处理来信。对以后工作提出五条意见：一是积极为祖国的社会主义事业服务，二是继续进行政治思想改造，三是进一步开展研究工作，四是培养道教知识分子，五是妥善保管道教历史文物。会议选举产生了第二届理事会、常务理事会、会长和副会长，陈撄宁当选为会长，易心莹、孟明慧、乔清心、蒋宗翰、黎遇航为副会长，黎遇航兼秘书长，会议还修改了《中国道教协会章程》。

第二届理事会拟定了旨在加强道教自身建设的工作规划，制定了《中国道教协会研究工作及培养道教知识分子计划大纲》。研究工作主要是搜集整理资料，包括编写《中国道教史》、编辑《道藏分类书目》定稿、编写《道藏未收书目提要》、汇编《现存道书目录》《历代中国道教大事记》《历代道教名人传记》《历代道教碑记》《道教论丛》，注释、标点道教重要书籍；专题研究全真、正一、南宗、北宗起源及流派，北宋道学家思想和道教关系，静功、气功等；调查明清以来著名道观历史沿革，搜集或拓印名山道观重要碑文。人才培养主要是开办道教徒进修班，学习课目分为普通、高级、专门三种，普通课目包括道德真义、宗派源流、主要经典、丛林制度、道教仪范等，高级课目再加上道教历史、道教名人传记、老庄哲学、诸子百家精华等，专门课目包括气功、医药、内丹、外丹及一切祛病延年的修养方法。学员除学习以上课目外，还须拿出一定时间学习时事政策、政治理论等，以便不断提高思想认识和政治觉悟。还成立了道教研究室，陈撄宁会长兼任研究室主任，聘请了研究人员，出版了不定期刊物《道协会刊》，刊载有关道教研究论文及各地道教动态。

1965 年春，在全国性宗教团体中开展以反帝、爱国、守法为主要内容的“三个主义”教育后，中国道教协会的教务工作基本停止。“文化大革命”开始后，道教界同社会其他各界一样受到冲击，宫观、经典、文物等受到严重破坏，有些幸存的场所也被占用，许多道教界人士被视为“牛鬼蛇神”和“专政对象”受到批判。

专 题 三

改革开放和社会主义现代化建设新时期的宗教治理研究

【教学目的】改革开放和社会主义现代化建设新时期是新中国宗教治理的第二个历史阶段，具有承上启下的历史地位。通过本专题学习，使学员了解中国特色社会主义宗教理论的创立和发展，了解改革开放以来党的宗教工作的恢复和发展过程，为正确认识和做好党在中国特色社会主义新时代的宗教工作奠定思想认识基础。

【内容提要】改革开放和社会主义现代化建设新时期，党的宗教工作经历了三个具有不同特点的发展阶段。改革开放初期，主要是恢复和落实被“文化大革命”破坏的宗教政策，使宗教活动恢复正常。进入 20 世纪 90 年代以后，宗教领域乱象凸显，境外利用宗教进行的渗透加剧，党和政府加强了对宗教事务的依法管理，提出积极引导宗教与社会主义社会相适应。进入新世纪以后，随着信教人数的持续增长，宗教的社会影响迅速扩大，党和政府强调促进宗教关系的和谐，发挥宗教界人士和信教群众在促进经济社会发展中的积极作用。

从 1978 年 12 月中共十一届三中全会把党的工作中心转移到经济建设上来、实行改革开放的历史性决策，到 2012 年 11 月党的十八大做出全面建成小康社会、坚持和发展中国特色社会主义的新部署，是中国共产党在马克思列宁主义、毛泽东思想、邓小平理论、“三个代表”重要思想和科学发展观的指导下，领导全国各族人民进行改革开放和社会主义现代化建设并取得巨大历史性成就的时期。在这一时期，以邓小平同志、江泽民同志、胡锦涛同志为主要代表的中国共产党人接续推进马克思列宁主义宗教理论与中国实际的再结合，以改革开放和社会主义现代化建设的新实践坚持和发展了毛泽东宗教工作思想，形成了中国特色社会主义宗教理论，把中国特色宗教治理推进到新阶段。

一、改革开放初期的宗教治理

改革开放初期，党的宗教政策得到全面落实，宗教活动恢复正常，宗教工作走上正轨。与此同时，宗教领域的乱象和境外利用宗教进行的渗透逐渐加剧，成为影响社会稳定、民族团结和国家安全的突出问题。党中央高度重视宗教工作的拨乱反正，责成中央统战部和国务院宗教事务局对宗教问题进行深入调研，在科学分析宗教形势的基础上，全面阐述了党的宗教政策，开辟了宗教治理的新时期。

1. 改革开放初期的宗教问题

1980 年 12 月，中共中央书记处听取了中央统战部和国务院宗教事务局关于宗教工作情况的汇报，随后组织力量对全国宗教情况和宗教问题进行调研，最后由中央书记处组织起草了《中共中央关于我国社会主义时期宗教问题的基本观点和基本政策》，对改革开放初期的宗教形势和宗教问题作了科学研判。文件指出：我国是一个有多种宗教的国家，佛教有 2000 年左右的历史，道教有 1700 多年的历史，伊斯兰教有 1300 多年的历史，天主教和基督教主要在鸦片战争之后获得较大发展。信教的群众，伊斯兰教在解放初有 800 多万，现在有 1000 多万（主要是因为 10 个相关少数民族人口增加）；天主教在解放初约有 270 万，现在有 300 多万；基督教在解放初约有 70 万，现在约有 300 万；佛教（包括喇嘛教）在藏、蒙古、傣等少数民族中几乎还是全民信仰的宗教，佛教和道教在汉族中也还有一定影响。在我国总人口中，特别是在占全国人口绝大多数的汉族中，信鬼神的人不少，而真正信教者所占比重不大；同解放初期相比，现在信教群众的绝对人数虽然有所增加，但在全国总人口中的比重有所降低。

当时，全国各种宗教的职业人员有 59000 多人。其中佛教的僧、尼、喇嘛 27000 多人，道教的道士、道姑 2600 多人，伊斯兰教的宗教职业人员 20000 多人，天主教的宗教职业人员 3400 多人，基督教的教牧人员 5900 多人。由于多年的自然淘汰，那时宗教职业人员已经比解放初期减少很多，他们的出身、经历、信仰和思想政治情况各不相同，其中绝大多数是爱国守法和拥护社会主义制度的，而反对宪法、反对社会主义甚至里通外国的反革命分子和坏分子只是极少数。全国各种宗教的活动场所，新中国成立初期总共有 10 万多所，现在连同寺观教堂、简易活动点和教徒自行建立的活动场所只有 3 万多所，当前的突出问题是必须进一步合理安排宗教活动场所。

当时全国性爱国宗教组织有 8 个，即中国佛教协会、中国道教协会、中国伊斯兰教协会、中国天主教爱国会、中国天主教教务委员会、中国天主教主教团、中国基督教“三自”爱国运动委员会和中国基督教协会。此外，还有若干宗教性社会团体和地方组织。各级爱国宗教组织的基本任务是协助党和政府贯彻执行宗教信仰自由政策，帮助广大信教群众和宗教界人士不断提高爱国主义和社会主义的觉悟，代表宗教界的合法权益，组织正常的宗教活动，办好教务。

在我国宗教中占有重要地位的是佛教、伊斯兰教、天主教和基督教，同时也是在国际上占有重要地位的几大宗教。天主教、基督教在欧洲、北美、拉丁美洲和其他地区，佛教在日本和东南亚，伊斯兰教在亚非几十个国家中，都有广泛的社会影响，其中有的还在一些国家中被奉为国教。随着我国国际交往日益扩大，宗教界的对外联系也日益发展，对于扩大我国的政治影响具有重要意义。与此同时，国际宗教反动势力，特别是帝国主义宗教势力，包括罗马教廷和基督教的“差会”，也力图利用各种机会进行渗透活动，“重返中国大陆”。

中央认为，宗教问题具有一定的复杂性。新中国成立后，经过社会经济制度的深刻改造和宗教制度的重大改革，我国宗教的状况已经起了根本变化，宗教问题上的矛盾已经主要是属于人民内部的矛盾；但是，宗教问题仍将在一定范围长期存在，有一定的群众性，在许多地方同民族问题交织在一起，还受到某些阶级斗争和国际复杂因素影响。对宗教问题能否处理得当，对于国家安定和民族团结，对于发展国际交往和抵制国外敌对势力渗透，对于社会主义物质文明和精神文明建设，仍然具有不可忽视的重要意义，必须重视。

1983 年 2 月，中共中央办公厅和国务院办公厅转发的教育部《关于正确处理少数民族地区宗教干扰学校教育问题的意见》指出：据新疆、甘肃、宁夏、青海、云南、四川等省区调查反映，在信奉伊斯兰教、小乘佛教和喇嘛教的一些少数民族地区，近年来出现了宗教干预教育、争夺学生、冲击学校的问题，有的地方还出现了天主教、基督教干预教育的现象。这种宗教干预教育的情况，在有的地方还比较突出。有些地区把阿訇请到学校念经做礼拜，向青少年灌输宗教思想，诱使他们参加宗教活动。有的阿訇向学生宣传“不学经文，将来死了进不了天堂”的错误言论。在一些信仰伊斯兰教的民族地区，有人擅自开办经文学校（多设在清真寺，也有设在宗教人士家里，还有的实行寄宿制），导致大批学龄儿童弃学念经。云南、四川、青海、甘肃等省信奉小乘佛教和喇嘛教的傣、藏族地区，大批少年儿童退学到寺里当喇嘛、和尚。文件对出现上述情况的原因作了分析，认为既有宗教影响的问题也有政府工作上的问题。从宗教本身来说，伊斯兰教、喇嘛教和小乘佛教在一些少数民族中历史长、影响深，群众中存在着较浓厚的宗教信仰和宗教感情，必然影响宗教信徒的子女，有些宗教职业人员则通过宗教干预教育、违反政策规定、擅自举办经文学校等方式扩大宗教影响；从工作来说，有些干部对宗教政策缺乏全面认识，在落实宗教政策过程中对出现的问题不愿管、不敢管，或者认为不好管，有些放任自流。同时，有些少数民族地区教育长期落后、科学文化远未普及也是一个重要原因。其中有些边远地区学校少、条件差、教育质量低，群众对办好学校缺乏信心、送子女入学的积极性不高。在藏、傣族地区，曾因受“左”的思想影响，长期不重视学习民族语文，甚至明令取消民族语文教学，当时尚未完全恢复，有些群众为了使孩子学点民族语文，就把他们送到寺里念经。此外，极少数披着宗教外衣的反革命分子进行煽动破坏，也是原因之一。

2. 改革开放初期的宗教政策

“文化大革命”结束后，党的宗教政策逐步恢复。1978 年 3 月，第五届全国人大第一次会议通过《中华人民共和国宪法》，第 46 条规定：公民有信仰宗教的自由和不信仰宗教、宣传无神论的自由。1979 年 7 月第五届全国人大第二次会议和 1980 年 9 月第五届全国人大第三次会议对宪法作过两次修改，这一条始终未改。1979 年 7 月，第五届全国人大第二次会议通过的《中华人民共和国刑法》，第 99 条规定：组织、利用封建迷信、会道门进行反革命活动的，处五年以上有期徒刑；情节较轻的，处五年以下有期徒刑、拘役、管制或剥夺政治权利。第 147 条规定：国家工作人员非法剥夺公民的正当的宗教信仰自由和侵犯少数民族风俗习惯，情节严重的，处二年以下有期徒刑或者拘役。第 165 条规定：神汉、巫婆借迷信进行造谣、诈骗财物活动的，处二年以下有期徒刑、拘役或管制；情节严重的，处两年以上七年以下有期徒刑。1979 年 9 月，中共中央批转的全国统战工作会议文件《新的历史时期统一战线的方针政策》指出：“宗教信仰自由政策，是我们党正确处理群众宗教信仰的一项根本政策。”[①]1981 年 6 月，党的十一届六中全会通过《关于建国以来党的若干历史问题的决

① 中共中央文献研究室综合组等编：《新时期宗教工作文献选编》，宗教文化出版社 1995 年版，第 12 页。

议》，这是改革开放后拨乱反正的重要历史性文献，其中指出："要继续贯彻执行宗教信仰自由的政策。坚持四项基本原则并不要求宗教信徒放弃他们的宗教信仰，只是要求他们不得进行反对马列主义、毛泽东思想的宣传，要求宗教不得干预政治和干预教育。"①

1982年3月，中共中央印发《关于我国社会主义时期宗教问题的基本观点和基本政策》，这是新时期宗教工作的纲领性文件，第一次对党的宗教政策作了全面系统的阐述。文件指出："尊重和保护宗教信仰自由，是党对宗教问题的基本政策。这是一项长期政策，是一直要贯彻执行到将来宗教自然消亡的时候为止的政策。宗教信仰自由，就是说：每个公民既有信仰宗教的自由，也有不信仰宗教的自由；有信仰这种宗教的自由，也有信仰那种宗教的自由；在同一宗教里面，有信仰这个教派的自由，也有信仰那个教派的自由；有过去不信教而现在信教的自由，也有过去信教而现在不信教的自由。我们共产党人是无神论者，应当坚持不懈地宣传无神论，但是我们同时应当懂得，对待人们的思想问题，对待精神世界的问题，包括对待宗教信仰的问题，用简单的强制的方法去处理，不但不会收效，而且非常有害。还应当懂得，在现阶段，信教群众与不信教群众在思想信仰上的这种差异，是比较次要的差异，如果片面强调这种差异，甚至把它提到首要地位，歧视和打击信教群众，而忽视和抹杀信教群众和不信教群众在政治上、经济上根本利益的一致，忘掉了党的基本任务是团结全体人民（包括广大信教和不信教的群众）为建设现代化的社会主义强国而共同奋斗，那就只能增加信教群众和不信教群众之间的隔阂，并且刺激和加剧宗教狂热，给社会主义事业带来严重的恶果。因此，宗教信仰自由的政策，是我们党根据马克思列宁主义理论所制定的、真正符合人民利益的唯一正确的宗教政策。"②

① 中共中央文献研究室综合组等编：《新时期宗教工作文献选编》，宗教文化出版社1995年版，第52页。

② 中共中央文献研究室综合组等编：《新时期宗教工作文献选编》，宗教文化出版社1995年版，第59—60页。

关于贯彻这一政策的原则和目的，文件指出："在贯彻执行这项政策的过程中，在强调保障人们信教自由的同时，也应当强调保障人们有不信仰宗教的自由。这是同一问题的两个不可缺少的方面。任何强迫不信教的人信教的行为，如同强迫信教的人不信教一样，都是侵犯别人的信仰自由，因而都是极端错误和绝对不能容许的。保障信教自由，不但不应妨碍而且应当加强普及科学教育的努力，加强反迷信的宣传。还应当强调指出，宗教信仰自由的政策的实质，就是要使宗教信仰问题成为公民个人自由选择的问题，成为公民个人的私事。社会主义的国家政权当然绝不能被用来推行某种宗教，也绝不能被用来禁止某种宗教，只要它是正常的宗教信仰和宗教活动。同时，绝不允许宗教干预国家行政、干预司法、干预学校教育和社会公共教育，绝不允许强迫任何人特别是十八岁以下少年儿童入教、出家和到寺庙学经，绝不允许恢复已被废除的宗教封建特权和宗教压迫剥削制度，绝不允许利用宗教反对党的领导和社会主义制度，破坏国家统一和国内各民族之间的团结。"①总之，"使全体信教和不信教的群众联合起来，把他们的意志和力量集中到建设现代化的社会主义强国这个共同目标上来，这是我们贯彻执行宗教信仰自由政策，处理一切宗教问题的根本出发点和落脚点。任何背离这个基点的言论和行动，都是错误的，都应当受到党和人民的坚决抵制和反对"②。

关于贯彻执行党的宗教政策的重要方面，文件指出："争取、团结和教育宗教界人士首先是各种宗教职业人员，是党对宗教的工作的重要内容，也是贯彻执行党的宗教政策的极其重要的前提条件。"③"合理安排宗教活动的场所，是落实党的宗教政策，使宗教活动正常化的重要物质条

① 中共中央文献研究室综合组等编：《新时期宗教工作文献选编》，宗教文化出版社 1995 年版，第 60 页。

② 中共中央文献研究室综合组等编：《新时期宗教工作文献选编》，宗教文化出版社 1995 年版，第 60—61 页。

③ 中共中央文献研究室综合组等编：《新时期宗教工作文献选编》，宗教文化出版社 1995 年版，第 61 页。

件。”[①]“在宗教活动场所内以及按宗教习惯在教徒自己家里进行的一切正常的宗教活动，如拜佛、诵经、烧香、礼拜、祈祷、讲经、讲道、弥撒、受洗、受戒、封斋、过宗教节日、终傅、追思等，都由宗教组织和宗教信徒自理，受法律保护，任何人不得加以干涉。经政府主管部门批准，寺观教堂还可以经售一定数量的宗教书刊、宗教用品和宗教艺术品。关于基督教徒在家里聚会举行宗教活动，原则上不应允许，但也不要硬性制止，而应该经过爱国宗教人员进行工作，说服信教群众，另作适当安排。”[②]同时，“一切宗教活动场所，都在政府宗教事务部门的行政领导之下，由宗教组织和宗教职业人员负责管理。对于宗教活动的时间、规模和次数，宗教组织应当加以安排，避免妨碍社会秩序、生产秩序和工作秩序。任何人都不应当到宗教场所进行无神论的宣传，或者在信教群众中发动有神还是无神的辩论；但是任何宗教组织和教徒也不应当在宗教活动场所以外布道、传教，宣传有神论，或者散发宗教传单和其他未经政府主管部门批准出版发行的宗教书刊”[③]。“充分发挥爱国宗教组织的作用，是落实宗教政策，使宗教活动正常化的重要组织保证。”[④]

关于党员信教和非法活动，文件指出：“我们党宣布和实行宗教信仰自由的政策，这当然不是说共产党员可以自由信奉宗教。党的宗教信仰自由的政策，是对我国公民来说的，并不适用于共产党员。一个共产党员，不同于一般公民，而是马克思主义政党的成员，毫无疑问地应当是无神论者，而不应当是有神论者。我们党曾经多次做出明确规定：共产党员不得信仰宗教，不得参加宗教活动，长期坚持不改的要劝其退党。这个规定是

① 中共中央文献研究室综合组等编：《新时期宗教工作文献选编》，宗教文化出版社 1995 年版，第 62—63 页。

② 中共中央文献研究室综合组等编：《新时期宗教工作文献选编》，宗教文化出版社 1995 年版，第 63—64 页。

③ 中共中央文献研究室综合组等编：《新时期宗教工作文献选编》，宗教文化出版社 1995 年版，第 64 页。

④ 中共中央文献研究室综合组等编：《新时期宗教工作文献选编》，宗教文化出版社 1995 年版，第 64—65 页。

完全正确的，就全党来说，今后仍然应当坚决贯彻执行。”[①]“坚决保障一切正常的宗教活动，同时就意味着要坚决打击一切在宗教外衣掩盖下的违法犯罪活动和反革命破坏活动，以及各种不属于宗教范围的，危害国家利益和人民生命财产的迷信活动。对于披着宗教外衣的反革命分子和其他刑事犯罪分子，必须依法给以严厉的制裁。对于那些刑满释放的原宗教职业者而又继续从事破坏活动的，应当依法从重论处。已被取缔的一切‘反动会道门’和神汉、巫婆，一律不准恢复活动。凡妖言惑众、骗钱害人者，一律严加取缔，并且绳之以法。党政机关干部利用这类违法活动敛财牟利的，更必须严加处置。此外，对于一切以看相、算命、看风水等为业的人员，应当教育、规劝和帮助他们劳动谋生、自食其力，不要再从事这类利用迷信骗人的活动，如不遵守，也应当依法取缔。”[②]

关于对外交往和学术研究，文件指出：“我国宗教界可以而且应当同各国宗教界人士进行互相访问，友好往来，开展宗教学术文化的交流；但是在所有这些交往当中，一定要坚持独立自主、自办教会的原则，坚决抵制国际宗教反动势力重新控制我国宗教的企图，坚决拒绝任何外国宗教组织（包括它们所控制的机构）用任何方式来我国传教，或者大量偷运和散发宗教宣传材料。”[③]“用马克思主义立场、观点、方法对宗教问题进行科学研究，是党的理论工作的一个重要组成部分。用马克思主义哲学批判唯心论（包括有神论），向人民群众特别是广大青少年进行辩证唯物论和历史唯物论的科学世界观（包括无神论）的教育，加强有关自然现象、社会进化和人的生老病死、吉凶祸福的科学文化知识的宣传，是党在宣传战线上的重要任务之一。建设一支用马克思主义武装起来的宗教理论研究工

① 中共中央文献研究室综合组等编：《新时期宗教工作文献选编》，宗教文化出版社 1995 年版，第 66—67 页。

② 中共中央文献研究室综合组等编：《新时期宗教工作文献选编》，宗教文化出版社 1995 年版，第 68—69 页。

③ 中共中央文献研究室综合组等编：《新时期宗教工作文献选编》，宗教文化出版社 1995 年版，第 70 页。

作队伍，努力办好用马克思主义研究宗教问题的研究机构和大学的有关专业，是党的理论队伍建设的一个不可缺少的重要方面。当然，在报刊上公开发表涉及宗教问题的文章，要采取慎重态度，不要违背现行宗教政策，伤害信教群众的宗教感情。学术界要尊重宗教界的思想信仰，宗教界也要尊重学术界对于马克思主义的宗教理论的研究和宣传活动。”①

1982 年 12 月，第五届全国人大第五次会议通过《中华人民共和国宪法》，这是新时期治国理政的根本大法，第 36 条规定：“中华人民共和国公民有宗教信仰自由。任何国家机关、社会团体和个人不得强制公民信仰宗教或者不信仰宗教，不得歧视信仰宗教的公民和不信仰宗教的公民。国家保护正常的宗教活动。任何人不得利用宗教进行破坏社会秩序、损害公民身体健康、妨碍国家教育制度的活动。宗教团体和宗教事务不受外国势力的支配。”这部宪法在 1988 年、1993 年、1999 年、2004 年和 2018 年经过 5 次修改，但这条规定始终未改，成为此后一切有关宗教的立法和政策法规的根本依据。

1983 年 2 月，中共中央办公厅和国务院办公厅转发教育部《关于正确处理少数民族地区宗教干扰教育问题的意见》提出，为了贯彻好党的宗教政策，必须坚持宗教与教育分离、宗教不得干预教育的原则。在普通学校应当明确规定：不得在学校向学生宣传宗教，灌输宗教思想；学校不得停课集体进行宗教活动；不得强迫学生信仰宗教，不得强迫他们当和尚、喇嘛或满拉；不得以任何形式在学校开设或教授宗教课；不得利用宗教干扰或破坏学校正常的教学秩序；不得以任何形式干扰或阻挠学校向学生进行马列主义、毛泽东思想教育和科学文化教育。某些地区出现的大量开办经文学校、使学龄儿童弃学念经的现象，同社会主义现代化建设背道而驰，对未经政府批准擅自开办的经文学校和经文班必须妥善解决。阿文从来没有成为我国任何一个少数民族的通用文字，只是作为宗教经典文字曾

① 中共中央文献研究室综合组等编：《新时期宗教工作文献选编》，宗教文化出版社 1995 年版，第 72 页。

在少数人中使用过，因此在学校开设阿文课没有必要，不能借学习阿文之名恢复宗教课，对某些地区民族中小学开设阿文课的要求不能同意。

3. 改革开放初期的宗教工作

改革开放初期的宗教工作，主要是召开宗教工作座谈会，恢复和落实党的宗教信仰自由政策，平反宗教界的冤假错案，恢复和建立爱国宗教组织，支持宗教界培养年轻教职人员，明确和完善宗教房产政策，恢复开放宗教活动场所，使宗教活动恢复正常，支持宗教界积极开展对外友好交往活动，宗教工作拨乱反正、走上正轨。

（1）恢复宗教工作，完善宗教政策

1978 年 2 月，中共中央主席华国锋就在第五届全国人大第一次会议上的《政府工作报告》提出："我们要按照宪法规定，继续贯彻执行宗教信仰自由政策，包括有信仰宗教的自由和不信仰宗教、宣传无神论的自由。对披着宗教外衣进行反革命活动的阶级敌人，要加以揭露和打击。"7 月，中央统战部在北京召开有部分省、自治区、直辖市统战部负责人参加的宗教工作座谈会，分析了"文化大革命"给宗教工作造成的破坏和"文化大革命"结束后宗教工作的形势，研究了宗教领域亟待解决的问题。会议认为，新中国成立以来各级党委统战部门和政府宗教事务部门在中共中央、国务院和各级党委政府的领导下，贯彻了中国共产党对宗教工作的方针政策，做了大量工作、取得很大成绩，但在"文化大革命"中遭到林彪、江青反革命集团破坏，应该恢复党的宗教工作，逐步落实宗教政策。10 月，中央统战部把这次会议成果向中央写了请示报告，中央把该报告作为 1978 年 65 号文件下发，指出宗教在中国历史悠久，有相当一部分群众信仰各种宗教，特别在少数民族中有较深影响，在国际上也有广泛联系，要加强对宗教工作领导，调动一切积极因素，为完成新时期总任务奋斗。

1978 年 12 月，中央统战部在北京召开第八次全国宗教工作会议，28 个省、自治区、直辖市党委统战部负责人和有关中央国家机关负责人参加，这是继1962年第七次全国宗教工作会议后再次召开这样的会议。会议交流了各地贯彻中发〔1978〕65号文件《关于当前宗教工作中急需解决的两个政策性问题的请示报告》情况，进一步学习领会了中央下发的文件精神，研究了宗教工作形势和存在问题，提出了解决问题的对策意见，是一次拨乱反正、正本清源、继往开来的会议。1979年2月，中央转发了这次会议的纪要，肯定了65号文件的基本精神，提出了当前宗教工作的主要任务：继续肃清林彪、江青反革命集团在宗教工作中的流毒和影响；向广大干部和群众进行党的宗教政策再教育；合理解决群众过正当宗教生活的权利和场所；加强对信教群众的工作，积极向他们进行政治思想和科学文化知识教育，配合有关部门进行无神论宣传；抓紧做好宗教界人士落实政策工作，妥善解决其政治和生活待遇问题，彻底平反和纠正一切冤假错案，被迫害致死的应予昭雪；加强对宗教活动的管理，做好涉外宗教工作。纪要还对恢复和健全宗教工作机构、恢复爱国宗教团体、解决宗教工作经费和宗教房产问题提出了具体意见：恢复1975年9月30日撤销的国务院宗教事务局机构和编制，各省、自治区、直辖市政府宗教工作机构也相应恢复，信教群众聚居的地、市、县视工作需要可相应设立机构或配备专职干部；恢复天主教和基督教的全国性爱国组织，各省、自治区、直辖市及有关地市根据工作需要可以恢复地区性爱国宗教组织；按照1958年财政部和国务院宗教事务局联合下发的通知解决宗教工作经费；清理宗教团体房产，解冻教会在银行的存款。

1982年4月，中央统战部以中共中央名义在北京召开第九次全国宗教工作会议，29个省、自治区、直辖市和部分地市主管宗教工作的党委统战部部长和政府宗教事务局（处）负责人以及中央国家机关40多个部门的负责人参加，还特请十几个省、自治区、直辖市党委或政府主管宗教工作的书记或省长与会，这样的规格和规模是新中国宗教工作史上第一次。这次会议的议题是学习领会3月31日下发的中央19号文件《关于我国社会主义时期宗教问题的基本观点和基本政策》，讨论如何结合各地实际贯彻落实。胡耀邦总书记做出重要批示：这次提出宗教问题的中央19号文件，目的是把宗教工作纳入正常轨道；当前宗教工作第一要克服“左”的倾向，第二要防止右的倾向；所有干部都要好好学习这个文件，受一次唯物论的思想方法教育，从思想上弄清什么是实际工作中的主观主义、唯心主义、形式主义，什么是实事求是、辩证唯物论和历史唯物论。中央政治局委员、中央统战部部长乌兰夫在开幕会和闭幕会上发表重要讲话指出：这次会议是在党中央的领导和关怀下召开的，讨论的是中央关于宗教工作的纲领性文件，该文件以马列主义、毛泽东思想为指导，结合新中国成立以来的宗教工作实际，科学总结了宗教工作正反两方面的历史经验，提出了正确认识和处理我国社会主义时期宗教问题的一整套观点和办法，是继《关于建国以来党的若干历史问题的决议》完成全党在指导思想上拨乱反正之后，中央就一个方面的工作进行系统总结、实现拨乱反正的又一范例，是一个高度马克思主义的文件，具有很强的政治性、思想性和实践性，必将对做好宗教工作、加强各族人民团结、促进四个现代化建设产生深远影响；中央非常重视宗教问题和宗教工作，中央书记处在1980年12月讨论了宗教工作并作了指示，胡耀邦和陈云在1981年7月分别就少数民族地区宗教问题、寺庙管理体制问题和佛教道教后继无人问题作了重要指示，要求中央统战部、国家民委和宗教局进行深入的调查研究，19号文件是在胡耀邦总书记亲自主持下由中央书记处起草的；中央如此重视宗教问题、亲自抓宗教工作，对我们提高对宗教问题的认识和增强做好宗教工作的信心，具有很大教育意义；各省、自治区、直辖市要召开宗教工作会议，认真学习领会中央文件和会议精神，提高思想，端正认识，结合本地实际制定贯彻落实的具体措施和办法；各有关单位，首先是统战、宗教、民族部门，还有宣传、文教、卫生、政法、文物、园林、旅游、工、青、妇等，都要以认真领会和切实贯彻中央文件的实际行动，推动全党的宗教政策再教育，把全党对社会主义时期宗教问题的认识纳入马列主义、毛泽东思想的科学轨道上来，把宗教工作作为实现党的总路线、总任务的一项重要工作认真做好，尽快形成一个崭新局面。

（2）归还宗教房产，恢复宗教活动

“文化大革命”结束后，宗教工作拨乱反正首先遇到的一大困难是落实宗教房产政策和安排宗教活动场所。党和政府下发了一系列文件，做了大量深入细致的工作，使宗教房产政策得到逐步落实，宗教活动场所得到合理安排，基本满足了信教群众的需要。

1980 年 7 月，国务院宗教事务局与国家基本建设委员会、外交部、财政部、国家城市建设总局上报的《关于落实宗教团体房产政策等问题的报告》被国务院批转为 188 号文件下发，解决办法如下：将宗教团体房屋的产权全部退还，无法退还的折价付款；“文化大革命”以来停付的包（定）租费按国家有关规定结算，所收房租除去维修费、房产税和管理费外多退少不补；“文化大革命”期间被占用的教堂、寺庙、道观及其附属房屋需要作为宗教活动场所开放的应退还各教使用，不需要收回自用的由占用者自占用之日起付给租金，房屋被改建或拆建的应折价付款；“文化大革命”期间各宗教团体被冻结上缴财政的存款，由当地财政部门予以退还，被其他单位挪用的应当偿还。

为解决汉传佛教和道教寺观产权纠纷，最高人民法院和国务院宗教事务局 1981 年 1 月批复同意上海市高级人民法院和上海市宗教事务局《关于寺庙道观等房屋产权归属问题的请示报告》，抄发各省、自治区、直辖市参照执行，其处理意见是：因寺观房屋大都为群众捐献建造，因此除个别系私人出资修建或购置的可归私人所有外，其他房屋均属公共财产，产权归宗教团体，僧尼道士有使用权，但无权出卖、抵押或赠送。农村寺观土改中由僧道个人或集体登记并取得房屋所有权证的，应根据情况分别对待：土改前或土改时已停止宗教活动、僧道转业还俗的，不再属于寺观，房屋由这些僧道登记的其产权可归原登记者所有、允许继承；土改时仍进行宗教活动、僧道仍从事宗教职业的，土改中由僧道出面登记并领取所有权证的，应视作以管理者身份代为登记，仍属公产。新中国成立后已停止宗教活动的市区城镇寺观及土改后才停止宗教活动的农村寺观，僧尼道士已转业的，其原住的寺观房屋可继续使用，如转业僧尼道士已死亡，其共同生活的家属仍可继续居住，但不得主张产权。因生产建设确需征用寺观及其房地产进行拆建改建者，须经宗教事务局批准同意后，按照征用土地和拆迁房屋管理办法的规定，并根据原所有权或使用权分别处理，由占用单位与政府宗教工作部门及有关宗教团体协商解决。

宗教房产问题非常复杂，不同部门之间存在分歧，为此中央办公厅调查组作了深入调查，在《关于落实党的宗教政策及有关问题的调查报告》中就汉传佛教和道教房产落实政策问题提出如下意见：经各级政府批准作为宗教活动场所恢复开放及现有僧道人员居住并有宗教活动的寺观，应将寺观及所属房屋交佛道教组织和僧道人员管理使用；不属于前述寺观管理使用的房产，新中国成立以后经人民政府正式承认，“文化大革命”前由佛道教组织和僧道人员经营或由房管部门经租的，以及近年来已正式交佛道教组织和僧道人员管理使用的，一律不再变动；在“文化大革命”以前已长期被国家机关、军队、企事业单位管理使用，或房屋早已倒塌、拆除，经政府批准地基已被公用的，不再列入落实佛道教房产政策范围；个别特殊情况可由地方党政领导机关酌情处理。该报告于 1985 年 12 月由中办和国办转发各地执行。

妥善处理军队借住宗教团体房产问题。新中国成立以后，尤其是“文化大革命”中，出于国防建设的需要，军队曾借住了一些宗教房产。为妥善处理这类问题，国务院和中央军委在 1988 年 7 月《关于妥善处理军队与地方部分房地产权属问题的通知》中，对军队住用宗教团体房产的权属问题做出规定，主要精神是：历史上作过处理或办了产权转移手续的，原则上不再重新处理；尚未作过处理的，宗教团体确实需要又有条件退还的，应予退还，退还有困难的暂由部队继续使用，明确产权，待有条件时退还；原房已拆除、改建、变卖而无法退还的，经协商可按国家有关规定予以合理补偿。

从 1987 年开始，国家对全国城镇房屋所有权进行登记，核发产权证。国家建设部会同国务院宗教事务局对宗教房产的确认明确了政策界限，1989 年 11 月由建设部发文通知各地，主要意见是：宗教团体的教堂、寺院、庵堂、宫观及其他房屋，不论自用、出租（包括由房地产管理部门包经租）、出借、被占用和应退还的，均由宗教团体登记，尚未发还产权的暂缓登记，原外国教会房产新中国成立后已转为中国教会所有，其产权由宗教团体登记；新中国成立以来按照党中央、国务院有关规定由政府接管、接办的原教会学校、医院、慈善事业的房产，产权归接管后的单位登记；宗教团体房屋经规划部门批准拆除后重建的房屋，原房已给宗教团体作了补偿的，重建房屋归建房单位，未作补偿的暂缓登记；宗教团体的房屋产权证件不全的，由宗教团体书面说明产权情况，由主管机关证明，经调查属实，产权无纠纷的，可由有关宗教团体登记。宗教团体房产权的确认和发证，使落实宗教房产政策的成果进一步得到了国家法律的保护。

为合理安排宗教活动场所，国务院宗教事务局在 1983 年 3 月确定了汉族地区佛道教重点寺观。该名单先由各省、自治区、直辖市提出，后由国务院宗教事务局商各全国性宗教团体研究，再与国家文物园林等部门协商，最后确定 142 座佛教寺院和 21 座道教宫观为汉族地区全国重点寺观。1983 年 4 月，国务院正式批转国务院宗教事务局的报告，并在批转通知中指出：确定和开放一批佛道教全国重点寺观作为宗教活动场所，是落实党的宗教政策的重要措施，名单所列寺观包括所属碑、塔、墓及附属园林等（一般以“文化大革命”前的范围为界限），应在当地政府宗教事务部门的领导下由佛道教组织和僧道管理使用，其产权属社会共有（即国家所有），名单中现为非宗教部门管理使用的寺观和原属寺观的资产（包括文物）应共同清点造册，对古建筑妥善记录，交接清楚，两年内完成；这些寺观大都坐落在风景名胜区或国家和省级重点文物保护单位，加强对它们的保护是宗教、园林、文物等政府部门和宗教组织的共同责任，既要保障宗教职业人员和信教群众正当的宗教活动，又要严格按《文物保护法》和国家有关环保、园林、风景名胜的规定精心保护，接受文物、园林部门的检查指导；对某些具有很高历史、艺术价值的建筑和特别珍贵的文物应采取特殊保护措施，具体方案由宗教、文物部门商定；今后确因宗教活动需要开放已定为国家或省级重点文物保护单位的寺观，由宗教事务部门商得文物部门同意，属国家重点文物保护单位的报国务院审批，属省级重点文物保护单位和遗迹的由省级人民政府审批。

1984 年 9 月，中央办公厅按胡耀邦总书记指示组织力量调查了文物、旅游、宗教场所管理使用中有关部门的职责划分和协作配合方面存在的问题，胡耀邦在看了调研报告后责成分管宗教工作的中央政治局委员、书记处书记习仲勋牵头把这件事处理好，中央办公厅在 1985 年转发了调研报告。报告肯定了开放汉族地区佛道教寺观工作的显著成效，指出了需要抓紧解决的遗留问题，提出了管理使用好重点寺观应着重解决好的几个问题，强调对文物、宗教、园林和旅游场所集中的地方特别是著名的风景名胜区，要加强党政领导和统一管理，明确各有关部门的职责，同心协力做好工作。

1985 年 4 月全国人大、政协开会期间，由中央统战部邀请各省、自治区、直辖市负责人就落实宗教政策问题开了一次座谈会，习仲勋在会上发表《一定要抓紧落实党的宗教政策》讲话，强调应该移交而没有移交给佛道教组织和僧道人员管理使用的寺观要坚决移交，已经移交的要抓紧解决好遗留问题，这件事要在年内办妥，任何设置障碍、顶着不办的现象都是绝对不能允许的；落实党的宗教政策，加强对文物、园林的保护、管理、利用，积极发展旅游事业、为四化建设服务，是全党的共同责任，要加强政策观点和全局观点，想问题、办事情要以大局为重，以党的利益为重。为推动移交工作，全国政协宗教委员会还组织调查组对各地执行文件的情况进行了调查，各地统战、宗教工作部门做了大量工作，163 座佛道教全国重点寺观陆续交给佛道教组织管理，合理安排宗教活动场所取得显著成效。

（3）恢复宗教团体，发挥积极作用

平反宗教界的冤假错案，是宗教工作拨乱反正的一项重要工作。1979年3月，中央统战部下发关于做好宗教界人士落实政策的意见指出：宗教界人士中的绝大多数属于人民范畴，是革命统一战线的组成部分，新中国成立以来党对他们实行团结、教育、改造的方针是成功的；随着社会主义革命和建设事业的发展，经过革命实践的教育和政治学习，宗教界的大多数人都有不同程度的进步，出现了一大批爱国进步分子，在协助党和政府贯彻宗教政策、开展反帝爱国运动和宗教制度民主改革、开展对外友好交往和收集整理宗教史料等方面做过有益贡献，尤其是许多人被当作“牛鬼蛇神”遭受摧残迫害的情况下经受了考验，没有动摇对党的信任，粉碎林彪、江青反革命集团后，他们拥护党中央，更加热爱社会主义祖国，中国共产党同他们合作的基础更加牢固；为了发展爱国统一战线，团结一切可以团结的力量为社会主义现代化建设服务，对宗教界爱国人士必须继续实行团结、教育、改造的方针，充分调动他们的积极性，发挥他们的作用，为此，应尽快对分散在各处的主教、神甫、牧师、阿訇、和尚、有影响的居士和对道教有研究的人员等进行调查，尽可能地让他们回到已经开放或准备开放的寺庙教堂中来；对那些具有一定宗教身份和宗教学识、政治上表现较好但已转业的人，可做些工作让其继续从事宗教方面的工作；对他们在政治上的结论或处理如有不符合政策甚至冤假错案等问题的应尽快落实政策，在安排了一定工作后可参照“文化大革命”前的办法解决其生活待遇。对没收了财物或存款的应按政策规定合理解决，对年老体弱甚至病残、长期依靠补助维持生活及少数无生活来源的要适当照顾，至少使他们能维持当地的一般生活水平。宗教界人士的子女在入党、入团、升学、分配工作等方面不能因其父母的宗教身份而受到影响。根据中央平反冤假错案的精神，各级统战和宗教工作部门对宗教界的冤假错案、错划右派及一些历史积案进行了复查纠正。中央统战部和国务院宗教事务局除督促各地做好这项工作外，着重抓了在原全国性宗教团体任职的宗教界人士落实政策的工作。各地对“文化大革命”中遭受打击迫害的宗教界人士作了复查，凡在政治上遭到迫害的一律平反昭雪，恢复名誉。一些地方还对20世纪50年代“反右”扩大化中的某些问题及历史积案进行复查，凡有错误的均予改正。各地在抓好冤假错案平反时补发了扣发的工资，退还了查抄财物，对那些愿意回到宗教团体和寺观教堂从事宗教职业的人员按照政策规定作了妥善安置。平反冤假错案工作的彻底完成，恢复和巩固了党同宗教界的爱国统一战线。随着有关宗教界人士政策的落实和宗教活动场所的逐步恢复开放，原有的宗教职业人员近6万人陆续返回寺观教堂，还有一些人被安置在各级爱国宗教组织从事教务活动。

1973年，中国伊斯兰教协会和中国佛教协会根据周总理的指示恢复了部分活动。1978年以后，其他全国性宗教组织也陆续恢复了机构和活动。1980年，各全国性宗教团体先后召开了全国代表会议。4月，中国伊斯兰教第四次全国代表会议召开，会议总结了协会工作，制定了新的工作任务，修订了《中国伊斯兰教协会简章》，选举了以包尔汉为名誉主任、张杰为主任的第四届委员会。5月上中旬，中国道教协会第三届代表会议举行，会议通过了《中国道教协会第二届理事会工作报告》，修改了《中国道教协会章程》，选举了新的领导机构，黎遇航任会长。5月下旬，中国天主教爱国会第三届代表会议召开，会议通过了第二届委员会工作报告，修改了《中国天主教爱国会章程》，选举了第三届委员会领导机构，宗怀德任主席；5月底6月初，召开了中国天主教第一届全国代表会议，制定了《中国天主教教务委员会章程》，选举了中国天主教教务委员会，成立了中国天主教主教团，通过了有关决议，张家树主教当选中国天主教教务委员会主任和中国天主教主教团团长。10月，中国基督教第三届全国会议举行，决定成立中国基督教协会，通过了《中国基督教协会章程》，修改了《中国基督教三自爱国运动委员会章程》，选举了中国基督教三自爱国运动委员会和中国基督教协会领导机构，吴贻芳任中国基督教三自运动委员会名誉主席，丁光训任中国基督教三自爱国运动委员会主席和中国基督教协会会长。12 月，中国佛教协会第四届全国代表会议举行，通过了第三届理事会工作报告，修改了《中国佛教协会章程》，选出了新的理事会和领导成员，班禅额尔德尼 · 确吉坚赞任名誉会长，赵朴初任会长。在各教的全国会议上，中央统战部、国家民委和国务院宗教事务局负责人张执一、江平、肖贤法等就国际国内形势和宗教政策作了讲话，国家领导人乌兰夫、彭冲等接见了部分与会代表。各教全国性会议的召开，推动全国性宗教组织的工作走上正轨，促进了地方性爱国宗教组织的恢复和建立。各宗教的爱国组织成为党和政府联系宗教界人士和信教群众的桥梁和纽带，在指导宗教教职人员管理宗教活动场所、开展正常宗教活动、保护宗教文物，举办生产、服务和社会公益事业、培养年轻宗教教职人员、组织宗教文化学术研究、办好教务、开展国际交往等方面发挥了重要作用。

1982 年 9 月，国务院办公厅批准了国务院宗教事务局关于恢复开办宗教院校的意见。该意见提出，首先要办好全国性宗教院校，1980 年已经恢复的中国佛学院、中国伊斯兰教经学院、中国基督教南京金陵协和神学院要力争办好，逐步扩大招生名额；中国天主教神哲学院要抓紧筹备，早日开课；中国道教协会计划开办道教知识专修班，中国佛教协会在南京栖霞山筹办僧伽人员培训班，要力争年内开学；同时提出开办 21 所地方性宗教院校，其中佛教 6 所，伊斯兰教、基督教、天主教各 5 所。1983 年 11 月，国务院宗教事务局召开全国宗教院校工作座谈会，就开办宗教院校存在的一些实际问题进行研究并提出解决办法，会议纪要经国务院分管宗教工作的领导人批示同意后下发各省、自治区、直辖市宗教事务部门和全国性宗教组织。1987 年 10 月，国务院宗教事务局再次召开全国宗教院校工作座谈会，讨论做好宗教院校工作的文件，后于 1988 年 1 月下发了《关于进一步做好宗教院校工作的几点意见的通知》，提出坚定贯彻执行中央关于宗教院校的办学方针，努力抓好教学、提高教学质量，切实做好思想政治工作、搞好行政管理，加强对宗教院校的领导等工作要求，为解决宗教教职人员缺乏和后继乏人问题发挥了重要作用。

（4）加强宗教管理，治理非法活动

1980年12月，中央书记处在讨论宗教问题时决定，由国务院副总理、中央统战部部长杨静仁牵头，同宗教、文物、园林、旅游等有关部门研究提出同宗教有关的文化古迹寺观管理体制方案。随后国务院宗教事务局起草了《关于汉族地区佛教道教寺观管理试行办法》，1981年12月由国务院批转内部试行。该办法共10条，对恢复开放寺观的原则、审批手续、管理体制、权益维护、寺观民主管理组织的职责、僧道管理、自养事业、财务管理等都做出了规定。国务院在下发通知中指出，鉴于寺观既是宗教信徒的活动场所，又是中国历史文化的宝贵遗产，牵涉各方面的问题比较多，尚无成熟的管理经验，为稳妥起见，该办法只作内部试行，各地要结合实际认真调查研究，妥善处理好各方面关系。该文件提出的寺观管理组织的主要职责是：遵守宪法和法律，协助政府贯彻宗教信仰自由政策，安排处理寺观的宗教事务、宗教活动和日常行政事务，组织僧道的政治、宗教学习和生产，开展佛道教资料整理和学术研究，按照政府有关规定保护寺观建筑、文物和树林，接待参观访问的客人。文件还明确指出，寺观应根据实际需要确定僧道定员，在定员数内招收合格僧道，建立健全财务制度，实行经济民主，宗教收入、生产收入和其他收入归寺观集体所有，主要用于解决僧道生活、寺观维修和寺观内日常开支，任何单位不得抽调寺观资金；政府鼓励和扶助寺观按照现行经济政策经营手工业和其他服务事业，有条件拨给土地、山林的地区可以经营农业和林业；寺观应努力创造条件，逐步做到自食其力，以寺养寺。这些原则既是对过去寺观管理经验的总结，也对新形势下出现的寺观管理问题提出了解决办法，对各宗教活动场所的管理都是适用的。

在贯彻上述原则和精神过程中，一些地方出现了宗教事务部门包办代替、占用宗教团体用房，利用宗教团体的房产收入或生产结余购置物资、修建办公用房或干部宿舍，经管宗教团体的存款和房租收入等问题。为解决这些问题，国务院宗教事务局在1985年5月向各地宗教事务部门发出通知，要求对宗教工作部门和宗教工作干部占用宗教团体的房屋，属于开放的宗教活动场所和宗教团体要求收回的应按落实房产政策要求无条件退还，属于宗教团体出租的房屋应按规定交纳房租；宗教工作部门占用寺观教堂所属范围内的土地和以宗教团体名义申请修建的办公用房或宿舍，产权应交给宗教团体，建房时用了宗教团体经费的应如数退还；宗教团体的房租收入和其他收入由宗教团体自己经管，由政府宗教工作部门代管的应交给宗教团体。该通知的下发，理顺了政府宗教事务部门与宗教组织、寺观教堂的关系，把宗教活动场所的管理权真正交给宗教组织和教职人员。

据 1985 年调查，在批准开放的 163 座重点寺观中有一多半管理使用得不好或不够好。有些寺观闹宗派、不团结，少数人钩心斗角、品行不端。有的寺观只有几个年高体弱的僧道人员，无力把寺观管理使用好。一些寺院的僧尼没有当地户口，僧尼云游挂单中的问题不少。一些寺观制度不健全，管理混乱，有的搞封建迷信活动，骗取群众财物。有的寺院文物财产被盗案件时有发生，还发生几起重大火灾事故。伊斯兰教、天主教、基督教活动场所也不同程度存在一些问题。为此，在中央办公厅和国务院办公厅转发的中办调查组《关于落实党的宗教政策及有关问题的调查报告》和国务院宗教事务局下发的关于汉族地区佛教寺庙管理工作若干问题的通知等文件中，对加强宗教活动场所管理提出一些具体意见，主要是帮助宗教活动场所建立健全管理组织，制定和完善各项规章制度，实行民主管理；加强对宗教活动场所人员的管理和教育；宗教活动场所要从实际出发兴办一些生产、服务和公益事业，合法经营，建立严格的财务制度和财会手续，民主理财；宗教活动场所的一切活动都必须在宪法、法律和政策允许范围内进行；认真做好安全保护工作，确保古建和文物安全。

二、20世纪90年代的宗教治理

20世纪90年代，随着冷战结束和世界社会主义陷入低潮，我国实行社会主义市场经济和进一步对外开放，境外利用宗教对我国进行的渗透进一步加剧；与此同时，各种封建迷信沉渣泛起，邪教组织大量滋生，宗教文化热持续升温，乱建寺庙、滥塑佛像和乱传教现象迅速蔓延。党和政府及时提出依法管理宗教事务，积极引导宗教与社会主义社会相适应，党的宗教政策和治理措施逐步完善。

1. 20世纪90年代的宗教问题

进入20世纪90年代，随着宗教活动的全面恢复和国际上冷战对峙的结束，长期被东西方意识形态斗争掩盖的民族、宗教问题凸显，成为影响社会稳定和国家安全的重大隐患。1990年4月，陈云在写给江泽民《关于高度重视宗教渗透问题的信》中指出："最近看到几份有关宗教渗透日益严重，特别是在新形势下披着宗教外衣从事反革命活动日益猖獗的材料，深感不安。利用宗教，同我们争夺群众尤其是青年，历来是国内外阶级敌人的一个惯用伎俩，也是某些共产党领导的国家丢失政权的一个惨痛教训。现在是中央应该切切实实地抓一抓这件大事的时候了。在这方面务必使它不能成为新的不安定因素。"江泽民又把这封信批转其他中央领导人阅看，并且指出："陈云同志提出的问题很重要，确实需要引起各级党委和政府重视和警觉，千万不能麻痹大意，要及早采取有力措施，否则会酿成严重后果。"①

1990年12月，国务院在北京召开了全国宗教工作会议，李鹏总理和江泽民总书记发表重要讲话，对20世纪90年代初的宗教形势和宗教问题作了分析研判。李鹏在全体会议上关于《进一步重视、关心和做好宗教工

---

① 中共中央文献研究室综合组等编：《新时期宗教工作文献选编》，宗教文化出版社1995年版，第177页。

作》的讲话中指出，我国宗教工作形势总体是好的，宗教活动在大多数地区是正常的，但也出现了一些新情况和新问题，他特别强调，境外敌对势力一直把宗教作为其推行和平演变战略的一个重要手段，近年来这种渗透和破坏活动明显增加，已经成为一些地方的一种不安定因素。江泽民在同部分代表座谈时关于《一定要做好宗教工作》的讲话中指出："宗教工作总的形势是好的，成绩是显著的"，"1989 年政治风波中，宗教界是稳定的"。同时，"必须看到，境外敌对势力确实在利用宗教对我们进行渗透活动，民族分裂主义分子也不断利用宗教煽动骚乱闹事，国内一些不法分子也在利用宗教搞破坏活动，在一些地方形成一些不安定因素。也有个别地方对宗教事务的管理抓得不紧，存在的问题比较多"，"在个别地方出现了一些侵犯宗教团体合法权益，或干涉宗教团体正常教务活动的问题。对上述这些问题，如果我们放任自流，不采取恰当的措施加以解决，不仅不利于党的宗教政策的正确贯彻执行，而且会影响国内的稳定"。①

1991 年 2 月，党中央印发了《中共中央、国务院关于进一步做好宗教工作若干问题的通知》，对改革开放以来的宗教工作和宗教形势作了全面分析。通知指出："党的十一届三中全会以来，在各级党委、政府和爱国宗教团体的共同努力下，党的宗教政策逐步得到贯彻落实，宗教工作取得了显著成绩。开放和安排了宗教活动场所，恢复和建立了爱国宗教团体，公民宗教信仰自由的权利、正常的宗教活动和宗教团体的合法权益受到法律和政策的保护，依法处理了利用宗教进行的违法犯罪活动，宗教活动在大多数地区是正常的。宗教界人士的爱国主义、社会主义觉悟有了提高，他们拥护中国共产党的领导和社会主义制度，积极协助党和政府贯彻宗教政策，在维护社会稳定和民族团结、促进祖国统一、开展国际友好往来等方面，做了大量有益的工作。党领导的各民族宗教界爱国统一战线进一步巩固和壮大，各民族信教群众积极参加社会主义物质文明和精神文明

① 中共中央文献研究室综合组等编：《新时期宗教工作文献选编》，宗教文化出版社 1995 年版，第 198—199 页。

建设。实践证明，党和政府的宗教政策是正确的，宗教工作总的形势是好的。但是必须看到，境外敌对势力一直利用宗教不断对我进行渗透和破坏活动。民族分裂主义分子也利用宗教煽动骚乱闹事，攻击党的领导和社会主义制度，破坏祖国统一和民族团结。有的地方少数敌对分子活动猖獗，建立非法组织，同我们争夺寺观教堂领导权；有的非法开办经文学校、修院、神学院，同我们争夺青少年。有的寺庙恢复了被废除的宗教封建特权和压迫剥削，一些基层出现利用宗教干预国家行政、干预司法、干预学校教育的情况。同时也必须看到，在贯彻实施宗教信仰自由政策方面还存在不少问题，有的地方侵犯公民宗教信仰自由的权利，侵犯寺观教堂合法权益，干涉宗教团体正常的教务活动，应该退还的宗教房产和寺观教堂长期得不到解决。因宗教问题或对宗教问题处理失当引发的社会矛盾时有发生。各级党委和政府必须清醒地认识到这些问题的复杂性和严重性，高度重视宗教工作。”①

1992 年 2 月 21 日，国务委员兼国务院秘书长陈俊生在全国宗教局长会议上进一步分析了宗教问题，指出：“宗教方面仍然存在许多问题，有些问题还比较严重。第一，抵制境外敌对势力利用宗教进行渗透，是在对外开放条件下宗教工作面临的一个重要课题。利用宗教进行渗透，是境外敌对势力的一个重要手段。这种渗透活动是有组织、有计划进行的，他们利用与我国的经贸、教育、文化、科技、学术等交流途径，以及旅游、探亲等方式进行渗透的同时，千方百计插手干涉我国宗教内部事务、培植他们的势力，在我国一些地方造成了不安定因素。我们如果对此不引起高度警惕，采取有效的措施，其后果将是严重的。第二，一些地方宗教活动中存在的不正常现象或混乱现象还没有得到有效制止，是当前宗教工作面临的另一个突出问题。部分地区基督教仍呈不正常发展趋势，自封传道人到处活动而无人过问，私设聚会点禁而不止，极少数不法分子利用宗教进行

① 中共中央文献研究室综合组等编：《新时期宗教工作文献选编》，宗教文化出版社 1995 年版，第 213—214 页。

违法犯罪活动。一些地方宗教干预司法、行政、教育和婚姻的情况，闹教派纠纷的情况，滥建寺观教堂的情况，也都不同程度地存在。这些问题如不加以认真解决，就会对社会安定和民族团结带来不利影响。第三，爱国宗教团体和爱国宗教教职人员队伍的建设仍然薄弱。爱国宗教团体领导班子和骨干青黄不接的矛盾比较突出，对宗教界人士的团结教育工作有待进一步加强，特别是对年轻教职人员的思想政治教育抓得不紧。爱国宗教团体的自身建设和自我管理还须加强和完善。第四，我们工作中的一些困难和问题没有得到很好解决，如落实宗教房产政策中的遗留问题，宗教工作机构和干部队伍建设的问题等。”①

1993 年 11 月，江泽民在全国统战工作会议上的讲话中指出：“现在，世界上不少国家和地区的民族矛盾和宗教纷争十分突出，频频引发流血冲突和局部战争，动乱不断。国际敌对势力把民族问题和宗教问题，作为对社会主义国家实行‘西化’和‘分化’的突破口。这很值得我们注意和警惕。我国民族、宗教方面总的情况是好的。民族关系是和睦的，民族团结是巩固的，宗教界也是稳定的。”但是，“我们的民族工作、宗教工作中还存在一些问题，有的还相当严峻。在民族工作方面，在一些地区，民族分裂主义势力有所抬头，境外国外敌对势力挑拨我们各民族的关系，煽动民族情绪，加紧进行政治渗透和分裂活动，威胁着这些民族地区的团结稳定和经济建设。在宗教工作方面，一些地方滥建、扩建寺观教堂，频繁进行大型宗教活动，信教群众的宗教负担加重，有的地区竟达到年纯收入的百分之二十。利用宗教干涉行政、司法、教育、婚姻和群众生产、生活的现象时有发生，有的地方甚至恢复了早已被废除的宗教封建特权和压迫剥削制度。有的地方教派纷争，发生流血事件。特别值得注意的是，国外敌对势力加紧利用宗教进行渗透活动，扶植地下势力，建立非法组织，同爱国宗教团体争夺寺观教堂的领导权。此外，有的地方也还存在侵犯公民宗教

① 中共中央文献研究室综合组等编：《新时期宗教工作文献选编》，宗教文化出版社 1995 年版，第 230—231 页。

信仰自由权利和宗教团体合法权益的现象。”①

1994 年 1 月，国务委员司马义・艾买提在全国宗教局长会议上的讲话指出，新形势下宗教工作面临许多新情况、新问题：“第一，由于宗教属于意识形态范畴，且具有广泛的影响，加之像邓小平同志所说那样，过去思想教育上存在失误。近几年，在一些地方，宗教呈发展趋势，一些人的宗教意识增强，信教的群众也明显增多，一些地方出现宗教狂热现象。第二，由于信教群众素质不一，如果管理跟不上，就可能会出现违法活动，甚至会酿成激烈的冲突。从一些地区的情况来看，这方面的问题仍然存在，并且有发展的趋势。利用宗教干涉行政、司法、教育、婚姻的现象时有发生，有的地方早已废除的宗教特权死灰复燃。第三，改革每前进一步，都会引起利益格局的变化，改革开放符合最广大的人民群众的利益，也符合最广大的信教群众的利益，但不可能每一个人同时、均等受益，有可能触动某些人的利益，触发某些矛盾。在这种情况下，有的人可能利用宗教与社会主义相对抗，衍生出破坏社会秩序、影响安定团结的活动。”②

2. 20 世纪 90 年代的宗教政策

进入 20 世纪 90 年代以后，随着信教人数不断增加和境外宗教渗透加剧，宗教领域的混乱现象和利用宗教进行的违法活动增多，国家不得不加强对宗教活动的管理，有关宗教的专项法规陆续出台，积极引导宗教与社会主义社会相适应的方针逐步明确。1990 年 7 月，《中共中央关于加强统一战线工作的通知》提出：“要引导爱国宗教团体和人士把爱教与爱国结合起来，把宗教活动纳入宪法和法律的范围，同社会主义制度相适应。要坚持政教分离的原则。国家保护正常的宗教活动，宗教不得干预国家行政、司法、学校教育和社会公共教育，不得恢复已被废除的宗教封建特权

① 中共中央文献研究室综合组等编：《新时期宗教工作文献选编》，宗教文化出版社 1995 年版，第 249—250 页。

② 中共中央文献研究室综合组等编：《新时期宗教工作文献选编》，宗教文化出版社 1995 年版，第 264—265 页。

和宗教压迫剥削制度，不得利用宗教反对共产党的领导和社会主义制度，破坏国家统一和民族团结。”①

1990 年 9 月，中共中央总书记江泽民在新疆考察工作时的一次重要讲话中指出：国内外敌对势力搞所谓“东土耳其斯坦共和国”“大哈萨克共和国”等分裂活动，一方面是以狭隘的民族主义为号召，挑起民族矛盾，制造民族分裂，另一方面是打着宗教旗号，披着宗教外衣，煽动民族分裂。因此，我们在向党员和干部加强马克思主义民族观教育的同时，还要加强对他们进行马克思主义宗教学教育，引导他们贯彻好党的宗教政策和国家的有关法令。他提出：“根据当前的情况，在进行马克思主义宗教学教育时，要特别注意重申和强调这样几条：第一，共产党人是无神论者，任何时候都要坚持无神论，宣传无神论。对一些党员中存在的非无神论思想，要进行耐心细致的教育和深入的思想工作，帮助他们解决好世界观问题。第二，对群众进行无神论宣传教育，要同对党员的要求区别开来，并同社会主义两个文明建设的具体实践结合起来。要善于用唯物主义观点说明宗教信仰的根源，下功夫提高人们的科学文化素质，防止简单从事而伤害信教群众的宗教感情，防止用行政命令的方法强迫人们不信教。第三，要全面正确地贯彻执行宗教信仰自由政策。就是说，既有信教的自由，也有不信教的自由；既有信这一种教或某一教派的自由，也有信那一种教或另一教派的自由。不信教的要尊重信教的，信教的也要尊重不信教的。要依法切实保护信教群众正常的宗教活动，注意团结爱国宗教人士并发挥他们应有的作用。要大力促进信教和不信教以及信仰不同宗教的群众之间真诚的团结，为社会主义祖国的繁荣昌盛而并肩战斗。第四，按照政教必须分离的原则，国家要求一切宗教都不得干预政治，干预政府事务，包括司法、教育、婚姻、计划生育等，都不得进行反对四项基本原则的宣传。第五，一切宗教必须在国家法律允许的范围内活动。要加强对宗教团

① 中共中央文献研究室综合组等编：《新时期宗教工作文献选编》，宗教文化出版社 1995 年版，第 178—179 页。

体和宗教活动场所的管理，使其自主地依法办好宗教。不准恢复已被废除的宗教特权和封建压迫剥削制度。对于披着宗教外衣进行分裂破坏活动的，应依法惩处。”①

1990 年 12 月，李鹏总理在全国宗教工作会议上指出：“依法对宗教事务进行管理，并不违背宗教信仰自由政策，而是全面贯彻宗教信仰自由政策的需要，是维护安定团结和各民族人民根本利益的需要。不要把对宗教事务的管理同宗教信仰自由对立起来。这种管理，是指政府对有关宗教的法律、法规和政策的贯彻实施进行行政管理和监督。具体地说，就是区别不同情况，分别采用教育的、行政的、法律的手段，既保护公民信仰宗教的权利，也保护公民不信仰宗教的权利；既保护宗教团体、寺观教堂的合法权益，保护宗教教职人员履行正常的教务活动的权利和信教群众正常的宗教活动，又要坚决制止和打击利用宗教和宗教活动进行的违法犯罪活动。对借宗教问题煽动群众闹事、扰乱社会治安、破坏国家统一和民族团结的犯罪行为，要依法处理，首恶分子要从严惩办。这种管理，是为了使宗教活动纳入宪法、法律、法规和政策的范围，而不是干预正常的宗教活动和宗教团体的内部事务。相反，党和政府应当支持和帮助爱国宗教团体按照自身的特点和规章自主地开展活动，充分发挥它们的作用和积极性。”② 他特别强调：“要十分警惕和抵制境外敌对势力利用宗教对我国进行渗透。这种渗透是指以颠覆中华人民共和国政权和社会主义制度、破坏祖国统一为目的的反动政治活动和宣传，以控制我国宗教团体和宗教事务为目的的活动和宣传，以及在我国境内非法建立和发展宗教组织和活动据点，而不是指宗教方面的友好往来。”③

---

① 中共中央文献研究室综合组等编：《新时期宗教工作文献选编》，宗教文化出版社 1995 年版，第 183—185 页。

② 中共中央文献研究室综合组等编：《新时期宗教工作文献选编》，宗教文化出版社 1995 年版，第 194 页。

③ 中共中央文献研究室综合组等编：《新时期宗教工作文献选编》，宗教文化出版社 1995 年版，第 194—195 页。

1991 年 2 月，中央印发了《中共中央、国务院关于进一步做好宗教工作若干问题的通知》，特别强调："一切宗教活动场所都应依法登记（具体办法另行规定）。经过登记的宗教活动场所受法律保护，在政府宗教事务部门的行政领导下，由爱国宗教团体和宗教教职人员按照民主管理的原则负责管理。开放新的宗教活动场所，须经县级以上人民政府批准。坚决制止自封传道人的传教布道活动以及其他各种非法传教活动。依法取缔非法开办的经文学校和修院、神学院。"①"我国宗教团体和宗教事务要坚持独立自主自办教会的原则，不受境外势力的支配。应在平等友好的基础上积极地正确地开展宗教方面的对外交往，坚决抵制境外宗教敌对势力控制我国宗教的企图。不允许任何境外宗教团体和个人干预我国宗教事务，在我国设立办事机构，建立寺观教堂，进行传教活动。对来自境外的宗教书刊、音像制品和其他宣传品，由政府有关部门制定管理办法，加强管理；凡有煽动反对四项基本原则、反对政府等反动内容的，要依法收缴。任何人不得接受来自境外的、以渗透为目的的宗教津贴和传教经费。我国宗教团体和寺观教堂接受境外宗教组织和宗教徒的大宗捐赠，要经省一级人民政府或国务院宗教事务局批准。宗教团体邀请境外宗教组织和宗教人士来访或应邀出访，需经省一级人民政府或国务院宗教事务局批准，重大涉外活动，需报国务院审批。非宗教团体邀请或接待有宗教背景的各种团体和有重要影响的宗教人士来访、旅游，要向宗教事务部门通报。经贸、科技、文化、教育、卫生、体育、旅游等部门对外开展交流与合作，涉及境外宗教组织及其附属机构或个人，签订有关合作项目，不得带有传教、设立宗教机构、建立寺观教堂等宗教内容的条件。"②"坚决制止借宗教活动煽动群众闹事，扰乱社会治安，破坏国家统一和民族团结。对触犯刑律的要依法处理。对勾结境外敌对势力、危害国家安全的首恶分子，要从严惩

① 中共中央文献研究室综合组等编：《新时期宗教工作文献选编》，宗教文化出版社 1995 年版，第 216 页。

② 中共中央文献研究室综合组等编：《新时期宗教工作文献选编》，宗教文化出版社 1995 年版，第 216—217 页。

办。对非法宗教组织要坚决取缔。对从事违法活动的宗教场所，情节轻微的要批评教育，限期改正；屡教不改或情节严重的要依法处理。”①

为依法加强宗教事务管理，国务院宗教事务局和民政部在1991年5月印发了《宗教社会团体登记管理实施办法》，规定：由中华人民共和国公民在本国境内组织的各宗教县级范围（含县级）以上区域性和全国性的宗教社会团体，均应依照本办法向政府民政部门申请登记；全国性宗教社会团体应经国务院宗教事务局审查同意后向民政部申请登记；区域性宗教社会团体经所在地相应的政府宗教事务部门审查同意后向当地民政部门申请登记，并由当地政府宗教事务部门报上一级政府宗教事务部门备案；天主教教区须经该教区办事机构所在地省级政府宗教事务部门审查同意后向省级民政部门申请登记，并由当地省级政府宗教事务部门向国务院宗教事务局备案。

1994年1月，国务院发布《中华人民共和国境内外国人宗教活动管理规定》和《宗教活动场所管理条例》，为依法管理宗教事务、抵制境外宗教渗透、规范宗教活动提供了法律依据。关于外国人在中国境内的宗教活动，该法规明确规定：国家尊重在中国境内的外国人的宗教信仰自由，保护外国人在宗教方面同中国宗教界进行友好往来和文化学术交流活动；外国人可以在中国境内的寺院、宫观、清真寺、教堂等宗教活动场所参加宗教活动；经省、自治区、直辖市以上宗教团体邀请，外国人可以在中国宗教活动场所讲经讲道；外国人可以在县级以上人民政府宗教事务部门认可的场所举行外国人参加的宗教活动；外国人在中国境内，可以邀请中国宗教教职人员为其举行洗礼、婚礼、葬礼和道场法会等宗教仪式；外国人进入中国国境，可以携带本人自用的宗教印刷品、宗教音像制品和其他宗教用品，禁止携带有危害中国社会公共利益内容的宗教印刷品和宗教音像制品入境；外国人在中国境内进行宗教活动，应当遵守中国的法律、法

① 中共中央文献研究室综合组等编：《新时期宗教工作文献选编》，宗教文化出版社1995年版，第219页。

规，不得在中国境内成立宗教组织、设立宗教办事机构、设立宗教活动场所或者开办宗教院校，不得在中国公民中发展教徒、委任宗教教职人员和进行其他传教活动；外国组织在中国境内的宗教活动适用本规定；侨居国外的中国公民在中国境内，台湾地区居民在大陆，香港、澳门居民在内地进行宗教活动，参照本规定执行。关于宗教活动场所，该条例明确规定：设立宗教活动场所，必须进行登记；宗教活动场所由该场所的管理组织自主管理，其合法权益和该场所内正常的宗教活动受法律保护，任何组织和个人不得侵犯和干预；宗教活动场所应当建立管理制度，在宗教活动场所进行宗教活动应当遵守法律、法规，任何人不得利用宗教活动场所进行破坏国家统一、民族团结、社会安定、损害公民身体健康和妨碍国家教育制度的活动；宗教活动场所不受境外组织和个人的支配；宗教活动场所的常住人员和外来暂住人员，应当遵守国家户籍管理的规定；宗教活动场所可以接受信教群众自愿捐献的布施、奉献、乜贴，接受境外宗教组织和个人捐赠按照国家有关规定办理；在宗教活动场所内，宗教活动场所管理组织可以按照国家有关规定经营销售宗教用品、宗教艺术品和宗教书刊；宗教活动场所的财产和收入由该场所的管理组织管理和使用，其他任何单位和个人不得占有或者无偿调用；宗教活动场所终止、合并，应当向原登记机关备案，其财产按照国家有关规定处理；宗教活动场所管理、使用的土地、山林、房屋等，由该场所的管理组织或者其所属的宗教团体按照国家有关规定领取证书；国家征用宗教活动场所管理、使用的土地、山林、房屋等，按照土地管理法和国家其他有关规定办理；有关单位和个人在宗教活动场所管理的范围内改建或者新建建筑物，设立商业、服务业网点或者举办陈列、展览、拍摄电影电视片等活动，必须征得该宗教活动场所管理组织和县级以上人民政府宗教事务部门的同意后，再到有关部门办理手续；被列为文物保护单位或者位于风景名胜区内的宗教活动场所，应当按照有关法律、法规的规定管理、保护文物和保护环境，并接受有关部门的指导、监督；县级以上人民政府宗教事务部门对本条例的执行情况进行指导、监督。1994 年 4 月，国务院宗教事务局发布了《宗教活动场所登记办法》。

3. 20 世纪 90 年代的宗教工作

20 世纪 90 年代的宗教工作，主要是因为宗教政策落实后出现的宗教活动混乱和冷战结束后境外宗教渗透加剧的新形势，启动宗教事务立法和宗教活动管理，取缔封建迷信和邪教组织，制止非法宗教活动，打击利用宗教进行的违法犯罪活动，抵制境外敌对势力利用宗教进行渗透活动，积极引导宗教与社会主义社会相适应。

（1）启动宗教事务立法

1990 年 2 月，第七届全国人大第三次会议通过《中华人民共和国香港特别行政区基本法》，自 1997 年 7 月 1 日起施行。第 32 条规定："香港居民有信仰的自由。香港居民有宗教信仰的自由，有公开传教和举行、参加宗教活动的自由。"第 137 条规定："宗教组织所办的学校可继续提供宗教教育，包括开设宗教课程。"第 141 条规定："香港特别行政区政府不限制宗教信仰自由，不干预宗教组织的内部事务，不限制与香港特别行政区法律没有抵触的宗教活动。宗教组织依法享有财产的取得、使用、处置、继承以及接受资助的权利。财产方面的原有权益仍予以保持和保护。宗教组织可按原有办法继续兴办宗教院校、其他学校、医院和福利机构以及提供其他社会服务。香港特别行政区的宗教组织和教徒可与其他地方的宗教组织和教徒保持和发展关系。"第 148 条规定："香港特别行政区的宗教组织同内地相应的团体和组织的关系，应以互不隶属、互不干涉和互相尊重的原则为基础。"第 149 条规定："香港特别行政区的宗教组织可同世界各国、各地区及国际的有关团体和组织保持和发展关系，各该团体和组织可根据需要冠用'中国香港'的名义，参与有关活动。"1993 年 3 月，第八届全国人大第一次会议通过《中华人民共和国澳门特别行政区基本法》，自 1999 年 12 月 20 日起实施，其中有关宗教的规定与《香港特别行政区基本法》基本相同。1994 年 1 月，为保障中华人民共和国境内外国人的宗教信仰自由，维护社会公共利益，国务院发布了第 144 号令，即《中华人民共和国境内外国人宗教活动管理规定》；与此同时，为保护中国公民的正常宗教活动，维护宗教活动场所合法权益，有利于对宗教活动场所的管理，国务院还发布了第 145 号令，即《宗教活动场所管理条例》，该条例所称宗教活动场所，是指开展宗教活动的寺院、宫观、清真寺、教堂及其他固定处所。在制定全国性涉宗教法律、行政法规和部门规章的同时，各省、自治区、直辖市也制定了一些地方性的有关宗教事务的行政法规和政府规章。这些法律、法规和规章的制定，为依法管理宗教事务提供了法律依据。

（2）依法管理宗教事务

依法保护正常的宗教活动、规范与宗教有关的社会事务，同时就意味着依法制止非法宗教活动和不属于宗教范围的封建迷信和邪教组织，包括制止乱建宗教活动场所和各种不属于宗教范围的庙宇。1991 年 2 月下发的中央 6 号文件《中共中央、国务院关于进一步做好宗教工作若干问题的通知》规定，开放新的宗教活动场所须经县级以上人民政府批准。1994 年 1 月国务院发布的《宗教活动场所管理条例》规定，设立宗教活动场所必须进行登记，登记办法由国务院宗教事务部门制定。1994 年 4 月，国务院宗教事务局发布《宗教活动场所登记办法》，对设立宗教活动场所须具备的条件、申请设立登记程序、场所登记事项变更等做出规定，使宗教活动场所设立登记有了规范。

为制止一些地方乱建露天佛像，国务院宗教事务局和建设部、国家旅游局 1994 年 9 月联合印发《关于制止滥建露天佛像的通知》规定：佛教界为开展正常宗教活动，根据宗教政策需要建造露天佛像，由省级宗教事务部门转报国务院宗教事务局批准；确需在风景名胜区内建造露天佛像的，需按有关规定报省级建设主管部门和宗教事务部门审核同意后，转报建设部和国务院宗教事务局批准；其他任何部门和单位不得以任何理由在风景名胜区内及其他地区建造露天佛像，已经建好的应按宗教政策和有关政策加强管理。针对一些地方以开发旅游、搞活经济、弘扬佛教文化为由乱建寺庙建筑群、寺庙模拟景观的现象，国务院宗教事务局 1994 年 10 月答复某省宗教事务部门请示时，明确表示不赞成新建这类建筑群。1996 年 12 月，中央办公厅和国务院办公厅在转发《中央统战部、国务院宗教局关于制止乱建庙宇和露天佛像的意见》的通知中指出：不少地方乱建庙宇和露天佛像成风且有继续蔓延之势，必须坚决制止；各地区、各部门要从政治上着眼，按照有利于全面正确地贯彻执行党的宗教政策，有利于依法加强对宗教事务的管理，有利于保持社会稳定，有利于社会主义精神文明建设的原则，对乱建庙宇和露天佛像的问题认真调查研究，区别情况，进行坚决、稳妥的专项治理。该意见指出：改革开放以来，随着宗教政策逐步落实，各地合理安排宗教活动场所，恢复和开放了相当数量的佛道教寺观，基本满足了信仰佛道教群众进行正常宗教活动的需要；但是，近几年来不少地方出现了乱建庙宇、滥造露天佛像（包括神像）之风，形成了一批在政府宗教工作部门管理之外的非法宗教活动场所。据 18 个省、直辖市统计，当时经批准开放的佛道教活动场所有 5000 余处，而乱建的庙宇达 40000 余处、露天佛像 120 余座，一些大中城市和风景名胜区出现了规模庞大的庙宇群和露天佛像。这些乱建的庙宇和佛像，大多是海内外企业或个人，有的甚至是地方政府部门以各种名义兴建的以盈利为目的的游览设施。一些地方为了招揽游客，大搞开光庆典和所谓的宗教活动，借机敛财，甚至雇用假僧假道公开从事抽签、卜卦等迷信活动。这种只图经济利益不顾社会影响的做法，严重违背了国家有关法规和政策，扰乱了正常的宗教活动，亵渎了信教群众的宗教感情，损害了我国宗教的声誉和形象，在社会上造成不良影响，引起佛道教界人士强烈不满，造成了人力、物力、财力和资源的巨大浪费，十分不利于对宗教事务的依法管理，更不利于社会主义精神文明建设。为此，文件要求各地对乱建庙宇和露天佛像进行一次专项治理，妥善处理未按规定批准已建成的庙宇和露天佛像，严格控制新建寺观和露天佛像，明确指出“宗教搭台、经济唱戏”的口号是错误的，对共产党员信仰宗教和带头乱建庙宇佛像、党政领导支持和参与乱建庙宇佛像，要追究责任、严肃处理。

为加强宗教管理，国务院宗教事务局召开了全国宗教信息工作会议，宗教院校、宗教法规、宗教外事工作会议，伊斯兰教朝觐工作会议和天主教基督教工作座谈会，对相关工作进行研究部署。四川、青海、甘肃、云南、西藏五省区还按照国务院办公厅关于藏传佛教活佛转世有关事项通知，依法进行了藏传佛教活佛转世工作。经中央政府批准，十一世班禅和十七世噶玛巴活佛完成了传承继位。

（3）引导宗教适应社会

1993 年 11 月，江泽民在全国统战工作会议上把党的宗教工作方针概括为三句话：一是全面正确地贯彻执行党的宗教政策，二是依法加强对宗教事务的管理，三是积极引导宗教与社会主义社会相适应。他强调指出："政府有关部门依法对宗教事务进行管理，这项工作必须加强，而绝不能削弱，更不能放弃管理。宗教活动必须在宪法、法律范围内进行。政府依照法律、法规和政策对宗教事务进行管理和监督，这同宗教信仰自由政策不但不矛盾，而且正是为了更好地贯彻这一政策，保护正常的宗教活动和宗教界的合法权益。对正常的宗教活动加以保护，对利用宗教进行的违法犯罪活动加以制止和打击，这是同一个问题的两个方面，不能把它们对立起来。不要一讲贯彻宗教信仰自由政策，就对宗教活动采取不负责任、放任自流的态度，甚至对利用宗教进行的违法活动也视而不见；也不要一讲加强对宗教事务的管理，就又不分是正常宗教活动还是非法活动，一概加以限制。"① 在此基础上，他进一步提出要引导宗教："贯彻党的宗教信仰自由政策也好，依法加强对宗教事务的管理也好，目的都是要引导宗教与社会主义社会相适应。宗教是一种历史现象，在社会主义社会中将长期存在，如果宗教与社会主义社会不相适应，就会发生冲突。这种适应，并不

① 中共中央文献研究室综合组等编：《新时期宗教工作文献选编》，宗教文化出版社 1995 年版，第 254 页。

要求宗教信徒放弃有神论的思想和宗教信仰，而是要求他们在政治上热爱祖国，拥护社会主义制度，拥护共产党的领导；同时，改革不适应社会主义的宗教制度和宗教教条，利用宗教教义、宗教教规和宗教道德中的某些积极因素为社会主义服务。我国过去进行的宗教制度改革，在天主教、基督教方面革掉帝国主义的操纵和控制，实行独立自主、自办教会，在佛教和伊斯兰教方面革掉封建剥削和压迫制度，是完全必要的和正确的，使我国宗教界迈出了与社会主义社会相适应的重要一步。宗教界应当在这个基础上，适应社会主义现代化建设的新形势新任务，继续前进，而不能倒退。只有社会主义才能救中国和发展中国，这是全国人民的共识。广大宗教信徒是拥护社会主义制度的，同全国人民在根本利益上是一致的，这是宗教能够与社会主义社会相适应的政治基础。应该相信，我们共产党人有办法、有能力，引导爱国宗教团体和广大宗教信徒把爱教与爱国结合起来，把宗教活动纳入宪法和法律的范围，做到同社会主义社会相适应。”①

三、新世纪初的宗教治理

由于美国作为世界上唯一的超级大国到处横行霸道，不断利用宗教进行政治渗透和颠覆破坏活动，打压和掠夺广大发展中国家特别是伊斯兰世界，导致新世纪初国际上因民族、宗教问题和领土争端引发的矛盾冲突空前突出，打着宗教旗号的暴力恐怖活动此起彼伏，对我国的社会稳定、民族团结和国家安全构成严重威胁。党中央高度重视宗教问题，不断完善宗教政策，更加强调依法管理宗教。

1. 新世纪初的宗教问题

2001 年 12 月，中共中央和国务院在北京召开全国宗教工作会议，江

① 中共中央文献研究室综合组等编：《新时期宗教工作文献选编》，宗教文化出版社 1995 年版，第 254—255 页。

泽民发表《论宗教问题》重要讲话，对新世纪初的国际国内宗教形势和宗教问题作了全面深入的分析。他指出，21世纪初的“天下仍很不太平，各种矛盾错综复杂，各种力量激烈较量。“9·11”事件的发生，美国对阿富汗采取的军事行动，以及世界各种力量围绕反恐怖主义进行的既合作又斗争的新的排列组合，说明国际局势正在发生冷战结束以来最为深刻的变化，不稳定因素增多”，“‘9·11’事件，是美国本土上发生的前所未有的恐怖暴力袭击。这个事件的发生，有复杂的政治、经济、文化、历史、社会的背景，其中包括很深刻的宗教背景。策划和参与‘9·11’事件的恐怖主义分子都是宗教极端分子。现在世界上发生的冲突和局部战争，如旷日持久的中东问题、克什米尔问题等，绝大多数都有民族问题、宗教问题的背景”。①

江泽民指出：“宗教问题从来就不是孤立存在的，它总是同政治、经济、文化、民族等方面历史和现实的矛盾相交错，具有特殊复杂性。”②“在漫长的历史进程中，世界发生了巨大变化，科学技术取得了巨大进步，人类对自然界和社会运动的规律性认识大大提高，人们对宗教现象的认识也大大深化了，但从世界范围看，宗教不仅存在，还时有蔓延发展之势。传统的几大宗教继续发展，而且内部教派林立。各种新兴宗教组织层出不穷，有人估计有数千个之多。一些极端势力以及邪教也吸引了大批信徒，制造了不少骇人听闻的事件。特别是在西方国家，科学技术不可谓不发达，生活水平不可谓不高，但宗教的影响根深蒂固，信仰宗教的人数并没有明显减少。”③“根据国外有关统计，现在世界上，基督教徒约20亿，穆斯林约12亿，佛教徒约3亿6千万，印度教徒约8亿，犹太教徒约1400万，新兴宗教的信奉者约1亿多，加上其他各种宗教的信奉者，世界61亿人口中约80%的人信仰宗教。伊斯兰教更是有关民族几乎全民

① 江泽民：《江泽民文选》第3卷，人民出版社2006年版，第373页。

② 江泽民：《江泽民文选》第3卷，人民出版社2006年版，第373页。

③ 江泽民：《江泽民文选》第3卷，人民出版社2006年版，第374—375页。

信仰的宗教。”[①]“纵观世界历史，各种宗教既相互联系又相互渗透，始终与复杂的社会政治斗争和民族关系交织在一起。统治阶级往往力图借助宗教来加强其政治统治，而被压迫群众为摆脱苦难也往往以宗教作掩护或号召而进行反抗。在当今世界上，宗教更是为各派政治和社会力量所加紧利用。一些国家和地区矛盾激烈、冲突不断，往往与民族问题、宗教问题卷在一起。当狭隘民族主义与宗教极端主义相结合时，就有可能产生很大破坏力。南斯拉夫科索沃问题、英国北爱尔兰问题、菲律宾南部的反政府武装等，都有很复杂的民族、宗教因素。由于宗教牵涉到数量庞大的信教群众，而且总是与社会政治问题结合得很紧，如何对待和处理宗教问题，始终是一个很敏感、很复杂的社会课题。”[②]

江泽民指出：“世界几大主要宗教都是跨民族、跨国界的宗教。这就使宗教不仅本身成为国际关系和世界政治中的一个重要因素，而且又往往同国家与国家、民族与民族的矛盾和冲突交会在一起，起到推波助澜的作用，对国际关系和世界政治产生不可低估的影响。宗教的这个特点，冷战结束以后更为突出，越来越引起人们的关注”，“长期以来，各派宗教都积极在世界范围内扩展自己的影响，向其他国家发展信徒。不仅大的宗教这样做，一些小的宗教也不甘落后。很多宗教组织势力强大，对本国政府施加影响，左右政府的外交政策。宗教既可以成为强大民族推行扩张政策、践踏弱小民族的精神手段，也可以成为弱小民族反抗强权、维护本民族利益的精神旗帜。分布在不同国家的同一宗教的信徒，由于具有相同的宗教文化、宗教感情，往往容易形成一种跨民族、跨国界的力量，相互支持，相互声援，甚至对有关国家的政治和国际事务产生重大影响”。[③]“从宗教产生之日起，各种政治势力就把宗教当作一种重要手段，或者以宗教的名义，来推行自己的政治意图和战略。在人类历史上，由宗教引起的矛

① 江泽民：《江泽民文选》第3卷，人民出版社2006年版，第376页。

② 江泽民：《江泽民文选》第3卷，人民出版社2006年版，第376—377页。

③ 江泽民：《江泽民文选》第3卷，人民出版社2006年版，第377页。

盾和冲突、打着宗教旗号进行的侵略和战争多得很。7 世纪到 16 世纪初，信奉伊斯兰教的一些势力通过武力对亚洲、欧洲、非洲的广大地区进行了旷日持久的扩张。11 世纪末到 13 世纪末，十字军东征进行了长达 200 年之久，所到之处，刀光剑影，血流成河。在西方殖民主义和帝国主义的早期殖民扩张中，宗教从来都是相伴而至的。近代西方列强侵略中国之时，天主教、基督教就成为他们进行政治、文化渗透和奴役中国人民的一个得心应手的工具。长期以来，国际敌对势力一直把民族问题、宗教问题作为遏制或颠覆社会主义国家和他们所不喜欢的国家的重要手段。在苏联解体、东欧剧变的过程中，国际敌对势力就利用了宗教。冷战结束以后，国际敌对势力也加紧利用民族问题、宗教问题，对我国实施西化、分化的政治战略。”①

江泽民指出：我国宗教形势总体是好的，但也存在一些突出问题，“一些地方宗教活动混乱，教徒发展泛滥，乱建寺观教堂、滥塑佛像和以各种借口聚敛钱财的现象屡禁不止。一些地方早已被废除的宗教封建特权死灰复燃，利用宗教干预行政、司法、教育的情况有所抬头。因民族、宗教因素引发的影响社会稳定的突发性事件和群体性事件时有发生。境外利用宗教对我进行的渗透不断加剧。另外，打着‘宗教’旗号的邪教和其他违法犯罪活动猖獗。这些问题，有的是新形势下出现的新问题，也有的是原有矛盾在新条件下的延续和发展，其中大量属于人民内部矛盾，也有一些是属于敌我性质的矛盾，还有两类矛盾相互交织的复杂情况。还应该看到，不尊重信教群众的信仰、干涉正常宗教活动、侵犯宗教界合法权益的情况，在一些地方仍不同程度地存在，爱国宗教团体和爱国宗教教职人员队伍建设还比较薄弱。对这些问题，我们必须高度重视，并采取有力措施加以解决。”②

2004 年 1 月，中共中央和国务院召开全国宗教工作座谈会，对新世

① 江泽民：《江泽民文选》第 3 卷，人民出版社 2006 年版，第 377—378 页。

② 江泽民：《江泽民文选》第 3 卷，人民出版社 2006 年版，第 383 页。

纪新阶段的宗教形势和宗教问题作了分析，认为宗教领域最大的问题是境外利用宗教对我国进行的渗透活动加剧，渗透渠道更加多样，范围更加扩大，形式更加隐蔽，手段更加现代化，进攻态势更加明显，已经对我国的民族团结和社会稳定乃至社会主义制度和共产党的执政地位构成现实威胁。利用宗教对我国实施“西化”、分化是西方敌对势力对我国的一项长期战略。近代西方列强侵略中国，从一开始就把宗教作为打开我国国门、争夺人心的重要手段，甚至直接利用宗教为其侵略战争服务。新中国成立后，西方敌对势力利用宗教对我国实施“西化”、分化的企图遭到沉重打击，但各种渗透破坏活动从来没有停止过。随着我国实行对外开放，境外势力利用宗教进行的渗透活动不断加剧，认为打“宗教牌”是实现其战略的“最佳武器”，通过传教可以使我国由思想多元化演变为政治多元化，形成一股自下而上的强大压力迫使中共让步，最终改变我国的政治制度，融化社会主义，建立以美国为主导、以西方文明为指导的“新世界”。20 世纪 80 年代初至 90 年代初，美国曾经和梵蒂冈结成“神圣同盟”，利用宗教反对波兰的共产党领导和社会主义政权，对波兰社会主义制度的改变产生重要影响，进而对东欧剧变和苏联解体起了推波助澜的作用。进入新世纪，美国和梵蒂冈又建立起针对中国的“神圣同盟”，制定了向中国境内进行公开或秘密渗透的计划，以巨额资金为支持，企图用 10 年到 20 年时间推翻中国共产党政权，改变中国的社会主义制度。党的十六大召开后，美国的战略分析家对我国形势进行了评估，认为中国的社会经济面临转型的一系列挑战，应当利用这一时机对我国推行“民主化”，扩大“宗教自由”，使宗教的兴起在我国引发新的冲突。在美国政府的支持鼓动下，反华势力和一些宗教组织加紧发起一场“争夺灵魂的战争”。一些所谓的“中国通”和“民运”分子纷纷写书拍片，为利用宗教进行渗透制造舆论、出谋划策。美国出版了由《时代周刊》驻北京记者站前主任写的《耶稣在北京——基督教怎样变革中国并改变全球力量均衡》一书，“民运”分子策划拍摄了大型纪录片《十字架——耶稣在中国》，在国际上大量发行。

这些材料渲染 21 世纪初是向中国人传播福音的黄金时代，在极力煽动基督教狂热的同时，毫不掩饰对社会主义中国和中国共产党的刻骨仇恨，其手法极具煽动性、蛊惑性，很容易混淆视听、误导群众。达赖集团在以美国为首的西方敌对势力的支持下，利用宗教从事分裂祖国的活动，企图实现“西藏独立”，他们非法在我国境内大量认定“转世活佛”，引诱藏族青少年和僧尼非法出境，对其中一些人授衔封位后再派回来，妄图达到“控制一个寺庙就是控制共产党的一片地区”的目的。“东突”分裂势力和伊斯兰极端组织也打着“宗教”旗帜欺骗、愚弄群众，散布宗教极端思想，制造思想混乱，甚至赤裸裸地宣扬民族仇杀，提出了所谓“民族单一化、斗争武装化、冲突扩大化、舆论国际化”的口号，并通过各种形式培养“文武双全”的“圣战者”，实施“断桥行动”，把矛头指向爱国宗教人士和基层干部。

2. 新世纪初的宗教政策

新时期的宗教政策，在 20 世纪 90 年代已经成熟。进入新世纪以后，党的宗教政策逐步向行政法规转变。关于党的基本宗教政策，江泽民在 2001 年 12 月召开的全国宗教工作会议上强调了四句话，即全面贯彻党的宗教信仰自由政策，依法管理宗教事务，积极引导宗教与社会主义社会相适应，坚持独立自主自办的原则，后来把顺序调整为全面贯彻党的宗教信仰自由政策，依法管理宗教事务，坚持独立自主自办的原则，积极引导宗教与社会主义社会相适应，称之为党的宗教工作基本方针，2007 年写入党的十七大报告和新修订的党章。

关于宗教方面的行政法规，国务院在 2004 年 11 月颁布了综合性的《宗教事务条例》，自 2005 年 3 月 1 日施行，1994 年颁布的《宗教活动场所管理条例》同时废止。该条例规定：宗教团体应当办理登记，按照章程开展活动，可以编印宗教内部资料性出版物；涉及宗教内容的出版物不得含有破坏信教公民与不信教公民和睦相处、破坏不同宗教之间和睦以及宗教内部和睦、歧视侮辱信教公民或不信教公民、宣扬宗教极端主义、违背独立自主自办原则的内容；全国性宗教团体可以根据本宗教需要按规定选派和接收宗教留学人员，信仰伊斯兰教的中国公民前往国外朝觐由中国伊斯兰教协会组织。

关于宗教活动的规定：信教公民的集体宗教活动一般应当在登记的宗教活动场所内举行，由宗教活动场所或宗教团体组织，由宗教教职人员或符合本宗教规定的其他人员主持，按照教义教规进行；设立宗教活动场所必须由宗教团体向政府宗教事务部门提出申请，批准后方可办理筹建事项，建设完工后向政府宗教事务部门申请登记，符合条件的发给登记证；宗教活动场所应当成立管理组织，实行民主管理，管理组织成员经民主协商推选，报登记管理机关备案；宗教活动场所应当加强内部管理，建立健全人员、财务、会计、治安、消防、文物保护、卫生防疫等管理制度，接受政府有关部门指导、监督、检查；宗教活动场所可以按照宗教习惯接受公民捐献，不得强迫或者摊派；非宗教团体、非宗教活动场所不得组织、举行宗教活动，不得接受宗教性的捐献；宗教活动场所内可以经销宗教用品、宗教艺术品和宗教出版物；登记为宗教活动场所的寺院、宫观、清真寺、教堂可以编印宗教内部资料性出版物；跨省、自治区、直辖市举行超过宗教活动场所容纳规模的大型宗教活动，或者在宗教活动场所外举行大型宗教活动，应当由主办的宗教团体、寺观教堂向省级人民政府宗教事务部门提出申请，按照批准通知书要求依宗教仪轨进行；宗教活动场所应当防范本场所内发生重大事故或违犯宗教禁忌等伤害信教公民宗教感情、破坏民族团结、影响社会稳定的事件；宗教团体、寺观教堂在宗教活动场所外修建大型露天宗教造像，应当由省、自治区、直辖市宗教团体向省级政府宗教事务部门提出申请，其他组织及个人不得修建。宗教教职人员经宗教团体认定，报政府宗教事务部门备案，可以从事宗教教务活动；藏传佛教活佛传承继位，在佛教团体的指导下，依照宗教仪轨和历史定制办理，报设区的市级以上人民政府宗教事务部门或者设区的市级以上人民政府批准；天主教的主教由天主教的全国性宗教团体报国务院宗教事务部门备案；宗教教职人员担任或者离任宗教活动场所主要教职，经本宗教的宗教团体同意后，报政府宗教事务部门备案；宗教教职人员主持宗教活动、举行宗教仪式、从事宗教典籍整理、进行宗教文化研究等活动，受法律保护。

关于宗教财产的规定：宗教团体、宗教活动场所合法使用的土地，合法所有或使用的房屋、构筑物、设施及其他合法财产、收益受法律保护，任何组织或个人不得侵占、哄抢、私分、损毁或非法查封、扣押、冻结、没收、处分；宗教团体、宗教活动场所的房屋和使用的土地，应当向政府房产、土地管理部门申请登记，领取所有权、使用权证书；用于宗教活动的房屋、构筑物及其附属的宗教教职人员生活用房不得转让、抵押或作为实物投资；因城市规划或重点工程建设需要拆迁宗教团体或宗教活动场所的房屋、构筑物，拆迁人应当与其协商并征求宗教事务部门意见，经各方协商同意拆迁的，拆迁人应当对被拆迁房屋、构筑物予以重建，或者按照被拆迁房屋、构筑物的市场评估价格予以补偿；宗教团体、宗教活动场所可以依法兴办社会公益事业，所获收益及其他合法收入应当纳入财务、会计管理，用于与其宗旨相符的活动及社会公益事业；宗教团体、宗教活动场所可以按照国家有关规定接受境内外组织和个人捐赠，用于与其宗旨相符的活动；宗教团体、宗教活动场所应当执行国家的财务、会计、税收管理制度，按照国家有关规定享受税收减免优惠，向政府宗教事务部门报告财务收支和接受、使用捐赠情况，并以适当方式向信教公民公布。

3. 新世纪初的宗教工作

2001 年中央提出的新世纪初宗教工作基本任务是：全面贯彻党的宗教信仰自由政策，依法管理宗教事务，积极引导宗教与社会主义社会相适应，坚持独立自主自办的原则，巩固和发展党同宗教界的爱国统一战线，维护稳定，增进团结，为推进社会主义现代化建设、实现祖国的完全统一、维护世界和平与促进共同发展而努力奋斗。党的十六大以后，前四句被概括为党的宗教工作基本方针。党的十七大报告关于宗教工作的论述是：全面贯彻党的宗教工作基本方针，发挥宗教界人士和信教群众在促进经济社会发展中的积极作用。

（1）召开全国宗教工作会议

2001 年 12 月，中共中央和国务院召开了党和国家历史上最高规格的全国宗教工作会议。会议的主要任务是“以邓小平理论和党的基本路线为指导，贯彻‘三个代表’要求，总结宗教工作取得的经验，研究和分析宗教工作面临的新形势、新情况、新问题，进一步提高全党对宗教工作重要性的认识，统一思想，明确任务，切实做好新世纪初的宗教工作，为改革发展稳定的大局服务”①。这是党中央、国务院在新世纪初召开的一次“重要会议”，中央政治局七大常委和其他政治局委员出席会议，中央政治局常委、全国人大常委会委员长李鹏主持第一次全体会议，中共中央总书记、国家主席江泽民发表题为《论宗教问题》的重要讲话；中央政治局常委、全国政协主席李瑞环主持第二次全体会议，中央政治局常委、国务院总理朱镕基作了总结讲话。出席会议的还有中央党政军群有关单位负责人，各省、自治区、直辖市、计划单列市及新疆生产建设兵团的负责人等。

江泽民在讲话中强调：宗教工作是党和国家工作中的重要组成部分，在党和国家事业发展的大局中有着重要地位；在当前的国内外形势下，党对宗教工作的领导和政府对宗教事务的管理只能加强不能削弱；做好宗教工作，关系到加强党同人民群众的血肉联系，关系到推进两个文明建设，关系到加强民族团结、保持社会稳定、维护国家安全和祖国统一，关系到我国的对外关系；全党同志必须从保证党和国家长治久安，促进改革发展稳定大局的政治高度观察和处理宗教问题，充分认识做好宗教工作的重要

① 江泽民：《江泽民文选》第 3 卷，人民出版社 2006 年版，第 372 页。

性，增强责任感和紧迫感。江泽民回顾了1990年全国宗教工作会议以来，党中央根据冷战结束后国际格局的深刻变化和民族宗教问题日益突出的新形势，结合我国改革开放和现代化建设的新实践，对宗教工作做出的一系列决策部署和推动宗教工作取得的新成就：党的宗教信仰自由政策得到贯彻，正常的宗教活动和宗教团体的合法权益得到保障；国家对宗教事务的管理走上法制化、规范化轨道，涉及民族、宗教因素的问题得到妥善处理，打着宗教旗号进行的分裂活动和违法犯罪活动受到严厉打击；引导宗教与社会主义社会相适应的工作取得新的进步，宗教界人士和广大信教群众积极投身现代化建设，党同宗教界的爱国统一战线不断巩固和发展；坚持独立自主自办原则，开展对外友好交往。

江泽民指出：从国内外形势的发展变化出发，科学分析宗教问题，深刻认识宗教问题的特殊复杂性，正确把握宗教的活动规律，是做好宗教工作的前提；要了解当今世界，必须了解宗教，对宗教问题在当今世界政治社会生活中的影响绝不可低估；无论是做好国内各项工作，还是开展对外工作，都需要密切关注宗教问题。从历史和现实的角度看，观察世界的宗教问题必须把握住三个主要特点：一是宗教的存在有着深刻的社会历史根源，将会长期存在并发生作用；二是宗教与一定社会的经济、政治、文化问题交织在一起，对社会的发展和稳定产生重大影响；三是宗教常常与现实的国际斗争和冲突相交织，是国际关系和世界政治中的一个重要因素。中国共产党人是唯物主义者，不信仰宗教，同时坚持以科学的观点和方法对待宗教，努力认识和掌握宗教自身的规律。正确认识我国社会存在的宗教问题，关键是立足于我国社会主义初级阶段的基本国情，充分认识宗教存在的长期性以及在复杂的国内外形势下宗教问题所具有的特殊复杂性。必须正确认识社会主义条件下宗教存在的长期性，既不能用行政力量去消灭宗教，也不能用行政的力量去发展宗教，而要积极引导宗教与社会主义社会相适应，立足长远，着眼当前，坚持不懈地做好宗教工作。

关于做好新世纪初的宗教工作，江泽民重点讲了五条：第一要全面正确地贯彻党的宗教信仰自由政策，一方面尊重每个公民信仰宗教的自由和不信仰宗教的自由，另一方面要坚持权利与义务的统一，宗教必须在宪法和法律规定的权利和义务范围内活动，宗教活动不得妨碍社会秩序、工作秩序和生活秩序；第二要依法管理宗教事务，切实保障宗教信仰自由，保证正常宗教活动有序进行，保护宗教团体合法利益，依法管理宗教事务的要旨是保护合法、制止非法、抵御渗透、打击犯罪；第三要积极引导宗教与社会主义社会相适应，宗教界人士和信教群众要热爱祖国，拥护社会主义制度，拥护共产党的领导，遵守国家的法律、法规和方针政策，从事的宗教活动要服从和服务于国家的最高利益和民族的整体利益，努力对宗教教义做出符合社会进步要求的阐释，与各族人民一道反对一切利用宗教进行危害社会主义祖国和人民利益的非法活动，为民族团结、社会发展和祖国统一多作贡献；第四要坚持独立自主自办原则，坚决抵御境外势力利用宗教进行渗透，鼓励和支持宗教界在独立自主、平等友好、互相尊重的基础上开展对外交往，增进与各国人民及宗教界的相互了解和友谊，为维护世界和平做出积极贡献；第五要支持宗教团体加强思想、组织、制度等方面的建设，发挥好党和政府联系、团结、教育宗教界人士和信教群众的桥梁纽带作用。他强调：宗教工作最根本的是做信教群众的工作，团结和教育他们为祖国富强和民族振兴贡献力量，各级党委政府要高度重视宗教工作，按照“三个代表”要求大力加强党的建设，把党的基层组织特别是信教群众集中地区的基层组织建设抓好；要加强马克思主义宗教学和党的宗教政策宣传教育；要完善工作机制，健全管理机构，提高宗教工作干部队伍素质；在爱国主义和社会主义的旗帜下，继续巩固和发展党同宗教界的爱国统一战线。

朱镕基在总结讲话中强调：要依法加强政府对宗教事务的管理，继续推进宗教法制建设，进一步把宗教事务管理纳入制度化、法制化的轨道，努力提高依法管理宗教事务的水平；要重点做好农村和少数民族中的宗教工作，建立健全县乡村三级宗教事务管理网络，建立乡（镇）、村两级宗教工作责任制；在基层干部中深入进行有关宗教政策和法律法规的教育，使他们正确认识宗教问题，依法加强对农村宗教事务的管理；要把宗教工作与农村两个文明建设紧密结合起来；邪教不是宗教，但往往打着宗教旗号蒙骗群众、危害社会，要广泛深入地普及科学知识和科学精神，大力反对封建迷信，从根本上铲除邪教的社会土壤，依法打击和取缔一切邪教活动，严防新的邪教产生；要大力加强宗教工作队伍建设，按照党中央和国务院有关规定，在省、市和宗教工作任务重的县设置政府管理机构、配备宗教工作人员，加强宗教工作人员学习培训，还要大力支持爱国宗教组织和宗教团体建设，支持宗教团体培养爱国进步的中青年教职人员。

（2）加快宗教事务立法工作

党的十六大以后，国务院在2004年11月颁布了我国历史上第一部全面规范宗教事务的行政法规《宗教事务条例》。该条例包括总则、宗教团体、宗教活动场所、宗教教职人员、宗教财产、法律责任、附则七部分48条，对宗教事务管理作了全面规定。此外，国家宗教事务局还陆续发布了11个单项法规，包括2000年9月《中华人民共和国境内外国人宗教活动管理规定实施细则》、2005年4月《宗教活动场所设立审批和登记办法》、2006年12月《宗教教职人员备案办法》和《宗教活动场所主要教职任职备案办法》、2007年7月《藏传佛教活佛转世管理办法》、2007年8月《宗教院校设立办法》、2010年1月《宗教活动场所财务监督管理办法（试行）》、2010年9月《藏传佛教寺庙管理办法》、2010年11月《关于修订〈中华人民共和国境内外国人宗教活动管理规定实施细则〉的决定、2012年11月《宗教院校教师资格认定和职称评审聘任办法（试行）》和《宗教院校学位授予办法（试行）》、2015年4月《藏传佛教学衔授予办法（试行）》，对宗教管理事项做出具体规定。各地根据国务院颁布的《宗教事务条例》和国家宗教事务局发布的单项法规，对地方性宗教事务条例及相关法规进行修订或制定新的法规规章。宗教事务立法工作的大力推进，使我国宗教事务管理基本上实现了有法可依。

（3）促进宗教关系的和谐

2006年6月，中共中央总书记、国家主席、中央军委主席胡锦涛在全国统战工作会议上发表重要讲话，着重从政党关系、民族关系、宗教关系、阶层关系、海内外同胞关系五个方面，对充分发挥统一战线的优势和作用、为构建社会主义和谐社会做出更大贡献作了深刻阐述，强调要正确认识和处理信教群众和不信教群众、信仰不同宗教群众之间的关系，积极引导宗教与社会主义社会相适应。他强调，做好新形势下的宗教工作，关键是要全面理解和认真贯彻党的宗教工作基本方针，要全面正确地贯彻党的宗教信仰自由政策，坚持政治上团结合作、信仰上互相尊重，努力使广大信教群众在拥护中国共产党领导和社会主义制度、热爱祖国、维护祖国统一、促进社会和谐等重大问题上取得共识；依法管理宗教事务，保护合法，制止非法，打击犯罪，确保宗教活动规范有序；坚持独立自主自办原则，帮助和支持各宗教团体加强自身建设；积极引导宗教与社会主义社会相适应，使信教群众在全面建设小康社会的宏伟目标下最大限度地团结起来。从此，促进宗教关系和谐成为新世纪初宗教工作的总要求。

专题四

中国历代宗教关系及其特点研究

【教学目的】 本专题旨在通过对古今中外，宗教与政治互动的诸种表现，说清楚政教合一、国教政治、政教分离等几种政教关系的表现和特点，讲清楚中国历史政主教从、多元通和宗教关系的独特优势，特别是要讲清楚外来宗教进入中国后，适应中国社会文化的历史事实，讲清楚中华传统文化的“和而不同”“大一统”文化价值观对各宗教之间相互包容、兼容并蓄、各宗教遵从皇权的影响。说清楚这些历史传统升华成爱国爱教、团结统一、人本理性的人文精神。

【内容提要】 宗教作为一种社会历史文化现象，在人类文明发展历程中发挥了十分重要的社会作用。宗教社会作用是宗教观念、宗教感情、宗教行为、宗教组织等要素在与政治经济社会文化等社会其他要素互动中表现出来的。由于这些点，古今中外的政权与宗教相互利用，发生了复杂的互动关系，形成政教合一、国教统治、政教分离、政主教从等多种政教关系类型，从政教合一走向政教分离是宗教与人类社会互动的主要历史趋势。政教分离发端于16世纪欧洲基督教世界，其过程有三个特点：一是民族国家的教会努力摆脱罗马教皇控制，获得国家主导宗教意识形态主权；二是一国之内世俗政权努力摆脱宗教控制，获得法律、文化、教育等方面的立法权和依法行政主权；三是公民个体逐步摆脱教会控制，获得宗教信仰自由权利。

中国宗教关系的历史传统是“政主教从、多元通和”。历史上皇权大于教权，各宗教从属世俗政权统摄，认同皇权，维护皇权；各宗教之间平等、尊重，相互包容，兼容并蓄，最典型的是儒释道合一，中国人的宗教精神是人本和理性。中国各宗教能和睦共存，得益于中华文化的两个重要的价值观：“和而不同”“大一统”，二者不仅促成了秦汉时期儒道法诸家融合，而且也促成了魏晋以后儒释道三教的融合，促成唐宋以后中华固有文化与伊斯兰教和基督教的融合，同时也促成宗教不干预政权、遵从政权的政教关系传统。

从国际视野认识和比较宗教与社会，特别是与政治发生的复杂互动关系，说清楚宗教因素对一国内政外交和国际政治的影响，对我们今天构建积极健康的宗教关系具有重要的借鉴意义。

一、各国政教关系的基本类型

当今世界主要的宗教有：基督教（包括天主教、新教、东正教）、伊斯兰教、印度教、犹太教、佛教等。根据美国皮尤研究中心公布的数据[1]，截至2010年，世界人口约69亿，各种宗教信徒约58亿。其中基督教徒约22亿多，占世界总人口的32%；伊斯兰教徒约16亿，占世界总人口的23%；印度教徒约10亿，占世界总人口的15%；佛教徒约5亿，占世界总人口的7%；其他传统民间宗教和新兴宗教4亿多等。此外还有不信仰宗教群体约11亿，主要分布在中国。

在人类漫长的文明发展进程中，不同宗教的存在，必然发生不同信仰者之间或团结合作或冲突对抗的关系，发生宗教与政治、经济、社会文化复杂的互动关系。我们把宗教与人类社会其他要素之间、不同信仰之间

① 参见［美］皮尤研究中心著，谢荣谦、雷春芳编译：《2010年世界主要宗教群体规模和分布报告》，载《世界宗教文化》2013年第4期，第33页。

的互动关系概括为宗教关系。在各种宗教关系中，政教之间的互动占据主导地位。中外学者从宗教学和政治学两个视角，对国家政权与宗教之间复杂的互动关系进行研究。大多数学者探讨的政教关系中的“政”，特指国家政权，在当代主要表现为国家权力机构在特定的地域范围行使的立法、行政和司法权，这个权力也可以叫“国家主权”。“教”既包括宗教教义，也包括宗教组织和教职人员。宗教与国家政权的互动关系，主要表现为宗教思想和宗教组织与国家意识形态特别是文化教育的关系、与国家立法和执法的关系；宗教组织、教职人员与政府机构执法实践的互动关系。

中国学者张践概括了四种政教关系类型：政教一体的“神权政治”、政教依赖的“神学政治”、政教主从的“神辅政治”、政教独立的“法制政治”。① 王作安提出政教互动主要表现为：政教合一、政教主从、政教分离三种主要模式。② 国外学者比如美国的德拉姆（W. Cole Durham，Jr.）和沙夫斯（Brett G. Scharffs）在《法治与宗教——国内、国际和比较法的视角》中，提出政教关系有 10 种模式；而厄本（Hugh B. Urban）则提出 8 种“战略的”政教关系模式。③ 本文根据学界在研究政教互动方面的主要共识，将世界范围政教互动的基本形态概括为：政教合一、国教政治、政教分离三种基本模式。

1. 政教合一

大多数学者概括的“政教合一”模式主要有这样几个特点：宗教与政治权力结合，宗教领袖直接担任政治领袖，政权和教权由一人执掌；国家法律以宗教教义为依据，宗教教义是处理一切社会事务的基本准则，也可以称作“神权政治”。刘澎指出：“在这种模式中，宗教领袖同时又是国家

① 参见张践：《中国古代政教关系史》，中国社会科学出版社 2012 年版，第 23—49 页；张践：《中国政教关系的结构与特点》，载《中央社会主义学院学报》2017 年第 2 期。

② 参见王作安：《当代中国政教关系》，载《学习时报》2009 年 11 月 23 日。

③ 参见金泽：《西方宗教学视野下的政教模式及其张力》，载《世界宗教文化》2018 年第 5 期，第 10 页。

首脑。宗教教义与宗教法典同时就是国家的法律，宗教利益与国家利益完全一致。国家的行政、司法、教育完全受宗教指导。宗教领袖对制定国家的内外政策拥有绝对权威，政府的一切活动都要体现宗教原则，维护宗教利益。”①

伊斯兰教发展初期的哈里发帝国和中世纪的西欧社会，都有政教合一性。从人类发展的历史顺序看，政教一体的神权政治是各民族文化的共同开端，随着历史发展，世俗政权与宗教权力逐渐分离。在佛教、伊斯兰教和基督教发展史上，佛教逐渐远离世俗权力，伊斯兰教则经历政教合一到宗教领袖失去世俗权力，再到伊斯兰教发挥国家主导意识形态的历程。基督教的发展，经历了从非法走向合法，从民间走向官方意识形态，再从国家意识形态走向个体私人信仰的过程；基督教政教关系经历了世俗政权高于教权—教权高于世俗政权—世俗政权与教权分离这样三个阶段。

伊斯兰教创立时实施政教合一制。穆罕默德创教的目的就是为了用伊斯兰教统一阿拉伯半岛，用伊斯兰教统治阿拉伯帝国。穆罕默德既是宗教领袖又是国家元首，既是军事统帅又是最高法官，他以安拉使者的名义进行统治，伊斯兰教义就是国家法律，宗教法庭也是国家法庭。

人们普遍认为，现在的伊朗属于政教合一体制。伊朗虽然宣称是“总统制共和制”，但是其宗教势力掌管了国家主要权力，教权高于立法、行政、司法三权。在伊朗，总统并无一般实行总统制国家的总统所拥有的权力，并不是国家最高权威代表，什叶派最高宗教领袖“法基赫”（法基赫的意思为伊斯兰教法学家）才是国家最高权威和共和国的领导者。比如，伊朗现任最高精神领袖阿里·哈梅内伊，又称为伊朗革命领袖、伊朗最高领袖。他和伊朗总统同时是国家元首，但不是政府首脑，根据伊朗宪法，他是伊朗在宗教及中央政治上的最高领导人。

① 刘澎：《世界主要国家政教关系模式比较》，见刘澎主编：《国家宗教法律》，中国社会科学出版社 2006 年版，第 10—11 页。

根据伊朗宪法的规定，伊斯兰教什叶派是伊朗的国教，伊朗的总统必须信奉国教，卫护国教。绝大多数的议员是伊斯兰教什叶派成员，议员中信仰伊斯兰教的须面对《古兰经》宣誓。伊斯兰教对国家政治生活的控制主要通过监护委员会实施。监护委员会的成员半数由伊斯兰教最高精神领袖选任，其他由议会在最高司法委员会提名的伊斯兰法学家中选任。总统选举的监督工作由监护委员会负责，这就保证了伊斯兰教在国家政治生活中的绝对权威。

梵蒂冈位于意大利首都罗马西北角，面积 0.44 平方千米，是一个独立的主权国家。5 世纪，西罗马帝国灭亡，基督教罗马城主教乘机掠夺土地，到 6 世纪获得罗马城的实际统治权，宣称为“教皇”。8 世纪时，法兰克王国国王丕平为酬谢教皇协助自己夺取王位，于 756 年将罗马城及其四周区域送给教皇，史称“丕平赠土”。于是，在意大利中部出现了以教皇为君主、以罗马为首都的“教皇国”。从 1377 年开始，梵蒂冈宫成为教皇的主要住所，这里至今还延续了部分欧洲中世纪一度政教合一的体制，梵蒂冈的元首即天主教教宗，由枢机主教在西斯廷礼拜堂内举行的教宗选举上选举产生，实行终身制。

我国 1959 年民主改革前的西藏属于政教合一制度，始于 1750 年，藏传佛教格鲁派活佛达赖喇嘛亲自领导噶厦政府。噶厦政府是一个以僧官为轴心的、僧俗官员共同执政的政府，管理西藏的一切僧俗事务。西藏占人口不到 5% 的贵族、官员和寺院上层僧侣三大领主，占有西藏全部耕地、牧场、森林、山川及大部分牲畜；占人口 95% 的农奴，没有土地和其他生产资料。1959 年西藏废除了政教合一制度。

2. 国教政治

国教政治的第一个突出特点是：宗教组织与国家权力机构相对分离，但宗教思想与政治意识形态高度合一，也就是以某个宗教教义教规为国家意识形态，以此规范社会道德；或者宗教经典直接就是世俗法律，司法、教育按照宗教教义和道德标准进行监督。不属于国教的其他宗教或教派，在政治上受到歧视，往往处于社会的边缘。也有人称之为神学政治。

伊斯兰教的政教合一传统源于先知穆罕默德和四大哈里发时期的宗教理念与政治实践，中世纪伊斯兰政权历史演进的态势是政教合一传统渐趋弱化和工具化。[①] 历史上的伊斯兰教阿拉伯帝国政教合一时期，大体从 610 年穆罕默德创立伊斯兰教，到 1055 年塞尔柱突厥人攻破阿拉伯帝国首都巴格达，军政大权落入世俗王权“苏丹”手中，哈里发逐渐失去世俗权力，成为单纯伊斯兰教法官和教义解释者。历经千年政教互动，1922 年奥斯曼帝国解体，在奥斯曼帝国土地上诞生的土耳其共和国，废除了哈里发制度，废除了伊斯兰教法，废除了宗教法庭，实施世俗法律，把教育纳入政府公共事业。一系列改革显示出公共政治努力摆脱伊斯兰教的政教分离趋势。

但伊斯兰教教义仍是许多国家的法律和社会道德规范的指导原则。今天，在伊朗、阿富汗、阿联酋、沙特、巴基斯坦、印度尼西亚等 30 多个国家，伊斯兰教被定为国教。虽然这些国家的世俗政权有的是君主制，比如沙特；有的是共和国（总统制），比如伊朗和巴基斯坦；但伊斯兰教教义教规被宣布为国家意识形态，或者国家的刑事法典是与沙里亚法相一致的，宗教领袖具有较高的社会地位。但仍然不是政教合一的国家，因为他们的政府首脑不是由职业宗教领袖直接担任，国家的法律是通过议会或者联邦委员会制定，是介于完全的世俗政府与完全的神权（政教合一）政府之间的中间道路。

巴基斯坦在 1956 年颁布的宪法中写上了“伊斯兰共和国”。1973 年新宪法确定伊斯兰教为国教，但巴基斯坦只在公民护照和签证上使用“伊斯兰共和国”字样，所有政府公文都只用“巴基斯坦政府”字样。尽管如此，1973 年宪法特别提到了“伊斯兰共和国”一词。根据如今的《巴

① 参见刘中民，郭强：《对中世纪伊斯兰社会政教合一传统的历史反思》，载《西亚非洲》2019 年第 2 期，第 139—160 页。

基斯坦宪法》第四章第227款，所有现行法律都必须与《古兰经》和《圣训》中的伊斯兰教训谕保持一致，所有与这些训谕相抵触的法律都不能颁布。

国教政治的第二个突出特点是：宗教组织与世俗政权之间既相互依赖，又相互争斗。人类历史上政教冲突最严重的时期，大都发生在这种类型的政治体制中，这在中世纪（5世纪到15世纪）的伊斯兰教帝国和基督教帝国都有突出表现。“历史上，一些国家皇权（王权）与教权的斗争十分激烈，双方都想绝对地控制对方，获得世俗和精神两界的完全权力，结果是政权与教权之间无休止地进行争夺，给国家、社会和人民带来无尽的灾难和痛苦。”①

以基督教为例。公元前后，基督教脱离犹太教，在罗马帝国范围传播。此后300多年间，基督教以主教为核心的教会组织体系逐渐形成，其自身的发展也从地下走到地上，从非法走向合法，从民间走向官方意识形态。313年，君士坦大帝颁布了米兰敕令，宣布基督教合法，免除了基督教教士个人对国家的徭役义务，规定主教有权审判教会案件等世俗权力。君士坦丁于323年统一罗马帝国，自尊为皇帝，皈依了基督教。之后的380年②，基督教被正式确立为罗马帝国国教，罗马帝国教育文化意识形态逐步被罗马教会控制。而后东罗马帝国君士坦丁堡的主教起来与罗马主教争夺领导权，最后决裂。君士坦丁堡主教自称“主教长”，他所领导的教会逐渐发展成东正教会。

初期的罗马教会，是罗马帝国的一个机构，受皇帝管辖。西罗马帝国灭亡后，欧洲分裂成10多个国家。罗马教会开始在政治上脱离各国王权控制，到6世纪获得罗马城的实际统治权，宣称为“教皇”，建立教皇国，其所领导的教会机构被称为罗马教廷。基督教以罗马教会为最高权力机构，在欧洲各国，纷纷成立教区，建立了教皇、大主教、主教、神父等

① 参见王作安：《当代中国政教关系》，载《学习时报》2009年11月23日。

② 也有人认为应该是392年基督教成为罗马帝国国教。

不同级别的神职体系，逐步形成超越各国世俗王权之上的基督教帝国体系。罗马教会还把西欧各国哲学、法律、文化教育、意识形态等上层建筑都置于神学控制之下，各国政权成为负责世俗事务的管理机构。

不仅如此，751 年，罗马教皇为法兰克王国宫相丕平加冕法兰克国王；800 年，再次为法兰克王国国王查理曼加冕，同时赋予查理曼为神圣罗马帝国皇帝头衔，由此确立了罗马教皇对世俗王权合法性的确认权，开创了欧洲世俗帝王均由教皇加冕的惯例。

国教政治中，宗教除控制意识形态，还承担部分司法功能。中世纪欧洲著名的“宗教裁判所”，以“维持正统”为名，对教义采取统一的官方解释，使主持宗教事务的教皇、主教和教士成为决定世俗王权合法性和普通民众道德合法性的唯一权威。

基督教与欧洲各国世俗王权的关系，既有相互依赖，也有相互斗争；既表现在罗马教会、教皇与各国王权的斗争，也表现在一国内部，王权与教权的纷争冲突；既有教权大于王权的情形，也有王权大于教权的情形。

历史上著名的“卡诺莎悔罪”是教权大于王权的典型事件。教皇格列高利七世（1073—1085 年在位），毕生都在与神圣罗马帝国皇帝、德意志国王亨利四世进行斗争。西罗马帝国灭亡后，罗马帝国时期世俗王权对教皇选举的干预、主导主教任命的传统被神圣罗马帝国皇帝继承。但罗马教会始终宣称，教皇权力高于世俗帝王，反对世俗王权干预教会。

1059 年，罗马教廷趁神圣罗马帝国皇帝、德意志国王亨利四世年幼，颁布《教皇选举法》，规定世俗君王不拥有干预教皇选举和任命本国红衣主教的权力。

1075 年教皇又发布了《教皇敕令》，宣布教皇的地位高于一切世俗王权，甚至可以罢免皇帝。对此，亨利四世继续任命辖区内主教，他召集德意志主教会议，宣布废黜教皇。于是，在 1076 年，教皇格里高利七世宣布对亨利四世实施破门律，开除亨利四世的教籍。根据教会法，被开除教籍的君王、臣民可以不尽义务。德意志国内各诸侯以此为借口，意图反叛。在这种情况下，亨利四世被迫于1077年年底来到卡诺莎城堡，请求居住在卡诺莎城堡里的教皇格列高利七世宽恕。据说他带着妻儿，赤脚在雪地里站了三天三夜，教皇格列高利七世最后赦免了亨利四世，取消了破门律。这是欧洲中世纪著名的教权控制王权的“卡诺莎悔罪事件”。

“阿维农之囚”则是王权控制教权的典型案例。14世纪初，法兰西国王腓力四世在与罗马教皇的权力斗争中，曾派兵将教皇从意大利的罗马城绑架到法国，软禁于南部小城阿维农。此后一百年，教皇一职持续由法国皇帝操控任命。“阿维农之囚”后，罗马教廷凌驾于世俗君王之上的时代一去不复返了。

国教政治类型中，除基督教罗马教皇与欧洲各国世俗王权、欧洲各国内部王权与教权之间纷争冲突、不断斗争外，罗马教会还直接调动军队镇压和屠杀异端分子，并且以宗教名义对外发动十字军东征。即使是中世纪的东南亚佛教国家，比如蒲甘王国、素可泰王国等，也都有佛教僧侣卷入国家政治斗争的情形。

3. 政教分离

政教分离发端于欧洲基督教世界，其过程有三个特点：一是民族国家的教会努力摆脱罗马教皇控制，获得国家主导宗教意识形态主权；二是一国之内世俗政权努力摆脱宗教控制，获得法律、文化、教育等方面的立法权和依法行政主权；三是公民个体逐步摆脱教会控制，获得宗教信仰自由权利。

由于欧洲中世纪时期罗马教廷对欧洲诸国政治的粗暴干涉、发动“十字军东征”、镇压宗教异端、反对科学技术创新，给欧洲各国人民带来巨大灾难。因此，启蒙时代（16世纪前后）的思想家们纷纷主张教权与政治权力分离、各教派一律平等。

政教分离是经历血腥斗争争取来的。首先是欧洲各国，经历百年罗马教廷和基督教新教各派的斗争，逐步摆脱罗马教会控制，获得宗教意识形态的国家主权。

1517 年，德国天主教神父马丁 · 路德提出反对罗马教会的《九十五条论纲》，正式掀起宗教改革运动。德意志各诸侯，基督新教路德宗势力日益壮大，他们与德意志各诸侯的罗马教会的信徒[①]（在中文语境中被称为天主教徒）发生宗教冲突，经过多年内战。1555 年，德意志各诸侯签署《奥格斯堡和约》，承认各邦诸侯有权自由决定本地区的臣民信仰天主教或路德宗新教，确立了“教随国定”原则。

与此同时，英国经过一系列斗争，于 1534 年通过《至尊法案》，确立英国国王为本国教会领袖，基督教新教安立甘宗为英国国教。

法国国内，天主教与基督新教加尔文宗教徒于 1562—1598 年前后展开了 30 多年的宗教战争。1598 年，法国国王亨利四世颁布《南特敕令》，宣布天主教为国教，同时宣布宗教信仰自由，承认基督新教加尔文宗的合法性。

1618 年至 1648 年，几乎欧洲各国都卷入了在德意志版图上展开的、天主教与基督新教之间发生的、长达 30 年的欧洲宗教战争，导致日耳曼各邦国大约 800 万人死亡。结果是参战各方签订《威斯特伐利亚和约》，确定主权国家边界，欧洲新教国家摆脱天主教对本国宗教的控制，实现了民族国家对本国宗教意识形态的主权。

随后欧洲各国逐渐向政教分离、宗教信仰自由方向发展。洛克（John Loke）在《论宗教宽容》（1689 年）中指出：“必须严格区分公民政府的事务和宗教事务，并正确规定二者之间的界限。”[②]这一思想很快在各国落地。1689 年，英国颁布《宽容法案》，首次肯定各教派内部平等；美国的先民们多饱受宗教迫害，因此，在 1791 年的《宪法第一修正案》即正式阐明了“国会不得制定确立国教的法律”，确立政教分离原则，其后在宪

---

① 天主教（Catholicism）：马丁 · 路德宗教改革后，仍然保持罗马教会传统的基督教。“天主”一词，为明末耶稣会传教士进入中国后，借用中国原有名称对所信之神的译称。

② 转引自金泽：《西方宗教学视野下的政教模式与张力》，载《世界宗教文化》2018 年第 5 期，第 9 页。

政实践中又通过一系列判例确立了宗教活动不得违反法律、宗教活动不享有违反法律的特权等“政教分离”的具体标准。

法国大革命期间，掌权的立宪派于1789年至1792年间，先后颁布《信仰自由法》《1791年宪法》等10余项法令，废除什一税、剥夺天主教特权，掀起反对天主教神权的政教分离运动。这一运动一直延续到1905年，以法国颁布《政教分离法》为标志，最后完成了政教分离的各项宪政目标。其他如德国、意大利等国，也均在其宪法文本中明确规定了政教分离原则。今天，公民宗教信仰自由、政教分离，宗教不得干预行政、教育、司法等国家职能，成为各国普遍追求的价值目标，反映了人类文明的巨大进步。

目前世界上170多个国家的成文宪法中，除了表明对宗教信仰自由的宪法保障，以明示或者默示的方式确立“政教分离”这一宪法原则的也占了70%。[①] 而我国《宪法》中“不得利用宗教进行破坏社会秩序、损害公民身体健康、妨碍国家教育制度的活动”等规定，实际上也是让宗教回归个人信仰之私人领域本位的一种政教分离原则的具体体现。

与伊斯兰教、基督教国家先后经历政教合一、国教政治，逐步走向政教分离的历史不同，中国历史上，政教关系的主流是政教分离的，传统中国社会的宗教，从来没有在全国获得国教地位，更没有出现教权大于政权的情形，一以贯之的是政权支配教权，或者说教权服从皇权，属于政主教从型。

二、中国古代宗教关系历史发展

中国有多种宗教，既有土生土长的道教、形形色色的民间宗教，也有外来的佛教、伊斯兰教、天主教、基督教等，还有历史上曾经流传的摩尼教、拜火教等。如此众多的宗教，共同构成了内容丰富而复杂的“中国

① 参见王秀哲:《成文宪法中的宗教内容比较研究》，载《北方法学》2013年第2期。

宗教”。中国宗教关系的历史传统是政主教从、多元通和。历史上皇权大于教权，各宗教从属世俗政权统摄，认同皇权，维护皇权；各宗教之间平等、尊重，相互包容，兼容并蓄，在中国形成“和而不同”的文化模式或“多元通和”的关系格局。

1. 中国古代宗教关系的历史背景

（1）中央集权制决定了王权绝对至上的社会环境

中国古代社会包括三皇五帝以上的原始社会、夏商周三代的宗法分封社会（奴隶制社会）和秦汉以后至1840年前的君主专制社会（封建制社会），与欧洲建立在氏族血缘基础上的原始社会、以地域国家为特征的奴隶制社会和中世纪封建社会不同。中国古代社会有两个重要特点，一是宗法社会结构，二是中央集权制。

中国在三皇五帝时代，与世界上大多数原始社会相比，共同性要大于差异性，但进入阶级社会后则表现出明显的差异。在中国古代国家产生过程中，宗法血缘组织不仅被保留下来，而且成为国家的组织系统。中国古人将其称为“分封建国”，也就是中国传统语境中的“封建制”。这是由于中国在青铜时代就进入文明社会，而青铜时代个体家庭生产力低下，不能离开宗族独立生存，政治组织也必须以宗法宗族为基础。这就决定了中国以后三千年的政治文明都具有浓郁的宗法性色彩，进而也对中国政教关系产生了重大影响。

秦汉以后的历代皇权，通过郡县制，不仅将中央政权直接渗透到基层社会，而且将政治权力覆盖到社会的方方面面。这种大一统的中央集权制社会，王权绝对至上，使得中国秦汉以后各种宗教的发展环境，完全不同于欧洲中世纪的封建社会。中世纪的欧洲，各个封建国家权力分散、君权弱小，在各国君主之上，还存在一个罗马教廷，它控制覆盖欧洲各国的基督教帝国；在各国政权之外，建立了服从罗马教廷指挥的不同级别的教权人员体系。而在中国，君主掌握着社会上一切政治、经济、军事、文化权力，因此欧洲中世纪那种教权凌驾于王权、宗教制衡国家的情况，在中国根本不会出现。

（2）敬天法祖是官方主导的宗法性宗教活动

夏、商、周被史学家称作“三代”。夏、商两代的国家最高元首称“帝”。公元前 11 世纪，周武王灭商建周，定都于镐京（西安），并改“帝”为“王”。从此之后，中国历代政权最高元首都被称作帝王。祭天是古代帝王举行的主要宗教活动。“天”“上帝”是中国古人对主宰天地万物的神灵的称呼。“上帝”一词始见于甲骨文，最初指的是商朝人氏部部落的始祖。周朝灭商朝后，周王将“上帝”和“天”的概念结合在一起，确立为“昊天上帝”，简称“天帝”，也就是天地万物与人的主宰者和创造者。

从周朝开始，中国古代帝王自称“天子”，也就是上天之子，“天子”秉承天意治理天下。为了表达对“天帝”赋予天子统治天下的感谢，历代帝王都举行“祭天”仪式，由帝王（也就是天子）主持。历代帝王祭天，除了表达顺应天意的宗教观念外，更主要的是体现“君权神授”，确认帝王统治天下的合法性和权威性。

2009 年在河南省巩义县发现夏朝帝王祭天的遗址，史载黄帝、尧、舜、夏朝历代帝王、商汤、周成王等都在这里的河洛汇流处沉璧祭天。1914 年 12 月 23 日，中华民国总统袁世凯携内阁成员在北京天坛举行了最后一次祭天仪式。从夏朝开始到 1914 年，长达三千多年的国家祭祀活动，都是由皇帝亲自主持，这与基督教、伊斯兰教世界先后出现的由专业宗教神职人员解释教义、主持宗教仪式和宗教生活的历史完全不同。

与宗法家族社会相一致，中国人普遍祭祖。中国古代是家族社会，家族又称宗族，是同一个男性祖先的后代以血缘关系为纽带形成的社会组织，“认祖归宗”是古人头脑中很深厚的观念。与家族社会相对应，古代中国宗族祖先祭祀很普遍，从帝王、诸侯、大臣到地方宗族，都举行宗族祭祀。祭祀的场所从皇帝家的太庙，到各诸侯、王公的宗庙，以及古代大小城镇普遍设立的宗族祠堂。

普通百姓也祭祖，主要有两种形式，一是在家里供奉祖先牌位：对已逝先人供奉祭祀；二是“上坟”，在先人去世的忌日、清明节、农历七月十五、农历十月初一以及除夕等时节，晚辈准备祭品，到死者坟前进行祭祀，既有宗教性，比如祈求祖先护佑；也有民俗性，比如表达后人对逝者的思念，体现“忠”“孝”的伦理精神。

除了“祭天”“祭祖”，中国古代民间还有众多行业和地方神灵祭祀，比如西王母、关公、财神、土地神、城隍等，行业神和地方神祭祀活动遍布各地。各乡村社区除有家族祠堂外，还有土地庙、城隍庙、妈祖庙等。各地方、行业神灵祭祀，大都供奉历史传说的人物，比如上海城隍庙中供奉的城隍老爷，是元末明初的士大夫秦裕伯。这些地方神、行业神祭祀，只要不与政权冲突，各地官府大都采取默认、鼓励、扶持等态度。

有的学者将古代中国社会的“祭天”“祭祖”“祭城隍”等活动，称为“敬天法祖”，概括为“宗法性传统宗教”。“敬天法祖”就是尊重、遵循自然法与习惯法，反映了中国传统伦理的核心内容“忠”“孝”精神。主持祭祀活动的人往往是世俗帝王、诸侯、士大夫等，没有形成固定的祭祀阶层，这种祭祀有宗教性，也有民俗性，但不具有组织化的宗教特征。

（3）儒家思想主导古代中国的官方意识形态

与基督教和伊斯兰教长期处于国家意识形态支配地位的历史不同。中国古代自汉代以来，历代君主均推崇以儒治国，逐渐培育出人本理性、入世崇德的意识形态和文化。

公元前800年到公元前200年，是先秦诸子百家争鸣的时代。孔子（公元前551—公元前479年）和老子的思想，经过孟子、荀子和庄子的阐发，形成儒家和道家学说，构成中华传统文化的主体，奠定了中国思想文化发展的基础。孔子的宗教观主要表现在三个方面：

第一，敬畏天命。孔子承认天神主宰人类社会与自然，但传统的“天”或“天命”是神秘的，至上的，可望而不可即的。在孔子的言论中，多处提到天命。比如，孔子曰："君子有三畏：畏天命，畏大人，畏圣人之言。小人不知天命而不畏也，狎大人，侮圣人之言。"这里，"天命"就是上帝的命令，上帝是宇宙的最高主宰者，"大人"是社会的统治者和管理者，"圣人"是个人所信奉的权威，"圣人之言"是圣人所说的话。孔子的弟子子夏曰："死生有命，富贵在天。"也就是说，孔子认为，君子敬畏三件事：敬畏天命，敬畏身居高位的人，敬畏圣人的言论。小人不懂天命因而不敬畏，不敬重地位高的人，轻侮圣人的言论。可见，在孔子的心目中，敬畏天命是处于第一位的，因为天具有赏善惩恶、决定人类命运的能力。但是，这里孔子所说的"天命"，并非人格的上帝的命令，而更接近于"规律"。比如，《论语》载"天何言哉？四时行焉，百物生焉"，在这里，天被看成是一种自然之神。

第二，敬鬼神而远之。孔子生活的时代是古代宗教瓦解的时期，受当时人文思潮影响，孔子对是否有鬼神存在持怀疑态度。孔子很小的时候就开始学做祭祀的礼仪，但是对于来自远古社会的鬼神迷信思想并没有盲目的接受。他不但自己不语"怪、力、乱、神"，更不愿意他的学生探讨这方面的问题。孔子有三句话，最能体现他对"鬼神"的态度。一是"未知生，焉知死"，否定彼岸世界的存在；二是"未能事人，焉能事鬼"；三是"敬鬼神而远之"。这些言论表明，孔子对人死亡后的认识与以往的鬼神观念不同，他更注重对人的重视，表明了以人为本的宗教观。孔子还把他的宗教观概括为"务民之义，敬鬼神而远之"，即对于古代的宗教文化遗产既要保持尊敬的态度，又要与之拉开一定距离，从而使儒家的"德治主义"政治具有了人文性、世俗性的基本性质。

第三，神道设教。"神道设教"最初出于春秋战国百家争鸣时期《易经》中的一段话："圣人以神道设教，而天下服矣。"在这部儒家经典里，儒家学者提倡的"神道设教"，在人神关系上明确以人为主。无论有神论者，还是无神论者，都不反对以宗教作为治国的工具。这种把祭"神"作为治国工具的理念，在孔子的思想中也有体现。

孔子思想的核心是“仁”，“仁者，爱人也”。“仁爱”体现在对父母的孝敬，对兄弟的友爱，对朋友的言而有信，然后兼济天下，达到博爱。“仁”的思想推广到社会关系方面，就是建构“礼”的社会秩序，孔子强调要“克己复礼”，认为“礼”是代表社会道德规范，“人而不仁，如礼何？”这里的“礼”就包括古代祭祀的礼仪。

孔子主张“祭如在，祭神如神在”，强调宗教活动的重要性在于参加者的主观感受。孔子不迷信“鬼神”，但他注重祭祀，认为祭祀是一种孝，“孝”是子女对父母的行为，“非其鬼而祭之，谄也”。就是说，不是自己应该祭祀的鬼神却去祭祀它，这是献媚。祭祀是对父母和祖先的纪念和感激方式，所以应该诚敬。也就是说，祭祀的目的是为了把礼乐服务和服从于神转变为服务和服从于人，把宗教礼仪从鬼神的需要和支配转变为人的需要和自觉，成为人的心理和社会关系的调节手段。这就使传统的宗教伦理向世俗伦理转变，从而使人的主体地位得以彰显，这就是所谓的“神道设教”。

儒家思想十分丰富，核心内容是“仁、义、礼、智、信”等所谓的“五常”思想。经过历代儒士整理，形成“四书”“五经”[①]等主要经典，中国自汉武帝（公元前141—公元前87年在位）实行“罢黜百家，独尊儒术”的国策开始，儒家思想逐渐成为历代王朝的政治意识形态和社会伦理道德。

汉武帝元朔五年（公元前124年）在长安（今西安）设太学（相当于今天的大学），招收的学生大都是官宦子弟，称为“博士弟子”或“太学弟子”。由博士任教授，初设五经博士，专门讲授儒家经典《诗》《书》《礼》《易》《春秋》等。汉宣帝时博士有12人，王莽当政时增至30人。太学初建时有50个学生，汉昭帝时增至100人，王莽时增至10000人。

汉武帝还下令各地郡国设立学校官，初步建立起地方教育系统。太

① 四书指的是《大学》《中庸》《论语》《孟子》四部作品。五经指的是《诗经》《尚书》《礼记》《周易》《春秋》五部作品。《春秋》由于文字过于简略，通常与解释《春秋》的《左传》《公羊传》《谷梁传》分别合刊。四书之名始于宋朝，五经之名始于汉武帝。

学和郡国学主要培养封建官僚，“学而优则仕”，养士育才和职官制度相一致，为汉代政治思想统一打下重要基础。

上述历史表明，与313年古罗马帝国皇权承认、扶持基督教，到380年确定基督教教义为帝国官方意识形态相比，中国古代帝王远在早于此400年之前，就完成了以德治为核心的政治意识形态建构，而且这种“以儒治国”的意识形态建构，得到后续历代王朝的大力弘扬。

隋朝在605年设立科举制度，科举制度是以儒家思想为主要考试内容的各级官吏选拔制度，历经1300年至清光绪三十一年（1905年）正式废止。1300多年间的科举考试，产生儒家知识分子进士、举人、秀才数百万，这就牢牢奠定了儒家思想在国家政治法律、思想道德、文学艺术、社会风俗等方面的引领作用。以至于以“三纲五常”为核心内容的儒家伦理，将中国宗法社会结构与君主专制的政治结构相结合，在政治上表现为儒法合流，在文化上反映出伦理政治化和政治伦理化，突出地表现为内圣外王的心态，即修身齐家治国平天下的人生理想和追求。这种思想文化奠定了中华传统思想文化的主干。

自从汉武帝时期将儒家思想定为国家政治意识形态之后，孔子的宗教观便决定了中国传统社会政教关系的根本走向，即宗教政策的基点不在于有神无神，而在于有用无用。

首先，“政教分离”。儒家倡导“敬鬼神而远之”，使得古代中国政治远离宗教，孔子要求，“务民”者与鬼神保持一定距离，用一种冷静、理智的态度，思考宗教的社会价值，以便管理和利用。这种“人本”思想，与西方基督教强调的“神本”截然不同。儒家思想的人文性和政治意识形态地位，决定了中国历史发展的主流是政教分离的。

其次，“敬鬼神而远之”的态度，形成了中国特有的宗教宽容精神。中国历史上有儒家思想在历代官方意识形态领域的“独尊”，但没有民间社会在文化或宗教方面的“独断”。同时，孔子对各种鬼神虽然存疑，却“存而不论”“敬而远之”，这就在客观上促成中国社会多种宗教信仰并存发展。同时，在民间层面也限制了宗教狂热，在儒家思想的影响下，中原地区极少出现全民性的宗教狂热，或残酷的宗教迫害。

最后，“神道设教”的原则使大多数统治者能够超越个人信仰，将宗教作为维护统治的工具。比如，唐太宗在旧战场上建寺超度亡灵，宣布为老子后裔，神化李氏王朝，考虑的就是佛道教的重大影响。再比如，清代几位帝王尊重、包容藏传佛教，先后在北京建立雍和宫，在承德建立外八庙，以此为手段，争取藏传佛教信众对清朝中央政府的认同，也就是乾隆所说的万法归一。

2. 中国古代宗教关系的主要表现

（1）皇权主导佛道教发展状态

传统中国社会没有发育出类似基督教世界和伊斯兰教世界的体制性、官方意识形态性宗教。民间性的宗教活动只要不威胁到政权的稳固，封建君主对宗教一般比较宽容，各宗教在民间自主发展，比如前文叙述的全国各地的宗法性传统民间宗教活动，均在历代政权主导下，在民间社会自主开展。但民间宗教一旦被利用反对政权，历代王朝政权都会进行残酷打压。历史上皇权对宗教的镇压，主要源于宗教与各种“民变”联系在一起。中国古代政治理论中，“君权神授”一直处于重要地位。统治者可以使用的工具，被统治者当然也会使用。中国古代许多农民起义，大都利用各种宗教性的谶语。从陈胜、吴广起义前在鱼肚中书写“陈胜王”开始，利用“道谶”“佛谶”制造舆论，发动民变的例子不胜枚举。

道教创立初期，与农民起义交织在一起。一般认为道教创立时间是东汉末年，一是东汉顺帝（125—144 年在位）年间，张陵、张衡、张鲁共同创立的五斗米道。二是在东汉灵帝（167—189 年在位）年间，张角创立的太平道。张角经过十余年的创教活动，建立了拥有十余万教徒、遍及全国众多州府的太平道。184 年，张角以“苍天已死，黄天当立，岁在甲子，天下大吉”为口号，发动了黄巾大起义。官府在严厉镇压起义的同时，对太平道也实施了严厉镇压和改造。与此同时，张鲁在巴蜀地区领导的五斗米道，一度形成政教合一的割据政权，最终遭到曹魏政权的分化瓦解和残酷打压。

两晋时期的皇权，一方面发布禁令，严格查禁各种民间宗教；另一方面对于道教高层人士，采取“聚禁”政策，引导他们将道教教义转向修炼成仙、长生不老等方面，道教逐渐演变成官府认可的正统宗教。

道教随后的发展壮大，可以说是皇权直接扶持的结果。比如，北魏道士寇谦之等按照皇权需要，对五斗米道进行改革，用“忠”“孝”等儒家思想将道教定位为王道的辅佐，维护皇权朝纲。道教由此获得北魏太武帝的大力扶持，太武帝不仅建道场，任命寇谦之为国师，还亲至道场，接受道教符箓；他还根据寇谦之建议，改年号为具有强烈道教色彩的“太平真君”，道教由此获得大发展。

隋唐王朝对道教也都采取扶持态度。隋文帝统一中国后，开国年号“开皇”便取自道经。唐高祖李渊，自称老子李耳后裔，用“老子度世，李氏当王”的谶语，预告天下将由李姓统治。唐朝建国后，唐高祖尊老子为圣祖，定道教为国教，命令全国各州都要修建道教寺观；他还颁布《先老后释诏》，以道教为首，儒教次之，佛教最后。唐太宗命令卢思道校订《老子》，并且刻石和五经同列。又令玄奘将《老子》译成梵文，将此书介绍到国外。武则天当政后，一度下令停习《老子》，至唐玄宗（712—756年在位）又加以恢复。得到唐朝皇权扶持的道教各派迅速整合，经书、戒律、符箓等道教体系逐渐成形，唐朝时期道教进入发展鼎盛阶段。

佛教是东汉末年从西域传入中原的，魏晋南北朝在北方少数民族政权控制地区逐渐发展起来。佛教以出世为主要特征，虽然建构起组织化宗教的特征，但佛教不谋求政治权力，总体上对王权采取回避态度，尽量不与政权冲突。佛教的发展状态也与政权扶持密不可分，魏晋南北朝时期很多封建君主扶持佛教，比如北朝时期北齐文宣帝高洋（550—559年在位）崇信佛教，灭道兴佛，强迫道士削发为僧。据《南史・梁本纪》记载，南朝梁武帝（502—549 年在位）在天监十八年，也就是 519 年，率领僧俗两万人举行大法会，正式皈依佛门。他经常参加佛经讲解和法会活动，规模宏大，常常能达到四五万人规模。梁武帝大力支持寺院经济，他强买田地，施舍寺庙，这为佛教势力的发展以及佛教信徒的迅速增加提供了有利条件。再比如隋文帝杨坚自幼信仰佛教，继位后下令恢复被北周武帝毁灭的各项佛教事务；其子隋炀帝同样崇奉佛教。隋朝时期在全国各地广建佛教寺庙和大型佛教造像。

唐代基本沿袭隋朝的佛教政策，至武则天和唐玄宗时期佛教发展到极盛。有人统计，有唐一代 289 年 21 位皇帝，都不同程度地崇尚佛教。特别是武则天当政时期，在武则天的亲自参与下，佛寺翻译了八十卷本《华严经》，武则天还命天下诸州置大云寺，总计度僧千人，佛教由此进入鼎盛时期。现在留存在世的大量佛教寺庙、佛教造像，大都是魏晋南北朝和隋唐时期建的。

古代政权在不同历史时期对佛教实施过打压。曾经发生的“三武一宗”（北魏太武帝灭佛、北周武帝灭佛、唐武宗灭佛，后周世宗时灭佛）灭佛事件，起因基本相同：即寺庙势力日益增大，影响国家正常运转。

比如，魏晋南北朝时期，由于寺庙享有免税、免徭役等特权，寺庙占有田产数量日益增大，社会财富逐渐向寺庙集中，有的僧侣不守戒律，侵占田产。于是，北魏太武帝在太平真君五年（444 年）下令，上自王公，下至庶人，一概禁止私养沙门，限期交出私匿沙门，隐瞒者诛灭全家，还发生毁寺、杀僧、焚经、烧像等行为。

北周武帝，在 574 年也下诏“断佛道二教，经像悉毁，罢沙门、道士，并令还民”，4 万多佛教寺庙因此遭到毁坏，300 万僧尼被要求还俗。

唐朝时期的佛教，经由武则天的大力扶持，一度急剧扩张，出现诸多乱象，尤其是寺院经济扩张非常之快。也正是因为这一缘故，激化了佛教与统治者的矛盾，并最终酿成了唐武宗会昌（840—846 年）毁佛事件，历经 5 年，据称在全国毁佛教大寺 4600 余所，小寺庙 4 万余所，没收寺院良田数千万亩；共有超过 26 万僧尼还俗，15 万座寺庙奴婢成为国家纳税人口。

（2）古代政权对佛道教事务实施“度牒”管理

魏晋时期，佛教出家人日益增多，于是，官府发放“度牒”，对僧尼进行管理，凡有度牒的僧尼可以免除地税、徭役。度牒是官府颁发给僧尼的身份证，申请者凭借度牒，在寺院经过一定的佛教仪式，成为正式出家人。度牒由僧尼持有；僧尼有了度牒，才有合法的出家身份，称为“公度”或“官度”，受官府认可与保护，否则便是非法的“私度”，是清查与打击的对象。

据《魏书・释老志》记载，由于佛教的流行，北魏时期，除设太常，置太常卿、太祝令等职官外，还“立监福曹，又改为昭玄，备有官属，以断僧务”。这是中国古代王朝设官处理佛教事务的开始。此外，北魏孝文帝太和十七年（493 年），还曾诏立《僧制》47 条，对佛教寺庙事务进行规制。

隋唐时期出现了专门的宗教法：“隋制定的《众经法式》，是我国第一部宗教法，其将佛教内部管理制度进行筛选重组，形成了管理佛教的法律规范，完成了从内律到国法的重要转变；唐代制定的《僧道格》，在前朝宗教法的基础上进行了修正，内容更加清晰精炼，适用于佛教、道教以及其他多种宗教的管理。”①

唐代佛教僧尼之事，由礼部尚书所属的祠部郎中、员外郎掌管。正式使用度牒对僧道数量、质量进行规范。如唐高宗乾丰元年（666 年）下诏，规定：“兑州置观、寺各三所，天下诸州置观、寺各一所，各度七人。”这就规定了一般的州只准许有一个佛教、道教场所，合法出家僧尼 7 人，不可随意乱建。寺庙管理也有规制，比如确立三纲（上座、寺主、都维那各一人），以德行、知识高者充任。僧人簿籍，三年一造。也就是

① 参见赵毅：《中国古代宗教管理法律制度初探——以佛、道两教为研究对象》，载《天津法学》2018 年第 4 期，第 85 页。

说，要取得宗教人员资格需经过经义考试，三年一试的制度一直被后来的朝代沿用。未能取得度牒者不允许私自出家或者私度，否则要受到杖一百的法律制裁。唐高宗时，还曾经设立翻经院，专事译编佛教经典。

宋代的道教和佛教事务，先由太常寺掌管，后归鸿胪寺。唐朝后期，度牒可以买卖，到宋朝，买卖度牒成为一种重要的国家经济手段被固定下来。之后各朝代根据社会发展状况和国家的需要基本沿用宋代形成的度牒制度。明代不仅规定府、州、县的僧道数额，还限制出家年龄，僧道官员选拔，要经过统一考试遴选，由中央认定资格，发给僧尼度牒。清朝前期为了限制僧尼数量，依然延续严控度牒发放制度，一直沿用到乾嘉时代，雍正时代度牒制度被正式废止。

（3）元明清扶持藏传佛教，管理藏区事务

1247 年藏区藏传佛教各派，派萨迦班智达，与蒙古王阔端，在今天的甘肃凉州会盟，达成和平统一藏区的协定，为西藏纳入元朝中央政府行政管理奠定了基础。元朝建立后，将藏传佛教推崇为官方意识形态，忽必烈任命藏传佛教萨迦派教主八思巴为国师；在中央政府设宣政院，在藏区分设三路宣慰使司都元帅府，各宣慰使司都元帅府万户以上的重要官员，都由宣政院或国师提名，由皇帝委任，管理军政民政。

元朝政府组织汉、蒙古、藏翻译人员，对汉、藏两种文本的佛教经典《大藏经》进行勘对和翻译，编纂成十卷本的佛典目录——《至元法宝勘同总录》。藏文史料中记载了一个元朝时期的汉族人赵濕，曾是南宋皇帝，被元军俘虏。他十九岁到西藏喇嘛庙里出家，被称为“合尊”，即出身于帝王家的僧人，曾担任过萨迦派大寺的总持。他把汉文佛典《百法明门论》翻译成藏文，还勘对、重译《因明入正理论》等，成为当时西藏著名的翻译家、佛学大师。元朝统治者还在中原和蒙古地区广建寺庙，藏传佛教文化逐渐进入中原，特别是广泛地影响了蒙古族的思想文化和民俗生活。在元大都（今北京），元朝时期修建了很多藏传佛教寺庙。

清朝政府全面加强了对藏区的政治、社会治理，进一步扶持藏传佛教。1653年，五世达赖喇嘛率西藏僧俗官员及随从共3000多人来到北京。五世达赖进京觐见顺治皇帝的壮举，让清朝中央政府能够用和平方式实现对西藏地方行使主权。

清朝三百年对藏区的治理，一是册封藏传佛教领袖，清朝顺治帝册封五世达赖，康熙帝册封五世班禅；二是确定驻藏大臣与达赖、班禅共同管理西藏。1751年酌定的《西藏善后章程》，授权达赖喇嘛管理西藏事务，正式确立了达赖喇嘛兼辖政教两权的地方首领的地位；提高了驻藏大臣的地位，确立了驻藏大臣与达赖喇嘛共同掌管吏治、拥有军政重要事务的最终决定权的制度，加强了驻藏大臣控制西藏地方的实际权力，明确了驻藏大臣代表清朝中央政府监督西藏地方行政，从此确定了驻藏大臣与达赖喇嘛共同处理政务的平等地位。

1793年，清朝政府颁布《藏内善后章程二十九条》。对驻藏大臣的职权以及官吏应遵守的制度、边界防御、对外交涉、财政贸易、活佛转世等方面，以法律的形式进行详细规定。这个法律不仅明确西藏的大政要由中央决定，驻藏大臣与达赖、班禅共同管理西藏；还确立了藏传佛教活佛转世制度，规定达赖、班禅转世灵童的产生要经过金瓶掣签，后来演变成西藏的宗教领袖必须经过金瓶掣签后产生、中央政府册封的制度。

3. 中国古代宗教关系的历史特点

（1）政主教从

“政主教从”是中国政教关系的传统。秦汉以后，人文化的儒家思想成为国家政治意识形态，各种体制化宗教只能在政教分离的前提下，根据皇权的要求，发挥以教辅政的作用。

首先是教权绝对服从王权。与欧洲相比，中国历史上各种体制化宗教都绝对臣服于王权。中国历史上只有教臣，没有教皇。由于“宗法性伦理宗教”的基本活动是“敬天法祖”，因此，古代中国社会没有产生独立的教团，在国家政权系统外，民间宗族组织承担部分类似基督教教化社会的职能。在中国历史上，祭司队伍也没有形成独立阶层和权力集团。教职人员是皇帝的子民，必须服从君主的统治，教权绝对服从于王权。所有宗教教派的教主在皇帝面前都要俯首称臣。道理十分简单，即中国古代社会实行君主制度，帝王垄断了社会一切政治、经济、文化资源，各种体制化宗教的教职人员，都是帝国的臣民，必须完全服从君主的统治。

不但宗法性传统宗教的教权由皇帝直接掌握，就是影响颇大的佛教和道教教团，也必须接受政府管辖，不得违背政府法规。宗教领袖可以封官进爵，甚至在政治上起到某种参谋作用，但不能独行其是，分庭抗礼，即使在最得势的时候亦未能进入最高核心权力之中。这与欧洲中世纪教皇拥有巨大权势的情况是完全不同的。

有时候佛教或道教备受朝廷推崇，如梁武帝敬佛，欲将佛教树为国教；北魏太武帝崇道，使北天师道盛极一时。即使在这种时候，军国大事的决策权也不在宗教领袖的手中，治国方略依然由皇帝为中心的朝廷依据儒家的纲常名教来确定，佛道二教只能起辅助作用。佛道二教的教团组织在政治经济上也常常与朝廷发生矛盾，但处理矛盾的主动权操在朝廷手里。每当朝廷感到宗教过于膨胀或者庞杂时，便下令精简、限制，有时候使用暴力镇压（如“三武一宗”灭佛），而宗教人士只能据理力争，运用其广泛的社会影响保存实力，以图复起，却没有正面对抗的力量。南北朝以来，历代政权都设有专门机构和官职来管理宗教事务，制定各种法令条款约束宗教活动，其管理有不断严格化的趋势。度牒的发放，寺观的建立，僧尼道士的数量，都要经过政府确定批准。

（2）以教辅政

中国几千年封建王朝，以德治国，是以儒为先，佛道辅之。历代王朝，尽管主要依靠儒家思想教化民众，但佛教、道教的神圣、超验性可以强化统治合法性。因此，佛教、道教成为封建君主推行政治教化的辅助工具。

在宗教教义层面，中国古代以儒为主的政治意识形态，与各种体制化宗教存在一定矛盾，特别是外来宗教与中国固有的宗法文化存在不同程度的对立。为了在中国社会文化氛围中生存，各种宗教主动适应中国的政治环境，随顺国家君主至上的意识形态解释宗教。

汉唐时期，阻碍佛教在汉地传播的主要因素是忠和孝。佛教拒绝忠孝，而“不忠”对朝廷、士大夫构成了威胁，“不孝”对普罗大众形成了隔阂，故而佛教改变姿态，不断与儒道糅合，形成中国特色的忠孝两全的汉地佛教。

比如，古代印度僧人有“在家不拜父母，出门不拜君王”的特殊权力，进入中国后，在强大的王权面前，佛教不得不进行调适，虽然东晋慧远和尚提出“沙门不敬王者论”，但同时期的佛教高僧道安也说过：“不依国主，则法事难立。”

至于北魏僧人法果，则把皇帝说成是佛的化身，把跪拜皇帝视为礼佛，“我非拜天子，乃是礼佛耳”。到了唐朝中期，僧人们的上疏，由自称“贫道”“沙门”改为“臣”。《新唐书》将僧道人士致拜君主，以国家制度的形式确立下来。

东汉三国时期，佛教徒开始使用教化的概念，向统治者解释自身存在的社会价值，世人也从教化的视角理解佛教。三国西域僧人康僧会译的《六度集经》说佛祖“以五戒、六度、八斋、十善，教化兆民”。唐代法琳以佛教五戒比喻儒家五常，论证了佛教可以成为儒家教化功能的有效补充。

宋代高僧契嵩，把佛教“五戒”与儒家“五常”贯通。其指出，不杀，仁也；不盗，义也；不邪淫，礼也；不饮酒，智也；不妄言，信也。契嵩的《孝论》明确提出“孝为戒先”。

在伊斯兰教领域，明清之际，一批伊斯兰学者，提出儒伊“二教同源”，主张“以儒释经”。比如王岱舆，用儒家“五常”诠释伊斯兰教“五功”，刘智等“以儒诠经”，使伊斯兰文化与儒家文化“融会贯通”，与中国的宗法社会制度相适应。

在天主教领域，1601 年至 1610 年间，天主教传教士利玛窦，用中国传统文化会通天主教教义习俗。他直接将儒家的“仁”与基督教的“爱”等同起来，还将中国传统宗教——天神崇拜中的“昊天上帝”与基督教的“天主”等同。更为突出的是，利玛窦对中国宗法性传统宗教中的祭天、祭祖、祭孔等活动，采取了宽容和尊重的态度。

利玛窦附会儒家的孝道说：孝道要尽三方面的义务，即向至高无上的天父——上帝尽孝，向一国之父——君主尽孝，向生身之父尽孝。但是，1610年利玛窦去世后的天主教传教士否定了“利玛窦规矩”，导致天主教与传统的敬天法祖发生冲突。在“中国礼仪之争”中，罗马教皇顽固地坚持中国的基督徒在家不得“祭祖”，出门不得“祭孔”，实际上它在内容上干扰了中国人伦文化，在国际政治层面上已经是在干扰中国的文化主权。如不加以限制，有可能演变成国家安全问题。于是1721年康熙决定在中国全面禁止天主教，“以后不必西洋人在中国行教，禁止可也，免得多事”。

总之，“政主教从”“以教辅政”是中国政教关系的主要传统。一是教权服从皇权，二是以教辅政。这里需要指出的是，宗教概念，在传统中国社会并未一神化、体制化和意识形态化。中国话语体系下的“宗教”，通常指的是一套关于“社会教化”的思想和学说，许多学者将儒家思想概括为“儒教”①，就是从这个意义上说的，这也显示出，中国人更看重宗教服务社会、道德教化的入世功能，并不在意有神无神，一神多神。宗教关系实质是人与人的关系，不是人与神的关系。

（3）多元通和

与世界很多国家和地区不同宗教之间相互排斥、矛盾冲突，甚至宗教战争频仍的历史不同，中国历史上各宗教之间关系的主旋律是和谐，没有宗教战争和宗教裁判所，没有对异端的残酷迫害，摩擦大致保持在思想言论层面。和平传教、多教共生、彼此吸收、相安互益是宗教关系的主

① “儒教”一词首先出现于《史记》，其《游侠列传》道：“鲁人皆以儒教，而朱家用侠闻。”关于“儒教”是不是宗教，参见楼宇烈：《儒家、儒教与宗教》，载《北京日报》2016年9月19日。

流。各宗教之间平等、尊重，相互包容，兼容并蓄，在中国形成“和而不同”的文化模式或“多元通和”的关系格局。

第一，中国宗教文化是多神的。中国没有一神教传统，一神教都是外来的，不仅多神，而且多教，没有形成一教独大的局面。中国社会中，既有制度化宗教，也有大量民间组织化宗教和民俗性宗教。同时基础性的敬天法祖和主导性的儒家思想，贯通各教。

商、周以来，原生型的天帝崇拜、皇祖崇拜、社稷崇拜与皇权紧密结合，形成宗法性传统宗教。皇权与神权相互依存，皇权庇护神权，神权提供皇权存在合理性的神圣依据。郊社、宗庙制度成为国家礼制的重要内容，敬天法祖的信仰成为全社会普遍的基础性信仰，具有不可动摇的神圣地位，所以宗法性传统宗教具有全民性。这种宗教既表现出强烈的政治性，即祭政合一；又表现出广泛的全民性，即祭族合一。在社会上层，国家政权所依赖的神权源于这种宗教，“君权天授”的天神，就是原生型宗教里的“昊天上帝”或“皇天上帝”。在社会中下层，祭拜祖先神灵成为普遍而隆重的宗教活动。国有太庙，族有宗祠，家有祖龛或牌位，以不同规格祭祖，形成敬祖重孝的浓厚风气。几千年来外来宗教只能与它调适，不能与它敌对，否则在中国就站不住脚。

第二，宗教信仰的“混血”现象普遍存在。一方面各种体制性宗教都与宗法性传统宗教贯通，比如道教依傍于它而生，佛教与它相融摄，民间宗教和信仰更是与它交渗，基督教也不能不迁就于它。因而，不仅原生型宗教具有浓厚的宗法性，其他在中国生存的宗教都多少带有一定的宗法色彩。另一方面各种体制性宗教之间也相互贯通，不仅有一人兼信几教，也有同一寺庙共奉儒释道三教神像，还有三教共用同一殿堂。比如，澳门路环，天主教圣方济各教堂里，既有耶稣基督画像，也有南海观世音画像。中国社会对各种不同的宗教信仰，包括外来宗教，都相当宽容；各种宗教及其分支教派都能够在这片土地上正常存在和发展，相互和平共处，人们可以兼信两教或三教，这种事情在西方是不可想象的。

第三，儒家思想具有开放性和包容性。中国传统文化是在多样性文化不断碰撞和交融中发展的。在先秦，有邹鲁文化、燕齐文化、三晋文化、荆楚文化、巴蜀文化、吴越文化等地方性文化之间的对立与互渗；在秦汉则由百家争鸣演变为儒道两家的互绌相摄，汉末以后有儒佛道三家的鼎立和互补，其后又有四家五家（伊斯兰教、基督教等）以及更多的亚文化体系之间的融汇与共存。在其中起核心主导地位的是儒家思想。

儒家思想核心是“仁恕中道”，反映在对外来民族和外来文化的态度上，就是“天下殊途而同归”“四海之内皆兄弟”“有朋自远方来不亦乐乎”。许多外国宗教以和平方式，通过正常的文化交流途径传入中国，其中以印度佛教的传入与中国化最为成功。佛教之进入中国，在很大程度上是中国人主动请进来的，取经、译经活动绵延数百年。中国人在理解、消化和改造佛学上，态度之认真，思索之深密，耗时之持久，都是相当惊人的。

此外，唐、宋、元、明、清诸朝，陆续传入景教、伊斯兰教、摩尼教、袄教、犹太教和近代西方天主教、基督新教，除了鸦片战争以后天主教、基督新教的传教与西方列强对中国的侵略有联系外，其他宗教，包括明末利玛窦传入天主教，都是以和平的正常的方式传入中国。

正是由于儒家意识形态的包容性、开放性，历史上不同时期的中华各民族成员，先后接受了佛教、伊斯兰教和基督教，将这些宗教教义教规、宗教礼仪制度、宗教道德等宗教文化植根中华文化沃土，发展出各具特色的“中国宗教文化”。中国历史上，和平传教、多教共生、彼此吸收是宗教关系的主流，形成“多元通和”的和谐格局，最典型的是儒释道合一。“所谓儒释道三教，并不是后人所说的宗教，而是教化之教。中国宗教的首要特点就是人文和宗教之间不是紧张的，而是互相融通的。”在中国，基本上没有“宗教异端”，而只有“政治异端”。宗教上的多样性和宽容性，使中国社会思想文化在内部形成丰富多彩、生动活泼的局面，在外部向世界开放，不断接受异质文化的激发和营养，从而具有更强的生命力。

总之，中国古代宗教关系特点是“政主教从、以教辅政、多元通和”。历史上皇权大于教权，各宗教从属世俗政权统摄，认同皇权；儒释道三教兼容并蓄，发挥维护皇权、教化民众的功能，中国人的宗教精神总体上是人本理性、入世崇德。

三、中国近代宗教关系

1. 中国近代宗教关系的历史背景

中国近代史是从1840年第一次鸦片战争到1949年中华人民共和国成立的历史。历经清王朝晚期、中华民国临时政府时期、北洋军阀时期和国民政府时期，是中国半殖民地半封建社会逐渐形成到瓦解的历史；是中国人民寻求救国之路，实现自由、民主的探索史；是中华民族抵抗侵略，打倒帝国主义以实现民族解放、打倒封建主义以实现人民富强的斗争史。

（1）反帝反封建的革命斗争

1840年中英鸦片战争后，各资本主义列强纷纷加入侵略、掠夺中国的行列，经过第二次鸦片战争、甲午中日战争、八国联军侵华战争等，资本主义列强从政治、经济、军事等方面对中国进行严酷的控制和勒索，使中国的主权丧失殆尽。

为了挽救民族危机，中国人民奋起救亡图存，掀起反帝反封建的革命斗争。甲午战后，随着民族危机的加深及中国资本主义的发展，民族资产阶级作为新的政治力量登上了政治舞台。维新变法运动和义和团运动都把救亡图存作为主要斗争目标，资产阶级维新派通过学习西方的政治制度，发展资本主义的变法（和平方式）来实现其救亡图存的斗争目标，演出了一幕戊戌变法的悲剧；以义和团运动通过“灭洋”（流血方式）来实现斗争目标，沉重地打击了清王朝的反动统治，尤其是粉碎了帝国主义瓜分中国的美梦，使帝国主义改变侵华方针为“以华制华”。后两次救亡运动的失败都与清政府的腐败压制有极大的关系。从此以后，以推翻清政府为主要斗争目标的资产阶级民主革命运动在全国迅速兴起。

从1840年鸦片战争到1919年五四运动前夕，是旧民主主义革命阶段。随着民主思想的传播及论战、团体及政党的建立、一系列武装起义的实践、理论的指导，最终导致了辛亥革命。以孙中山为首的资产阶级革命派为维护民主共和成果，不断地进行斗争，其斗争的实质为封建主义与资本主义的斗争，但最终都以失败告终。

从1919年五四运动到1949年中华人民共和国成立，是新民主主义革命阶段。辛亥革命终结了封建帝制，在中国第一次建立了资产阶级性质的共和国——中华民国，迈出了中国的政治从独裁向民主转化的重要一步，开创了中国政治现代化的先河。但资本主义模式的现代化却因军阀混战与政治纷争等而备遭摧残，日本帝国主义的入侵又打破了国民党主持的资本主义现代化模式的推进。1921年诞生的中国共产党，领导全国各族人民经过前赴后继的斗争，完成抗日战争和新民主主义革命的各项救亡图存任务，打败了国民党反动派，创建了新中国。

在近代反帝反封建的斗争中，中国宗教界中的仁人志士，也积极投身这场伟大的斗争，不同信仰者团结奋斗，涌现出许多动人的故事，比如弘一大师“念佛不忘救国”的怒吼，茅山道士“上马杀敌，下马学道”的身影，以及回民支队纵横驰骋英勇抗日的壮举；等等。

（2）科学民主引领的社会思潮

中国近代政治思想的主流是由资产阶级民主思想、空想社会主义、马克思主义三个层面构成的，最终马克思主义占据统治地位，成为近代中国民族民主革命的指导思想。

中国近代史也是中国知识分子的思想文化救国史。我们知道，近代科学是启蒙思想家彻底批判宗教神学和封建专制的有力武器，科学已不单纯是一种自然知识体系或满足人类生存需要的工具，而是代表了一种崭新的精神、一种独特的文化。科学文化与法国启蒙运动的互动，为启蒙运动和大革命奠定了思想、文化基础。“哲学家们”在公共领域中传播着科学民主观念，在法国大革命前夕的公共舆论中，科学民主已经获得了普遍的接受。

戊戌变法后中国一代代先进知识分子，纷纷引进西方的自然科学和人文学说，审视中国的封建社会及其传统文化和传统宗教，从而逐渐兴起各种“新学”。戊戌变法后，民主共和、民主科学、马克思主义思潮先后成为主导近代中国社会的主要思想。在科学民主主导的社会思潮中，传统儒家意识形态被彻底解构，宗法性传统宗教受到整体性冲击，政教分离、信教自由的理念逐渐被国人接受。特别是1919年的“五四”新文化运动更是高扬人权，批判神权。蔡元培等人还提出“以人道主义去君权之专制，以科学知识去神权之迷信”的主张。经历了资产阶级民主思想、空想社会主义、马克思主义思潮，最终马克思主义中国化成为中国人民进行社会革命和建设的指导思想。

2. 中国近代宗教关系的主要表现

近代疾风暴雨的革命和社会改良浪潮，不仅极大地打击了传统宗法性宗教，还针对佛道教界发生占领寺庙、驱僧毁像等行为，使得佛教、道教在中国社会的影响力日益式微。与此同时，基督教强势进入中国社会。中国近代社会的宗教关系，主要表现为传统宗教主体地位的丧失和基督教在中国社会的强势崛起；宗教关系的主线是基督教强势传播与中国社会的冲突与磨合。

（1）基督教与帝国主义列强相互利用

以1840年鸦片战争失败为开端，清政府被迫签订了一系列丧失主权的不平等条约。摆脱罗马教会控制的欧洲各国充分利用基督教开展对外扩张，实施文化侵略。而基督教外方传教会，纷纷借助各国政权力量，在中国强势传播基督教。这就决定了清王朝和地方官吏在处理基督教事务上，不仅要与西方教会或在中国的外国教团交涉，更多的是与西方殖民列强交涉。

1842 年的《南京条约》虽然没有提及传教问题，但赋予外国人在通商口岸的治外法权，于是基督教率先在沿海城市传播。1844 年的中美《望厦条约》明确规定美国人可在广州、厦门、宁波、上海等地建造教堂；同年中法《黄埔条约》则为传教士深入内地提供保护。1853 年法国传教士在广西发生的西林教案，引发英法联合发动第二次鸦片战争，战败的清政府被迫与列强签署《天津条约》《北京条约》等一系列不平等条约。《北京条约》正式规定传教士可深入中国内地传教。根据一系列不平等条约，中国政府要为外国传教提供保护，配合外国传教活动、在全国宣传基督教等。天主教、新教、东正教纷纷趁机在中国扩大发展。

天主教各修会如耶稣会、奥斯丁会、多明我会、巴黎外方传教会、遣使会、圣母圣心会、圣言会等的传教士相继来华，至 19 世纪末已在中国建成五大传教区，发展教徒达 70 多万人。“1903 年至 1904 年间，来华外籍传教士达到 1110 人，中国神职人员的数量为 534 人，1907 年时天主教徒人数增长至 103.8 万余人。与基督教差会和人员在中国的分布相比，有更多的天主教传教士散布在远离中国沿海沿江城市的偏远地区。1933 年，中国天主教徒约有245万。到1949年时，天主教信徒大概有300万人。”[①]

基督新教各传教差会如伦敦会、公理会、圣公会、浸礼会、长老会、归正会、美以美会、监理会、循道会、贵格会、基督复临安息日会等也先后来华，在中国各地建堂创会。到 19 世纪末，其来华传教士已达 1500 多人，发展信徒达 8 万多人。中华民国成立以后，由于很多革命人士是新教徒（如孙中山、宋教仁、廖德山，以至后期的蒋介石和张学良等），因而基督教在民国以后发展速度更快，直到 1949 年中华人民共和国成立，基督徒人数近 80 万人。

东正教虽然在 1860 年获得在中国传教权，但发展缓慢，“到 1906 年，中国籍信徒 725 人，俄罗斯籍信徒约 3 万人。”[②]

① 陶飞亚:《中国近现代史与基督教》，载《济南大学学报》（社科版）2018 年第 5 期，第 42 页。

② 任杰，梁凌:《中国的宗教政策——从古代到当代》，民族出版社 2006 年版，第 310 页。

（2）基督教影响了太平天国运动

太平天国运动是清朝咸丰元年到同治三年（1851—1864年）期间，由洪秀全、杨秀清、萧朝贵、冯云山、韦昌辉、石达开等领导的反对清朝封建统治和外国侵略的农民起义。

太平天国具有浓厚的宗教色彩。道光二十三年（1843年），洪秀全阅读基督教传教士梁发所著的《劝世良言》，后即自行施洗，信仰上帝，创立了拜上帝教。宣称上帝是独一真神，世间一切财富皆其创造，人皆为其子女，人人都应敬拜上帝而不拜别的偶像；人间不应存"此疆彼界之私"，起"尔吞我并之念"；洪秀全为上帝第二子，受命下凡诛妖救世；等等。

1851年起义后，太平天国声讨不敬上帝的清朝统治者的罪行，以恢复上帝之纲常为号召，举凡军政大事、日常行政，莫不以上帝为名而行。"在短短14年里，把一种变了形的基督教传播半个中国。"①当时有西方传教士认为，如果太平天国成功，将会给在华的传教工作提供极其有利的条件。然而拜上帝会所奉行的教义与正统基督教的教义并不完全一致，甚至具有严重的"异端"倾向，这使得太平天国政权最终与帝国主义列强交恶，太平天国运动被清政府和帝国主义列强联合镇压。

太平天国运动中的拜上帝会是基督教进入中国后，与政治斗争结合的一种形式。"一方面洪秀全等人借用基督教教义组织和领导政治斗争，另一方面又拒绝完全认同基督教立场，使这场带有基督教色彩的农民起义，同时还吸收了儒家、民间宗教，渗透着反清的政治理念"②，是以"洋为中用"的方式进行的政治运动。

（3）基督教引发了义和团运动

在基督教借助不平等条约，强势传入中国的历程中，西方列强和传教士对中国的政治侵略、资源掠夺和基督教教义礼仪规范的强势扩张，引

① 赵晓阳:《建国以来基督教与近代中国重大政治事件研究评述》，载《安徽史学》2019年第3期，第164页。

② 赵晓阳:《建国以来基督教与近代中国重大政治事件研究评述》，载《安徽史学》2019年第3期，第165页。

发各地教案频发。“从鸦片战争到辛亥革命前的70余年间，共发生教案五六百起。”[①] 其高潮是1900年的义和团运动。

义和团运动可以说是由中华民族生存与信仰危机导致的最大的一次教案。该运动高举“扶清灭洋”大旗，从山东到直隶、山西到处攻打教堂，杀死教士和教徒。1900年进入北京，攻打教堂和外国使馆。虽然遭到清政府和八国联军的镇压，但也大大地打击了基督教强势扩张的气焰。为了缓和中国社会强烈的反“洋教”情绪，天主教和基督新教纷纷改变传教策略。比如天主教发出指令，限制传教士的活动，要求天主教不要卷入诉讼争端，以免激起公愤。天主教和基督新教也从主要建教堂、发展信徒，转向拓展文化教育和慈善事业。

（4）基督教推动了中国文教慈善事业的发展

大批外国传教士除直接建教堂、发展信众扩展基督教势力，也通过创办学校、医院、孤儿院等方式等进行传教。基督教在中国获得越来越多的信徒，不仅彻底打破儒释道三家支配中国人精神领域的格局，也给中国的宗教文化带来了新的内容。

天主教界的马相伯于1903年创办震旦大学，耶稣会于1922年在天津开办工商学院；美国本笃会于1926年创办辅仁大学（1933年由圣言会接管）。天主教还开办了不少中小学，建印书馆，开办孤儿院、育婴堂、养老院等。

基督教除开办了诸如上海圣约翰大学、杭州之江大学、苏州东吴大学、燕京大学、齐鲁大学、金陵大学、岭南大学、华西协和大学、湘雅医学院等高中级学校外，还特别重视医药传教事业。1936年全国有260所教会医院，我国最早受过现代西医教育的医生和护士，多是从教会创办的医学院和护士学校毕业。

到1950年，基督教在全国各地有大学13所，中学240所，医院、诊所312所。各种刊物89种，全国性社会福利救济机构8个。连中国国际

① 任杰，梁凌：《中国的宗教政策——从古代到当代》，民族出版社2006年版，第310页。

工业合作协会、中国红十字会、世界卫生组织、国际难民组织、国际儿童紧急基金等组织都是基督教的附属机构。由于基督教在文化、教育、医疗、慈善事业等方面所做的大量开创性工作，客观上促进了传统中国社会向现代社会转型。

3. 中华民国的政教关系

（1）中华民国关于“政教分离”的法律规制

1912 年 3 月 10 日，由中华民国临时大总统孙中山颁发的《中华民国临时约法》第 5 条规定：“中华民国人民一律平等，无种族、阶级、宗教之区别。”第 6 条规定：“人民有信教之自由。”

这是中国国家与宗教关系史上从未有过的事情。第一次以宪法形式宣布各宗教一律平等；第一次宣布信教自由，具有划时代的意义。其后国民党南京政府一直延续了宗教信仰自由的主张。

孙中山在多个场合阐述了政教分离、宗教不干预政治、各宗教一律平等的宪法精神，提倡宗教徒在建设国家中发挥宗教道德的积极作用。如 1912 年 3 月 24 日，在《令教育部准佛教会立案文》中说：“查近世世界各国政教分离甚严，在教徒苦心修持，绝不干预政治，而在国家尽力保护。”①

在政教分离、宗教信仰自由的原则下，民国政府制定法规和政策管理宗教事务。有的是关于保护佛教僧众及寺庙财产的令文，有的是管理寺庙条例，有的是保护著名寺庙的条例，有的是涉及寺庙登记、宗教团体登记管理办法。在政教分离、宗教信仰自由的原则下，宗教事务管理逐渐走向规范化、法制化。

（2）宗教民间社团的发育及其政策规制

宗教社团的成立，是传统宗教向现代宗教转型的重要表现。近代基督教成功传入中国社会，甚至取得优势社会地位，与严密的组织体制和强

① 孙中山：《孙中山全集》第 3 卷，中华书局 1986 年版，第 277 页。

大的组织动员力高度相关。除了全国性的基督教协会外，全国各地区建立的基层基督教教会组织，在广大城乡广泛传播基督教。在有基督教社团的乡村地区，基督教组织成为传统宗教强有力的竞争者，许多传统宗教的精英流向了基督教，一些民间宗教社团的信徒，如金丹道、离卦教的信徒转变为基督教徒，其庙宇被改建为教堂。

到中华民国时期，基督教组织已经成为除政党以外最活跃的社会组织。这迫使民国政府废除了沿袭自明清以来的所有僧官、道官制度，按照欧美政教分离模式，建构国家和政府与宗教组织的新型关系。

首先是鼓励佛教、道教积极改良，组成与共和局面相适应的宗教组织，开展活动。除了政府要求佛道教通过组织形式进行活动外，基督教组织动员模式也极大地刺激了佛教、道教界组织化整合。基督教团体平等、民主的管理模式，使得中国信徒有更多的群体感和参与感，他们在需要的时候可以从团体得到各种帮助。这在一定程度上也影响了中国本土宗教体制。于是，按照《中华民国临时约法》和相应的社团政策，佛教、道教、伊斯兰教，纷纷通过组建社团的方式进行活动，中国各大宗教进入到组织化新阶段。

民国元年，佛教居士欧阳渐、李证刚等人以金陵刻经处为策源地，在南京发起成立“中国佛教会”。1912 年，“中国佛教会”“中华佛教协会”“佛教大同会”先后成立。三会都要求进行佛教改革，但在改革的具体路径上存在极大矛盾。于是，敬安和尚在江浙诸山长老的请求下，组织了统一的横向联合的“中国佛教总会”，前三会取消。中国佛教总会于 1912 年 4 月在上海留云寺成立，敬安为第一任会长。该会提出以“统一佛教，阐扬法化，以促进人群道德完全，国民幸福为宗旨”，下设 20 个省支部和 400 余个县支部。一个现代佛教组织初具雏形。

在伊斯兰教界，受“科技救国”潮流的影响，一批穆斯林学者、经师如王宽、阿卜杜勒 · 卡迪尔等，提倡改革宗教教育，创办新式学堂，促进中国穆斯林寺院经堂教育向现代教育转化。1912 年王宽和马邻翼在北京发起组织“中国回教俱进会”。

民国时期的中国基督徒组织生活非常活跃，他们注册和拥有自己的教产和教会。上海的俞国桢成立了“中国耶稣教自立会”，天津和北京的基督徒组建了“中国基督教会”。山东济南也建立了“山东基督教自立会”。与这些分散、规模较小的自立会不同，由差会教会体系发展而来的中华全国基督教协进会在 1922 年 5 月 2 日成立。

（3）中华民国对“宗教与教育相分离”的政策推动

基督教在中国社会的强势扩张，引起了五四运动后中国进步人士的警惕。1922—1927 年，以上海、北京、广东为中心波及全国各大城市的“非基督教运动”全面展开。参加者以青年学生为主，国民党人和共产党人以及各界进步人士也踊跃投入。斗争方式是“口诛笔伐”，矛头对准了基督教与资本主义经济侵略的联系，指出基督教不仅是维护资本主义制度的意识形态，还是帝国主义对中国实行文化侵略的工具、麻醉人民的鸦片。各界人士针对教会学校大量进行基督教神学教育、培养基督教徒的状况，提出收回教育主权、改革教会学校，实施宗教与教育相分离原则。全国教育联合会在 1924 年年会上提出教育与宗教分离、取缔外国人所办学校的议案。

与社会思潮的“非基运动”相一致，北京政府制定政策，推动宗教与教育相分离。1925 年，北京政府颁布了《外国人捐资设立学校请求认可办法》，规定不得强迫学生参加宗教仪式；外国人不得担任校长，设立以华人为主的校董事会，否则不准注册。1927 年南京政府颁布《外国人兴资办学条例》肯定了上述精神。1929 年国民政府教育部颁布《宗教团体兴办教育事业办法》，进一步限制外国人主导的教会学校。1930 年禁止金陵大学开办宗教系，1930 年 6 月严令燕京大学撤销宗教科目。

根据这些法规政策，基督教差会管控下的教育体系，从 20 世纪二三十年代起，除了上海圣约翰大学之外，都按照要求在国民政府教育部门注册登记，至少在名义上接受国民政府的监管，成为中国国家教育资源的组成部分。总之，民国政府未能完全废除在宗教方面的不平等条约，但它对基督教及其事业的管治较之前清朝和北洋政府时期是大大加强了。

纵观鸦片战争以来中国社会的宗教关系，可以看出，以基督教在中国社会的强势崛起为主线，以礼仪之争、教案频仍、义和团反洋教运动、非基督教运动等严重的社会文化冲突为主要表现，具有高度组织化、社会动员力的基督教在嵌入中国社会的过程中，与传统的“政主教从”的政教关系形成严重的对峙；基督教教义的排他性与传统宗教兼容并蓄、多元通和的文化关系产生激烈的冲突，打破了传统中国社会政主教从、多元通和的宗教生态，推动了政教分离和宗教信仰自由宪政精神的发展。

自近代以来到新中国成立前，我国宗教关系的性质受半殖民地半封建社会关系的制约，带有深刻的“封建宗法性”和“洋教性”，宗教方面的矛盾既涉及人民内部矛盾，也涉及阶级对抗性矛盾；既有劳苦大众内部不同信仰之间、同一宗教内部的矛盾，也有阶级对抗性矛盾，比如天主教、基督教中的帝国主义势力与中华民族的矛盾，佛教、道教、伊斯兰教中的封建特权势力与受压迫的广大信众的矛盾。

专题五

构建积极健康的宗教关系研究

【教学目的】 本专题主要围绕新中国成立以来，特别是改革开放以来我国宗教关系的新情况、新特点，阐述党的十八大以来习近平总书记关于构建积极健康宗教关系有关论述的主要内容和时代要求。通过本专题学习，帮助学员准确地把握宗教在我国社会中的作用，正确处理宗教与社会各方面的关系，积极维护宗教活动规范有序，宗教关系和谐健康。

【内容提要】 宗教关系本质上是一种社会关系。新中国成立后，随着社会生产关系的深刻变革，我国各宗教自身状况以及宗教关系都发生了根本变化。五大宗教先后完成宗教制度的民主改革和反帝爱国运动，宗教教职人员和信众的政治立场也发生了重大变化，他们拥护社会主义制度、爱国守法，在各宗教神学思想阐释方面努力与社会主义社会相适应，创造适应新社会的神学，各宗教走上了与社会主义社会相适应的道路，我国的宗教关系也转变成以人民内部不同信仰者之间关系为主的关系。

习近平总书记在2016年的全国宗教工作会议上，第一次提出构建积极健康的宗教关系的重要论述，指出必须正确处理党和政府与宗教、社会与宗教、国内不同宗教、我国宗教与外国宗教、信教群众与不信教群众的关系。在处理党和政府与宗教关系上，强调坚持党同宗教界在政治上团结合作、信仰上互相尊重，坚持政教分离，宗教不得干预国家行政、司法、教育等国家职能和社会公共生活，政府依法管理涉及国家利益和社会公共利益的宗教事务。在处理社会与宗教关系上，要求坚持宗教适应社会、服务社会，积极与社会主义社会相适应；在处理国内不同宗教关系上，强调坚持各宗教一律平等、和睦共处，各宗教在法律上享有平等地位，都要履行我国法律规定的权利和义务；在处理我国宗教与外国宗教关系上，强调我国宗教与外国宗教不存在隶属关系，要坚持独立自主自办原则，支持和鼓励国内宗教与国外宗教在相互尊重、平等友好的基础上开展对外交往，推动不同宗教和谐共处、不同文明交流互鉴，同时坚决抵御境外势力利用宗教进行的渗透；在处理信教群众与不信教群众关系上，强调要坚持法律上享有同等的权利和义务，促进彼此尊重、和谐相处。

在 2016 年全国宗教工作会议上，中共中央总书记习近平首次提出“构建积极健康的宗教关系”的重要思想，在 2021 年的全国宗教工作会议上，再次强调“必须构建积极健康的宗教关系”。“构建积极健康的宗教关系”成为新时代宗教治理的重要内容。那么新中国成立以来中国宗教关系经历怎样的变革，现状是怎样的？建构积极健康的宗教关系的内涵是什么？这是本专题要探讨的主要问题。

一、新中国成立以来我国宗教关系的变革

宗教关系本质上是一种社会关系。唯物史观认为，所谓社会关系，就是人们在共同的实践活动中结成的相互关系的总称。由于物质资料的生产是人类社会赖以存在和发展的基础，所以，人在社会生产中结成的相互关系是一切社会关系的基础，社会生产关系决定其他社会关系的性质。宗教关系亦是如此，它建立在社会生产关系基础之上，其性质由社会生产关系的性质决定。

1. 新中国成立后宗教关系的新变革

新中国成立后，经过宗教界的反帝爱国运动和宗教制度的民主改革，我国宗教状况发生了根本变化，宗教关系的主要性质转化为人民内部不同信仰者之间的关系。

（1）天主教的反帝爱国运动

由于天主教、基督教在近代中国受到了不平等条约的保护，与帝国主义侵略中国有千丝万缕的联系。新中国成立后，在天主教、基督教内清除帝国主义的影响，实行自治、自养、自传，走独立自主自办的道路，成为摆在天主教、基督教爱国人士及广大信教群众面前的首要任务。

1950年11月，四川省广元县王良佐神父和500多名教徒联名发表了《天主教自主革新宣言》，主张中国天主教“与帝国主义割断各方面的联系”，“建立自治、自养、自传的新教会”。宣言得到了全国广大教徒和天主教界爱国人士的热烈响应，也得到党和政府的支持。自此，天主教自主革新运动从四川向全国扩展。

随着中国天主教反帝爱国运动的深入，各地的爱国组织——天主教爱国会也纷纷建立。在此基础上，1956年7月，中国天主教教友代表会议在北京召开。会议确定了独立自主自办教会的方针，认为“中国天主教会必须彻底改变旧中国时代帝国主义带给我们教会的殖民地半殖民地状态，实行独立自主，由中国神长教友自己来办。在不违反祖国利益和独立尊严的原则下同梵蒂冈保持纯宗教的关系，在当信当行的教义教规上服从教宗”。随后，中国天主教教友爱国会成立，该组织是中国天主教神长教友组成的全国性的爱国爱教的群众团体，宗旨是团结全国神长教友，积极参加祖国社会主义建设和各项爱国运动，保卫世界和平，协助政府贯彻宗教信仰自由政策。此后，天主教界掀起了以独立自主自办教会为中心内容的反帝爱国运动。

1958年开始，全国各地天主教界开始探索自选自圣主教，在任命主教问题上彻底摆脱外国势力的干预，在自圣主教教义教规的依据上则严格遵循使徒时代以来的教会传统。1958 年 4 月，武汉天主教界自选自圣汉口教区主教董光清和武昌教区主教袁文华，首开中国天主教自选自圣的先例。此后，各地陆续祝圣自选的主教，中国天主教彻底摆脱了梵蒂冈组织上的控制。

1962 年，中国天主教教友爱国会改为“中国天主教爱国会”，宗旨中增加了“在中国共产党和人民政府的领导下”，更突出了爱国的色彩。中国广大天主教徒主张坚决反对梵蒂冈利用宗教干涉我国内政，彻底割断政治上、经济上和梵蒂冈教廷的关系，使中国天主教真正走上了独立自主自办教会的道路。

（2）基督教的独立自办运动

1950 年 7 月，在吴耀宗先生的倡导下，40 位基督教会领导人联合发表了《中国基督徒在新中国建设中努力的途径》的宣言，号召广大基督徒认识过去帝国主义利用基督教的事实，肃清基督教内部的帝国主义影响，在最短期内实现自力更生的目标，促进一个中国人自己所主持的中国教会。宣言得到了基督教界的广泛响应，到 1954 年，签名响应宣言的教徒就达 40 多万人，基督教界正式掀起了以自治、自养、自传为主要内容的独立自办运动。

1954 年，中国基督教第一届全国会议在北京召开，正式成立中国基督教“三自”爱国运动委员会。章程中强调在中国共产党和人民政府的领导下，团结全国基督教徒，热爱祖国，遵守国家法令，坚持自治、自养、自传及独立自主自办的方针。随后，全国各地先后成立了地方性的“三自”爱国组织。伴随外国基督教士全部离开中国，中国基督教界彻底割断了与外国教会的关系，成为中国基督徒自己主持的宗教事业。

（3）佛教的民主改革运动

新中国成立初期，在群众性反封建的急风暴雨中，佛教界也行动起来，投入宗教制度改革运动。1953 年，中国佛教界联合各宗各派，成立了中国佛教协会，结束了旧中国各民族、各宗派佛教徒之间相互隔绝、四分五裂的状态。各省、市、自治区和部分地方佛教协会相继成立，适应新中国法律制度的佛教组织，为新中国佛教健康发展奠定了组织基础。

从 1953 年开始，佛教界逐步废除了封建特权和剥削压迫制度，革除寺院地主经济，发扬“农禅并重”的传统，建立了各种生产劳动组织，走上自养道路；在宗教制度上废除等级制度，反对上层僧侣对下层僧侣的封建压迫，改革陋习，建立寺庙民主管理制度。到 1957 年基本肃清了汉传佛教在出家、受戒、修持等方面存在的一些混乱现象。佛教界还成立了佛学院，开展研究，培养人才；积极开展与国外佛教界的友好交往，汉传佛教逐渐走上自身健康发展、服务新社会的道路。

从 1951 到 1958 年，西藏佛教继续保持传统政教合一的宗教制度及宗教活动。达赖、班禅的宗教地位、政治地位不变。新中国成立初期，经过中央政府的工作，十四世达赖喇嘛和十世班禅重归于好，十世班禅重返拉萨，解决了西藏佛教内部 30 年之久的不团结问题。1959 年，西藏上层反动集团发动了武装叛乱，中央政府平息了叛乱，做出了民主改革的决定。从 1959 年开始到 1965 年结束的藏传佛教寺庙民主改革，以“政治统一、信教自由、政教分离”为原则，以引导藏传佛教与社会主义社会相适应为目标，以改革传统藏传佛教在藏区政治、经济、文化、教育等方面的特殊权力为重点，将藏传佛教整合到国家依法对宗教事务治理的总体框架内。在政教分离基础上，建构起藏传佛教与国家政治、经济、社会、文化、教育等方面的新型关系。这些变革重塑了今天藏传佛教的面貌。

（4）道教的民主改革运动

道教在历史上也曾成为统治阶级的工具，在民俗层面具有广泛的群众基础。此外，新中国成立前的道教中充满着深厚的封建气息，与各种迷信活动、“反动会道门”有着千丝万缕的联系，与新生的社会主义社会不相适应。

新中国成立后，道教界按照国家法律和政策，自动取消各宫观与国家法律相抵触的清规戒律，对宫观封建经济进行了相应的改革，走上以劳动和生产为主的自养之路。道教界还自动划清与各种“反动会道门”和秘密宗教的界限，宫观成立民主管理委员会。1957年4月中国道教协会成立。协会的宗旨是联系和团结全国道教徒，继承和发扬本教优良传统；在人民政府的领导下，爱护祖国，积极支持国家的社会主义建设，参加保卫世界和平运动；协助政府贯彻宗教信仰自由政策。道教协会成立后，开始系统地开展道教文化的研究，进行对外友好交流活动等。这一系列的举措和工作促使道教界面貌发生了根本性的变化。

（5）伊斯兰教的民主改革

伊斯兰教在传入中国的过程中，同中国社会及传统文化相结合，逐渐形成具有中国特色的伊斯兰教。中国伊斯兰教的一个主要特点就是伊斯兰教神秘主义派别与中国封建制度相结合，形成中国伊斯兰教特有的教坊制、门宦制。各门宦创始人和首领被尊为教主，其身份、地位、权力多为世袭，拥有政治、经济、宗教方面的特权。伊斯兰教的这种封建特权使广大穆斯林遭受了深重的苦难。新中国成立后，伊斯兰教界面临的重要任务就是对宗教封建特权和剥削制度进行改革。

1953年成立的中国伊斯兰教协会，以及各地陆续成立的地方伊斯兰教协会，为开展这项工作提供了条件。宗教制度改革从1958年开始到1960年基本完成。通过改革废除伊斯兰教中的封建特权和封建剥削制度，伊斯兰教不再是剥削阶层利用的工具，不再拥有干涉国家行政、司法、教育、婚姻制度的权力。清真寺建立了民主管理模式，在国家法律法规范围内履行公民宗教信仰自由权利。

总之，新中国成立后，随着社会生产关系的深刻变革和宗教制度的重大改革，我国各宗教自身状况以及宗教关系都发生了根本变化。佛教、道教、伊斯兰教通过宗教制度的民主改革，废除了宗教封建特权和压迫剥削制度，去掉了长期存在的“封建宗法性”特征。天主教、基督教通过反帝爱国运动，摆脱了帝国主义、殖民主义的控制，走上了独立自主自办教会的道路，成为中国宗教徒独立自主自办的宗教事业，洗刷了百年来的“洋教”特征。

宗教教职人员和信众的政治立场也发生了重大变化，他们拥护社会主义制度、爱国守法；在各宗教神学思想阐释方面努力与社会主义社会相适应，创造适应新社会的神学。各宗教走上了与社会主义社会相适应的道路，我国的宗教关系也转变成以人民内部不同信仰者之间关系为主的关系。

2. 改革开放以来我国宗教关系的新面貌

改革开放以来我国经济关系、社会关系发生着深刻的变革，各种社会思潮和意识形态交锋也一度风起云涌。一方面，马克思主义在中华沃土上不断创新发展，形成和发展中国特色社会主义理论，在主流意识形态领域发挥指导作用；另一方面中国人在社会层面、文化层面和宗教层面，也发展出多样的信仰选择。

随着越来越多的人对宗教表现出浓厚的兴趣，信众规模不断增长，不仅基督教迅猛发展，佛教道教社会影响力日益增大，曾经式微的民间信仰，也在我国一些地方重新抬头，空前活跃。随着巴哈伊教等外国宗教传入，各种膜拜团体逐渐形成，多元宗教信仰实践越来越成为中国人精神生活的重要内容。宗教在日益深入地融入社会的过程中，商业气息过浓、借教敛财、“网络宗教”泛滥、“去中国化”倾向、境外利用宗教渗透、非法宗教活动、某些地方宗教极端活动等也开始出现，甚至影响国家意识形态安全。凡此种种表明，当代宗教关系受多重因素影响，日趋复杂多变。

（1）宗教发展速度较快，社会影响力增大

首先是信徒数量、宗教组织、宗教活动场所、宗教教职人员、宗教院校等数量都有所增长。改革开放 40 年来，我国各宗教都以不同形式取得了不同程度的发展，现有信众近 2 亿人，宗教团体 5500 多个，各类宗教活动场所约 14 万个，教职人员约 40 万人，宗教院校 90 多所。汉传佛教、道教除了正式皈依者增加外，在家信教的善男信女也大量增加，各地香火日盛。伊斯兰教、藏传佛教、南传上座部佛教等传统上民族性较强的宗教，随着这些民族人口的稳步增长，信众数量也不断增加。五大宗教中，基督教的发展最为引人注目，目前3800多万的信教人数，是新中国建立初期信徒人数70万的50倍多。

尽管由于天主教体制严密性的限制，教徒数量的增长速度不能与基督教信徒数量的增长速度相提并论，但其目前600万的教徒数量与新中国成立初期的300万教徒相比，平稳增长。此外，一些民间的宗教信仰和少数民族传统宗教也有发展，国外的一些宗教和教派也开始进入中国大陆。

其次是宗教的社会影响日益增强，形成了一定程度的宗教文化热，表现在各类宗教性的文化民俗活动日益频繁；宗教书刊越来越多，表现宗教内容的文艺作品日益增加；新闻媒介中宗教方面的信息量相当可观，旅游文化中的宗教成分日益浓厚等。

（2）各宗教亲密接触，你中有我，我中有你

新中国成立以来，我国五大宗教在分布上呈现出比较明显的区域特点：汉传佛教主要分布在汉族地区，藏传佛教主要分布在西藏及其周边和内蒙古地区，南传佛教只分布在云南。穆斯林聚居区主要分布在西北各省、自治区，在中部和东部有一定数量的穆斯林散居。道教和天主教、基督教也主要分布在汉族地区。

改革开放以来我国各民族进入跨区域流动的历史活跃期，各民族各阶层信仰的宗教也进入大流动大交融的活跃期。"藏密东渐""福音西进""伊斯兰教东南行"，各宗教、各教派伴随着人员的大量流动不停地相互碰撞、融合，出现了我中有你，你中有我的复杂局面，宗教进入了一个相互交错发展的新时期。

（3）信众的年龄和从业结构日益多样化

过去我国宗教徒的主体是五种人：老年人多、妇女多、低收入者多、农村人多、体弱多病者多。现在这种格局正在被打破。一方面，新的社会

阶层，比如私营企业主、会计、律师、演艺界人士等新的社会阶层信教人数逐步增多，另一方面，中青年中信教的人越来越多，在我国信教群众中的比例持续上升。由于中青年信教群众的文化程度普遍比老年信教群众高，加上一些高学历人员信教，我国信教群众的平均文化程度逐步提高。随着农村人口向城市迁移和城市居民信教人数增多，城乡信教群众分布一头沉的格局正在被打破。我国信教群众的职业分布更加广泛，除工人、农民外，在新经济组织和社会组织中的非公有制经济人士、自由择业的知识分子当中，也有人陆续加入信教者队伍。在区域分布上，经济发展较快的东部沿海地区，宗教也呈现出较快增长势头。随着我国信教群众中知识分子、高收入者、城市居民和中青年比例的增加，无疑将会对我国宗教生态格局产生越来越大的影响。

（4）宗教介入社会日趋深入

主要表现在宗教团体和信教公民参与政治经济和社会公益活动热情高涨，注重现实生活的热情高涨；各宗教努力适应社会需要解释传统宗教教义，使之在实践中越来越适应世俗化的社会生活；各宗教积极参与社会公益活动，在社会募捐、救济等公益事业中发挥越来越大的作用；有的宗教团体还兴办经济实体，为自养提供更好的条件。

在政教关系领域，中国共产党坚持以“政治上团结合作、信仰上互相尊重”的原则处理同宗教界的关系，同宗教界的爱国统一战线不断巩固。目前，中国约有 2 万名宗教界人士担任了各级人民代表大会和政治协商会议的代表、委员，积极参政议政，实施民主监督。从 1991 年开始，党和国家领导人每年与全国性宗教团体负责人迎春座谈，听取他们的意见建议。全国各地普遍建立了党政领导干部与宗教界人士联谊交友机制，加深了解，增进友谊。

（5）宗教国际交流活跃

自改革开放以来，我国宗教摆脱了自我封闭的状态，对外交流日益频繁，开始走上国际宗教舞台。目前，我国宗教团体已同世界多数国家和地区的宗教组织建立或恢复了友好关系，积极参与国际宗教和平组织维护和平、反对战争等活动，推动宗教对话与和谐世界的建设。宗教性的留学及民间往来也日益活跃，境外宗教书籍报刊更容易传到国内，出国人员接受宗教影响并影响国内也是常见现象。此外，对外文化、经济交流中宗教因素参与其内，旅游传教、探亲传教、文化传教、网络传教等各种渠道都在传播着国际宗教的思想与文化。这种宗教传播的影响有积极方面，也有消极方面，给宗教关系带来新变数。

总之，当代我国宗教活动总体规范有序，宗教关系总体健康和谐，宗教界在社会生活领域总体发挥了积极作用。

3. 影响宗教关系的主要因素

宗教，无论是作为观念形态，还是作为实体存在，都是社会整体的一部分。宗教关系也因此受社会整体环境以及政治、经济、文化等社会其他要素的影响。大体说来，影响我国现阶段宗教关系的主要因素有国内国际两个方面。从国内看，主要是社会变革带来的宗教生存环境的变化，以及宗教自身传教方式的新变化等因素。从国际上看，主要是全球化背景下境外各种势力利用宗教因素影响我国宗教关系。

（1）社会变革影响宗教关系

当前，我国社会正处于转型期，始于20世纪70年代末，是一个从农业文明社会向工业文明社会急剧变革的过程，表现为市场经济快速发展，社会剧烈震荡。社会的剧烈变革对我国现阶段宗教关系产生了深远的影响。主要表现在：

第一，宗教生存和发展的社会环境逐步改善。在社会变革的历程中，党和政府对宗教的政策越来越科学。“文化大革命”结束后，我国恢复和落实宗教信仰自由政策，公民宗教信仰自由权利得到尊重和保护，恢复宗教组织活动，开放宗教活动场所，人们可以自由表达宗教信仰。在20世纪70年代末到90年代初，我国宗教信徒数量增长很快，主要是一种恢复性增长，是对“文化大革命”时期压制、消灭宗教的一种反弹。此后经过持续不断地宣传和教育，宗教信仰自由政策日益深入人心，加上社会各界对宗教的看法越来越包容，宗教生存和发展的社会环境持续改善，越来越宽松。

第二，人们精神追求空间增大，对宗教兴趣日益浓厚。“宗教热”持续升温，其社会基础是市场经济快速发展和社会急剧转型。经济生活的急剧变化对人们精神上、心理上，乃至道德观、价值观、生活方式等方面产生巨大冲击，社会生活呈现出千姿百态的景象。积极与消极、进步与颓废、正面效应与负面效应的社会现象混杂出现，使人一时难以适应和辨别，产生心理困惑和恐惧，有的人开始从宗教中寻求心理慰藉。正如中国共产党第十七次全国代表大会报告中所指出的，当代中国近 30 年“社会结构、社会组织形式、社会利益格局发生深刻变化”，中国民众“思想活动的独立性、选择性、多变性、差异性明显增强”。人们精神追求的空间增大，选择增多，这为宗教“兴盛”提供了社会环境。

第三，出现宗教与民族联动的情形。改革开放以后，人们的阶级身份淡化，本有的民族身份和宗教身份凸现出来，加上经济和教育发展的不平衡，民族意识及民族性宗教观念相互依存。一些传统上某个民族多数人信仰的宗教，越来越成为整合民族的工具，不仅通过宗教习俗对某些民族传统习俗进行重建，而且强化民族群体的信仰文化。所有这些都是与社会剧烈变革相伴而生的现象。

（2）宗教自身变化影响宗教关系

第一，传教方式更加灵活。随着以因特网为平台的现代通信普及，微信等传媒手段社会化，各宗教纷纷改变在传统宗教活动场所内讲经弘法的传教活动。大众化的宗教电子音像制品纷纷出现，促使电子传教时代的到来。虚拟教会、网络宗教组织、网络团体应运而生。网络传教发展很快，形成了一个庞大的网上宗教世界。虚拟世界的传教活动对传教规模、传教范围、传教效果都产生了重大的影响。网络让宗教信仰世界成为一个

“信仰村落”，网络宗教失去了宗教的现实组织、宗教的实际仪式和修行方式，成了一种“准精神宗教”或“大众文化消费品”甚至“精神快餐”。由于互联网的开放性、互动性与随意性，使得以互联网为载体的宗教活动，打破了传统宗教活动在寺院、清真寺、教堂等宗教活动场所进行的限制，传播更快，范围更广，影响更大。

第二，宗教思想表达方式日益简明通俗。为了让更多的人认识宗教，各宗教在传教过程中，尽可能运用简明、通俗的形式，解读各自的宗教，将宗教精神深入民众之中。宗教思想的表现形式也因此发生着新变化，由过去以教会为中心的注重外在形式的“有形宗教”向注重宗教的内在意义的“无形宗教”转变，由“虔信的对象”向“消费的对象”转换等。在这个过程中，宗教的神秘性和神圣性逐步受到消解，民众对宗教的认识和了解越来越便捷。

第三，各种利益组织利用宗教影响宗教关系。主要表现在乱建寺观教堂；一些宗教活动场所内部管理混乱，一些寺庙随着经济实力的逐步增强，贪污腐败现象也时有发生。另外，在伊斯兰教、基督教内部教派纷争现象近些年也日益明显。除了宗教自身存在无序现象外，一些地方的党政部门和单位为了推动当地经济，搞“宗教搭台，经济唱戏”，投资开发宗教设施或利用原有宗教设施搞旅游，与宗教争利，干扰、损害了合法的宗教活动。这也就造成宗教与社会、不同宗教之间以及宗教内部关系等方面都具有一定的张力。

（3）境内外势力联动影响宗教关系

改革开放背景下中国宗教的发展态势与全球化背景下世界宗教发展态势息息相关。国际因素对我国宗教关系的影响主要表现在：一方面，世界范围内各种宗教组织加大对我国的传教力度，冲击我国现有宗教关系格局；另一方面，国际各种势力利用宗教加大对中国的干涉力度，影响我国宗教关系。

全球化时代在加快宗教传播和蔓延的同时，也使宗教对社会各个层面的影响复杂化。这种复杂化集中表现为三个方面的态势：第一，宗教意识形态的作用越来越强。宗教意识形态化，促使了宗教的政治化，使得宗教不仅仅是一个信仰的问题，越来越成为国际政治事务中的重要因素。第二，宗教越来越成为全球化时代人们身份认同的重要手段。这种宗教认同在一定程度上削弱国家认同，从而对国家主权、民族凝聚力等传统价值观造成冲击，并且在现实中形成潜在的威胁。第三，宗教越来越成为国际政治斗争的重要工具。

在全球化背景下，世界宗教发展态势对我国影响越来越呈现复杂化的态势。一方面，境外宗教组织加大对中国传教力度。对外开放的环境为宗教传播提供了极为便利的条件，伴随经济全球化而来的，不仅是资金、项目和技术，还有文化、思想、观念和宗教信仰的大交流、大碰撞。国外许多宗教组织把中国看作是当今世界最大的信仰市场，通过各种渠道和方式进行传教布道，提高对“中国信仰市场”的占有率。目前，境外宗教组织除了通过宗教交流或派遣传教士的传统方法和途径，还利用经商、投资、教育、旅游、文化、体育、慈善等非宗教交流和合作渠道传播宗教，形成了各式各样的新型传教模式。其中，最有代表性的是境外宗教组织和机构针对我国内地开展远程宗教教育和培训，现代计算机技术在宗教领域中的应用，电子网络的形成，极大地推动了境外宗教组织在我国传教的速度、广度和深度。

另一方面，境外敌对势力加大了利用宗教干涉我国内部事务的力度。为了遏制我国的迅速崛起，一些西方国家在军事、经济手段有限的情况下，更加重视在政治、人权、民族、宗教等方面施加压力。它们以“人权卫士”自居，以“普世价值”为武器，运用舆论优势，指责我国压制宗教自由和迫害宗教人士，毁损我国的国际形象。此外，一些宗教组织开展对华传教有着明确的政治意图，就是要通过改变我国人民的信仰，达到改变我国意识形态，进而改变我国社会制度的目标。他们的这种活动与正常的宗教文化交流混杂在一起，加深了我国宗教关系的复杂性。所有这些，使得我国的宗教对外关系面临着日益复杂多变的形势。

概括而言，我国现阶段宗教关系总体上是健康和谐的，各宗教活动将会平稳有序，宗教方面的消极因素将会进一步得到抑制，宗教方面的积极作用将会进一步得到发挥。但由于境外敌对势力利用宗教遏制中国发展的战略不会改变，抵制境外敌对势力利用宗教对我国渗透的工作依然艰巨。

二、构建积极健康的新型宗教关系

宗教作为社会的一部分，必然会在政治、经济、社会、文化等层面与其他方面形成不同形式、不同性质、不同程度的互动。对于这种互动，中国共产党人立足于国家统一、民族团结、社会和谐和现代化建设的战略全局，给予全面审视，提出构建积极健康宗教关系的时代任务。

1. 宗教关系的复杂性

宗教关系的复杂性，主要表现在宗教自身结构的复杂性以及宗教与政治、经济、文化互动关系的复杂性。

第一，宗教意识、宗教思想和宗教表现形式具有复杂性。经过数千年的发展演变，宗教教义、教理、教规浩如烟海，博大精深，宗教组织形式和体制千差万别，既有古老社会的各种烙印，又随着社会历史的发展而不断汲取新营养加以充实，具有很强的适应性。宗教与其他各种意识形态，如哲学、文学、艺术、法律、教育、科技等互相影响，相互作用，展示了复杂的互动情形。不同时代，宗教与各种文化互相碰撞，互相融汇，其内部成分不断分解组合，又不断产生出新的宗教思潮和派别，出现新的宗教形式。

第二，宗教作用于社会的方式复杂。宗教总是与政治、经济、文化问题相互交织，呈现出复杂的社会功能。宗教作为一种意识形态，为社会提供一种认识世界的方式，一套评判社会行为的价值观念和道德体系。作为一种社会实体，为社会提供一种组织社会的形式，一套调适和整合、凝聚社会的机制和体系。宗教的社会作用是上述两种功能的综合反映。宗教功能的复杂性还体现为宗教具有显功能和潜功能、正功能和负功能以及宗教功能的双重性和多变性等方面。

第三，宗教与政治和意识形态具有天然联系。宗教与政治属于两个不同的范畴，政治立场相同的人，可能信仰不同的宗教；政治立场不同的人又可能信仰同一种宗教。但是，宗教与政治又有联系，从宗教产生之日起，各种政治势力就把宗教当作一种重要手段，或者以宗教的名义，来推行自己的政治意图和战略。在阶级社会里，宗教不仅为剥削阶级提供了统治的外衣，还为被统治阶级的革命斗争提供了意识形态的外衣。

第四，宗教往往构成一种非常强大的社会力量，对社会发展和稳定产生重大影响。宗教通常与政治、经济、文化、民族等方面的历史和现实的矛盾相交错，特别是常常与现实的国际斗争和冲突相交织，是国际关系和世界政治中的一个重要因素。宗教既可以成为强大民族推行扩张政策、践踏弱小民族的精神手段，也可以成为弱小民族反抗强权、维护本民族利益的精神旗帜。

总之，宗教关系问题既是信仰问题，又是很复杂的社会关系问题，也是当今世界广泛存在、远未解决的重大问题。宗教因素使民族关系更趋复杂，使人权问题更趋复杂，使国际关系更趋复杂，使一些国家国内的关系和矛盾也更趋复杂。

2. 构建新型宗教关系的内涵

2016 年全国宗教工作会议上，习近平总书记系统阐述构建积极健康的宗教关系的内涵，指出宗教关系包括党和政府与宗教、社会与宗教、国内不同宗教、我国宗教与外国宗教、信教群众与不信教群众的关系。构建积极健康的宗教关系，主要是实现这“五大关系”的积极健康，实现五个方面关系健康有序，是宗教与社会主义社会相适应的具体体现。

（1）党和政府与宗教

构建积极健康的“党和政府与宗教”关系的内涵，主要包括两个方面：一是构建积极健康的执政党与宗教互动关系；二是构建积极健康的政府与宗教互动关系。

执政党与宗教关系，包括执政党整体和共产党员个体两个层面与宗教的关系。积极健康的宗教与执政党关系理论包括：有神论与无神论的区别不等同于政治上的对立，党与宗教界结成广泛的统一战线，基本原则是政治上团结合作、信仰上互相尊重；宗教团体和宗教界人士是党联系、团结、教育信教群众的桥梁和纽带；支持宗教界加强自身建设，要为他们开展工作提供必要的支持和帮助，尊重和发挥他们在宗教内部事务中的作用，努力建设政治上可信、作风上民主、工作上高效的高素质领导班子。要坚持政治上靠得住、宗教上有造诣、品德上能服众、关键时起作用的标准，支持宗教界搞好人才队伍建设。

从党员个体来说，宗教信仰自由政策不适用于共产党员，党员信仰宗教是党的纪律所不允许的。共产党员应该牢固树立马克思主义宗教学，不但自己不信教，还有义务宣传无神论，帮助群众提高觉悟。对那些参与信教活动的党员，要耐心进行教育，使他们逐步摆脱宗教束缚。对那些利用宗教谋取私利，甚至支持、策划违法活动的党员，一定要按照党纪国法严肃处理。共产党员要做坚定的马克思主义无神论者，严守党章规定，坚定理想信念，牢记党的宗旨，绝不能在宗教中寻找自己的价值和信念。

积极健康的政府与宗教互动关系指的是：实行政教分离原则，社会主义国家的政权绝不能用来推行某种宗教，也不能用来禁止某种宗教。国家尊重和保护公民宗教信仰自由，保护在宪法、法律和政策范围内的宗教活动自由；信教公民和其他公民一样享有同等参与国家政治生活的权利；宗教不得干预政治和政府事务，不得干预国家的行政、司法、学校教育和社会公共教育；任何人都不得利用宗教进行破坏社会秩序，损害公民身体健康，损害社会利益，损害公民个人及集体的合法权益，以及妨碍国家教育制度的活动；更不允许利用宗教反对党的领导和社会主义制度，破坏国家统一、社会稳定和各民族团结。

政府依法对宗教事务进行管理，主要指的是政府依法对涉及国家利益和社会公共利益的宗教事务进行管理；用法律规范政府管理宗教事务的行为，用法律调节涉及宗教的各种社会关系。要保护广大信教群众的合法权益，深入开展法治宣传教育，教育引导广大信教群众正确认识和处理国法和教规的关系，提高法治观念。

（2）社会与宗教

社会主要包括经济、文化和公民社会建设等方面。构建积极健康的宗教与经济建设关系，主要包括以下三点：一是团结信教群众与不信教群众一起，投身社会主义经济建设；支持宗教界根据自身特点和条件，在所在的地区从事多种经营的生产活动，积极参与经济开发以取得经济效益，发扬宗教界护国益民、自养济生、以义导利、以庙促商、以商养庙的传统，发展当代教团自养经济；开发宗教文化资源，发展特色文化产业和旅游业，为转变经济发展方式做贡献；二是发挥宗教教义、教规中的道德劝善功能，推动经济伦理建设；三是坚决抵制利用宗教谋取不法经济利益的行为。

构建积极健康的宗教与文化关系，内涵主要有：以马克思主义和中国特色社会主义理论体系为指导，建设民族的、科学的、大众的社会主义先进文化；以中华民族优秀传统文化为根基，以外来健康有益文化为补充，不断增强我国文化的民族性、包容性、时代性。

我国宗教文化继承了中华民族的“和合”文化传统，倡导和谐、崇尚和谐、维护和谐，可以促进和谐文化建设；发展社会主义先进文化，应当也需要吸取宗教文化中积极的、精华的成分，同时也要摒弃落后的、消极的、糟粕的成分；引导宗教界对宗教文化内容做出新的阐释，挖掘和弘扬其中与社会主义核心价值体系要求相符合、与现代文明相适应的积极因素；鼓励宗教界创新教义教理，依据时代精神和中华传统，实现神学理论的现代转型。发掘、整理、研究丰富的宗教文化资源，在哲学、伦理学、心理学、文献学、医药学、文学、艺术、民俗、养生学等领域，贡献有价值的成果和智慧，使宗教在更深层次上适应社会主义先进文化建设的要求。

构建积极健康的宗教与社会建设关系的内涵，包括宗教与社会公共秩序、与社会服务等方面积极健康互动。主要体现为宗教组织、宗教界人士在社会交往、社会服务以及维护社会秩序等方面承担的社会责任和义务。主要内容有：任何社会团体和组织，只有着眼于有益于社会进步和人类发展的事业，才能赢得社会的尊重，得到大众的认可。服务社会、利益人群，是宗教安身立命之本，是宗教社会价值的重要体现；建立健全宗教服务社会、服务人群的方法、途径和措施；鼓励有条件的宗教团体和宗教活动场所积极参与社会救助、社会公益事业和慈善事业，在扶贫、济困、救灾、助残、养老、支教、义诊等方面发挥有益作用；鼓励和提倡宗教界和信教群众参与和谐社会创建活动，同时消除那些不利于和谐的因素和现象，从而在思想和实践两方面，为构建社会主义和谐社会做出应有的贡献。

要把宗教事务纳入社会公共事务，善于通过法定渠道维护宗教界合法权益、解决宗教领域矛盾纠纷，实现依法管理、社会管理、民主管理有机结合，防止宗教问题特殊化，有效管控宗教与社会之间的张力。

（3）我国宗教与外国宗教

构建积极健康的我国宗教与外国宗教关系，主要内涵是：我国宗教事务独立自办，任何境外组织和个人不得插手中国宗教内部事务；坚决抵御境外利用宗教进行渗透，防范宗教极端思想侵害。要把境外利用宗教进行渗透和宗教界的正常对外交往区别开来，鼓励和支持我国宗教界在独立自主、平等友好、互相尊重的基础上开展对外交往和对外宣传，在国际舞台上讲好中国宗教故事，弘扬正能量，为促进中国和世界各国友好交流做出贡献。

（4）信教群众与不信教群众之间，不同宗教之间

构建积极健康的不同信仰者之间的关系，主要内容包括各大宗教在法律面前一律平等，国家不用行政力量发展某个宗教，也不用行政力量打压某个宗教；不同宗教之间、信教群众与不信教群众之间以及有神论与无神论之间，相互尊重，和睦相处；同一宗教内部不同阶层的信教群众之间要和睦相处。不同教派的信教群众之间和睦相处，信教群众与不信教群众之间要相互尊重，共建幸福家园。决不允许在信教和不信教、信这种教和信那种教、信这一教派和信那一教派的人民之间制造纠纷，甚至挑动斗争，分离人民的社会主义团结。宗教方面的矛盾主要是人民内部矛盾，但也不排除有的问题带有对抗性质。

在我国经济发展和城市化进程中，伴随着人口流动加快，宗教信徒分布正在发生变化。宗教之间的接触碰撞更加频繁，引发矛盾和冲突的因素也随之增多。我们要珍惜我国各宗教和合共生的传统，倡导宗教和谐理念，积极开展各宗教间的对话交流，建立有效的沟通协商机制，探索和睦相处、共同进步的发展道路。

3. 构建新型宗教关系的意义

（1）发展了中国特色社会主义宗教理论

习近平总书记提出的构建积极健康的宗教关系，核心是宗教与社会各方面协调统一，由协调统一而达成和谐健康。它构建了宗教与党和政府、宗教与经济文化社会建设、与国家安全等方面协调统一的基本原则和理念，构建了宗教信徒与非宗教信徒、不同宗教信徒之间等“社会主义与宗教”关系的基本原则，为中国宗教在社会主义社会生存和发展指明了方向，极大地丰富和发展了中国特色社会主义宗教理论，开辟了马克思主义宗教学中国化、时代化的新境界。

构建积极健康的宗教关系，核心要求是宗教与社会其他方面良性互动，协调统一。这是中国共产党人顺应宗教客观发展规律，在理论认识上

达到的新高度。从宗教发展史看，人类社会从神权专制到提出宗教信仰自由并在诸多国家的法律上得到肯定，无疑是各宗教信徒在精神生活方面获得的重大解放，也是宗教思想、宗教观念发展史上的重大进步。但是，由于不同宗教之间的差异性和多样性，宗教信仰自由仍不能自动防范和消除不同宗教之间的冲突，更不能自动实现不同宗教之间、不同宗教派别之间、信教者与不信教者之间的和谐。从全球范围看，宗教隔阂、敌视、冲突并不鲜见。因此，宗教与社会主义社会关系的最佳境界不是宗教信仰自由，而是宗教与社会的协调统一。

要达成宗教与社会的协调统一，关键要素有三，即：公民宗教信仰自由，宗教与社会主义社会相适应，宗教与社会其他方面健康互动。从保障宗教信仰自由到倡导宗教与社会其他方面积极健康的良性互动，体现了从保障自由到实现自由与责任、权利与义务相统一的历史进步。如果说宗教信仰自由是从人权的角度强调尊重公民个人的基本权利，那么宗教与社会良性互动的"积极健康的宗教关系"，便是从社会的角度强调不同信仰群体的互相尊重，这其中宗教与社会主义社会总体相适应是基础和前提。"适应论"要求构成宗教的各个方面包括教义教规、组织体制和宗教活动方式等不断改革发展，与时俱进，不断适应社会整体和社会成员个体需要，其核心是宗教跟上时代，从而为宗教与社会各方面协调统一提供基础和前提。

"适应论"说明宗教与社会有张力，宗教与社会关系"积极健康论"则强调化解这种张力。"积极健康的宗教关系"本质上反映的是宗教群体与社会其他群体之间的平等互尊、共生共荣，进一步消除由于信仰差异而引起的疏离、摩擦及冲突，使社会成员成为友爱合作的共同体，以保证宗教信仰自由能够在多元信仰的互尊互爱中健康地实现。"宗教信仰自由""宗教与社会主义社会相适应"和"宗教与社会其他方面相协调"三者互为前提，互为条件，互为结果，共同推动宗教与社会达成协调统一的境界。由此，"宗教信仰自由""宗教与社会主义社会相适应"和"宗教与社会方面关系相协调”三论构成“构建积极健康的宗教关系”论最核心的内涵，极大地丰富和发展了中国特色社会主义宗教理论。

（2）明确了宗教工作的方向和目标

构建宗教与社会“积极健康”的关系，是宗教治理的重要目标，也是宗教工作的新境界。

构建积极健康的宗教关系，在政府方面要认识到宗教工作的根本是群众工作，以法律调节宗教社会关系；要坚持依法管理宗教，提高法治化水平；保护信教群众合法权益，巩固和扩大党的群众基础，争取广大宗教徒紧密团结在党和政府的周围，凝聚人心、凝聚力量、凝聚智慧、凝聚共识，信教和不信教群众团结起来，共同为致力于中华民族伟大复兴而团结奋斗。

这就要求从社会管理和公共服务的角度妥善处理宗教事务，促进信教群众和不信教群众的和谐。政教分离与政府引导不仅不矛盾，而且相统一。政教分离是指政权系统与宗教组织的分离，而政府引导是政治方向和社会公法领域的引导，不涉及纯宗教事务。引导工作包括依法规范宗教涉及国家与公共利益事务，保护合法，制止非法，遏制极端，抵御渗透，打击犯罪；鼓励和帮助宗教界提高素质，服务社会，做好宗教健康发展所需要的各项社会服务工作。

在宗教方面则须坚持宗教不得干预行政、司法、教育等国家职能的实施，提高信教群众法治观念，正确认识和处理好国法和教规的关系，主动自觉地用国法统摄宗教思想和宗教行为。

（3）推动宗教服务社会健康发展

宗教与社会关系“积极健康论”，明确了各宗教应有的社会责任，即在宗教信仰自由的前提和基础上，宗教对社会、民族乃至人类应当负的责任和义务。宗教要积极顺应时代潮流，爱国爱教，把保持和促进宗教与社会关系和谐作为自身的责任和使命，把和谐理念转化为自觉意识、行为准则和生动实践，自觉抵制宗教极端主义和狂热主义，反对利用宗教达到不良目的；维护宪法、法律、法规尊严；同时加强自身的教风建设、人才培养，进行教理创新、体制转型，做好自养自治、对外交往，以宗教特有的方式护国利民、促进和谐、繁荣文化，为全面建设小康社会主动做贡献，获得社会的认可与关爱。

当前，宗教信仰自由政策深入人心，尊重公民信仰宗教和不信仰宗教的自由权利成为广泛的社会共识。宗教与社会主义社会相适应已得到广大中国宗教信徒和社会各界的认同，并已取得长足进展，与社会的进步、与文明的发展相适应，已成为中国宗教发展的方向和主流。在党和政府的引导下，广大宗教界人士和信教群众心情舒畅，积极投身改革开放和社会主义现代化建设各项事业，我国各宗教在与社会主义社会相适应方面取得了显著成绩，受到了社会各界的赞誉和好评。比如，宗教界和宗教组织在政策范围内发展成立一些公益和救济机构，社会服务功能日益显现，各宗教不断挖掘教理教义中适应时代发展的积极内容，积极倡导以伦理化为主要内容的宗教道德建设，努力使宗教的思想观念适应我国社会发展进步的要求。宗教团体积极协助党和政府贯彻落实宗教信仰自由政策，团结和带领广大信教群众为全面建设小康社会、构建社会主义和谐社会做出了积极贡献。

以上构建积极健康宗教关系的战略，是中国特色宗教治理的重要内容，为正确处理具有中国特色、时代特色的社会主义与宗教关系提供了目标和路径体系。

三、政教分离在当代中国的实践

在当代中国政教分离实践中，中国共产党党员能否信教、宗教界人士能否参与国家政治生活，以及怎么把握“宗教与教育相分离”原则，是热点和难点问题。

1. 我国政教分离的法治

（1）法制建设中的政教分离精神

新中国成立后，我国的政治生活以马克思主义意识形态为指导，虽然我国历届宪法没有明确书写“政教分离”原则，但是从宪法文本或精神可以引申出政教分离的宪政精神。比如，我国《宪法》第36条规定：“中华人民共和国公民有宗教信仰自由。任何国家机关、社会团体和个人不得强制公民信仰宗教或者不信仰宗教，不得歧视信仰宗教的公民和不信仰宗教的公民。国家保护正常的宗教活动。任何人不得利用宗教进行破坏社会秩序、损害公民身体健康、妨碍国家教育制度的活动。”《教育法》规定，我国实施宗教与教育相分离原则。再比如，习近平总书记在2016年全国宗教工作会议上指出：“必须坚持政教分离，坚持宗教不得干预行政、司法、教育等国家职能实施。”

从相关法律法规、领导人讲话和白皮书中，我们可以看到，中国的政教分离大体包括以下内容：公民宗教信仰自由，作为执政党的中国共产党，其党员不得信仰宗教；国家对待各宗教一律平等，一视同仁，不以行政力量发展或禁止某个宗教，任何宗教都不能超越其他宗教在法律上享有特殊地位；国家依法对涉及国家利益和社会公共利益的宗教事务进行管理，但不干涉宗教内部事务；宗教不得干预行政、司法、教育等国家职能的实施。因此，即使宪法文本上没有直接规定政教分离原则，但坚持政教分离在中国已经是约定俗成的共识。

为什么我国宪法没有明确写上政教分离？据说，20世纪80年代初全国人大常委会在讨论宪法草案中要不要直接规定政教分离原则时，有的委员提出，由于各国对政教分离原则存在不同理解，西方国家政教分离有很强的针对性，但在我国的针对性不强，而且我国宗教界人士有不少还在各级人大、政协参政议政，发挥作用，如果规定政教分离可能会引起歧义，因而直接规定“不得利用宗教进行破坏社会秩序、损害公民身体健康、妨碍国家教育制度实施的活动”，更符合我国的实际。

（2）政策实践中的政教分离精神

新中国成立以来，在各个时期中国共产党领导人讲话和各有关文件中都有关于“政教分离”的政策表述。1981 年李维汉在谈到落实西藏的宗教信仰自由政策时强调指出：“宗教信仰自由、政教分离，宗教不干涉行政、司法和教育，这是我们一贯的政策。”同年，中国共产党中央委员会《关于建国以来党的若干历史问题的决议》中指出：“……要求宗教不得干预政治和干预教育。”

中发〔1982〕19 号文件则明确规定了政教分离的内容。这些内容包括：信仰宗教或者不信仰宗教是公民个人的私事。“宗教信仰自由政策的实质，就是要使宗教信仰问题成为公民个人自由选择的问题，成为公民个人的私事。”19 号文件明确规定：“社会主义的国家政权当然绝不能被用来推行某种宗教，也绝不能被用来禁止某种宗教，只要它是正常的宗教信仰和宗教活动。”“绝不允许宗教干预国家行政、干预司法、干预学校教育和社会公共教育。”“绝不允许恢复已被废除的宗教封建特权和宗教压迫剥削制度，绝不允许利用宗教反对党的领导和社会主义制度，破坏国家统一和国内各民族之间的团结。”

1990 年 6 月全国统战工作会议再次强调，“要坚持政教分离的原则，国家保护正常的宗教活动，宗教不得干预国家行政、司法、学校教育和社会公共教育”。此外，在《中华人民共和国义务教育法》和教育部等有关部门发布的行政文件中也多次重申政教分离的原则。

所有这些都表明，在我国，政教分离已经成为约定俗成的共识。有一种说法，中国的宗教组织是“官办教会”。这种说法并不确切。因为宗教活动场所（寺庙、宫观、教堂、清真寺）不是由国家财政拨款修建的，不是国有资产，宗教神职人员（牧师、神父、和尚、道士、阿訇）不是国家公务员。宗教组织的经济来源，主要依靠房租、教徒奉献和神职人员自己的产品。各宗教团体的全国和地方（省、自治区、直辖市）的工作机构，以及全国性的宗教院校，属于社会团体。国家财政每年拨出一定的费用，用于重点寺庙的维修，主要是出于保护文物的考虑。

但中国的政教分离，与西方的政教分离有所不同。中国的政教分离，除了强调宗教不得干预行政、司法、教育等国家职能外，还强调发挥宗教界人士和信教群众的积极作用。因为，在社会主义条件下，信教和不信教以及信仰不同宗教的群众在信仰上的差异是次要的，他们在政治、经济上的根本利益是一致的，信教群众也是社会主义国家建设的重要力量，要切实发挥宗教界人士和信教群众在促进经济社会发展中的积极作用。目前，中国约有 2 万名宗教界人士担任了各级人民代表大会和政治协商会议的代表、委员，积极参政议政，实施民主监督。

2. 宗教界人士参政议政与政教分离并行不悖

（1）人大代表到底代表谁？

我国各级人大代表都由选举产生，其中县、乡一级的人大代表由直接选举产生，县级以上的人大代表是间接选举产生的，主要按照行政区域进行选举。全国人民代表大会代表由各省、自治区、直辖市的人民代表大会和人民解放军的军人代表大会选出。

宪法学界关于人大代表与选民关系的讨论，主要有四种代表性观点：一是“强制委托制”论，主张人大代表是特定选民或选区的利益和意志的代表，要在选民的监督下行使权力。二是“非强制委托制”论，主张人大代表可以在考虑选民或选区利益的基础上，不受选民强制委托的约束，独立行使代表权。三是“集中代表制”论，认为人大代表不是代表特定的选民或者选区，而是全体人民的委托人。四是“双重代表制”论，主张人大代表既要代表全国人民的整体利益，又要听取和反映选区选民的意见。

笔者认为，“双重代表制”更符合中国人大代表的性质。第一种观点的不足之处在于把选民对人大代表的政治委托视为私法上的委托行为，是不恰当的。如果人大代表仅代表选区选民利益，很容易导致利益碎片化，在实际运行中，代表事事拘泥于选区民意，人民代表大会最终变成相互争执、永无结果的战场，行动困难。第二种观点认为人大代表可以不受选民的强制约束，但实际上如果没有选民对代表的约束和监督，就难以保证代表真的会为选民的利益服务，就难以保证国家权力属于人民。所以人大代表必须要在人民的严格监督之下完成自己的工作。第三种观点的不足之处在于，虽然我国广大人民的根本利益是一致的，但是由于社会分工、经济水平和地域等方面的不同，不同群体之间的具体利益是有区别的，若是仅仅强调代表全国人民利益，忽视选区人民的局部利益，这样既不利于民主，也缺乏针对性和有效性。因此，人大代表在性质上的“双重代表制”，既可以体现全体人民根本利益的一元化，又可以反映具体利益的多元化。人大代表只有真正了解选区选民的利益，才能抽象出全体人民的整体利益，而反映全国人民整体利益，最终也会保障各地区人民的具体利益，这两者是辩证统一的。所以，人大代表应该是“双重代表制”更符合现实。

从相关法律规定中也可以看出中国的人大代表属于“双重代表制”。如《中华人民共和国全国人民代表大会和地方各级人民代表大会代表法》第2条规定：“全国人民代表大会和地方各级人民代表大会代表，代表人民的利益和意志，依照宪法和法律赋予本级人民代表大会的各项职权，参加行使国家权力。”《宪法》第76条规定：“全国人民代表大会代表应当同原选举单位和人民保持密切的联系，听取和反映人民的意见和要求，努力为人民服务。”这些规定都表明，人大代表所代表的是选区选民及全体人民的利益。

（2）宗教界人士以公民身份担任人大代表不违背政教分离原则

参加各级人大的宗教界人士，大多是某一宗教内担任重要教职的人员，也是宗教组织的主要负责人。这些人首先是中国公民，作为中国公民，既享有宪法和法律规定的权利，也需要履行宪法和法律规定的义务。根据我国宪法和法律，公民享有管理国家、参政议政的权利。

我国《宪法》第34条规定：“中华人民共和国年满十八周岁的公民，

不分民族、种族、性别、职业、家庭出身、宗教信仰、教育程度、财产状况、居住期限，都有选举权和被选举权。”这就是说，宗教人士只要满足上述条件都拥有被选举权，都可以依法参加各级人大代表的选举，成为人大代表。公民不分“宗教信仰”选举人大代表的规定，其内涵既包括不能因为宗教身份剥夺参选人大代表的资格，同时也包括人大代表不能以宗教身份参政议政。选举法告诉我们，宗教界人士当选人大代表，主要是他们的公民身份而不是宗教身份，他们代表的是全体人民利益以及所在选区选民的具体利益，这些利益包括宗教界和信教群众的特殊权益。正是由于代表选区选民，所以，参加各级人大会议的宗教界人士，分散在各个省、市、县的人大代表团中，参加以省、市、县为小组的参政议政活动，而不是以某个宗教组织的代表，以宗教界别形式组团参加各级人大活动，所以他们的参政议政并不是代表宗教组织介入政权活动。

例如，第十三届全国人大代表圣辉是湖南团的代表，他代表中国人民以及湖南选区选民的利益，参与全国人大各类大会活动和湖南代表团的小组活动，反映包括信教公民在内的选民权益。再比如，第十三届全国人大代表李西・新甲旦真，在参加 2019 年的全国人大会议期间，提交加快阿坝州—甘孜州高速交通线路建设、保护环境、加强西藏本地优秀文化保护研究三项议案。这种参与制定国家大政方针政策的政治活动，不仅不违反政教分离，而且有利于推动民主政治发展。政教分离与宗教界人士和信教群众关心、参与国家政治生活并不矛盾，公民虽然在信仰上有差异，但在政治经济上的根本利益是一致的，宗教界人士作为公民的政治参与，是广泛的人民民主的体现。

因此，无论国家、社会和宗教界，对来自宗教界的各级人大代表的性质和使命，都应准确把握，切不可模糊化。宗教界人士作为人大代表，也需要妥善把握好公民与教职人员、选民与宗教组织的关系。在实践层面，有些宣传报道，突出宗教界人大代表的宗教身份，比如，关于第十三届全国人大代表、湖南代表团的圣辉，四川代表团的李西・新甲旦真的有关新闻报道，突出“法师”“活佛”的身份，突出他们作为宗教界代表人士，在宗教组织中担任的主要教职。笔者认为，这种报道有些不妥。还有的报道，强调宗教界的人大代表，作为宗教界代表人士，代表所联系的广大宗教界群众的特殊利益，反映宗教界的特殊利益诉求。也有一些来自宗教界的人大代表，对自身履行公民权利，代表人民当家作主的职责把握不清。在他们看来，他们当选人大代表，主要是因为他们是宗教组织的负责人，在信众和社会上有一定的威望和影响，他们在各级人大中，必须反映宗教界的利益诉求，维护宗教界权益。因此，有些宗教界人大代表，在各级人大提交的议案多数内容与宗教相关，反映其他社情民意的相关议案较少。这种以宗教团体领导人身份参与政权，共同管理国家事务，与一般的公民行使自己的政治权利有所不同。实践中的这些异化，有必要关注，也有必要及时加以纠正，以便国家在更好地保障公民基本权利的同时，防止宗教政治化。

（3）宗教界人士以宗教界人士身份参与政协不违背政教分离原则

人民政协是爱国统一战线的组织形式。在人民政协中，宗教界是作为一个界别活动。各级政协会议都有宗教团体的代表参加，各级政协也都设有宗教方面的专门委员会。宗教界委员通过人民政协这一组织形式参政议政，代表宗教界发表各种意见。他们可以对国家制定法律法规及政府工作提出建议议案，特别是在保障公民宗教信仰自由权利及宗教团体的合法权益方面，提出自己的建议与意见；对有关宗教事务的方针政策、法律法规的研究制定贯彻执行情况参与协商；可以就某一方面政策的实施情况进行实地调查，提出自己的看法与建议；可以向有关政府部门反映广大信教群众的愿望和宗教方面的社情信息；等等。政协委员的提案，政府有关部门一定要认真研究，并将研究结果与对策及时地反馈给提出议案的人。新中国成立以来，特别是改革开放 40 多年来，在各届人民政协会议上，宗教界委员对我国宪法的修改与制定，对各项法律法规的制定与贯彻，以及宗教方面的方针政策的执行情况，都提出过许多好的建议，写了大量的提案，这种形式为各级政府与宗教界人士之间架起民主沟通的桥梁，政府各有关部门认真采纳办理宗教界人士的意见和建议，政协和政府互动，共同为宗教界办实事，排忧解难，这是宗教界人士参政议政富有成效的体现。

目前，我国有近2亿宗教信徒，他们也是建设中国特色社会主义的重要的积极力量。宗教界是参加人民政协的重要界别之一。通过人民政协，把广大宗教界人士和宗教信徒的意见和愿望表达出来，让他们参与国家政治生活，积极投身到社会主义建设的宏伟事业中，是一项意义深远的工作。

总之，实行政教分离的原则，同鼓励宗教界爱国人士和广大信教群众关心、参与国家政治生活并不矛盾，信教群众和不信教群众享有平等的政治权利，爱国宗教界人士是国家的主人，同样可以参与国家大事的讨论和协商，参与对国家事务的管理。但这些不同于宗教干预行政，因为他们首先是国家公民，是在正常履行宪法赋予公民的基本权利和义务。

同时，作为爱国统一战线成员，宗教界人士的参政议政，与政教分离的原则也并行不悖。因为中国共产党与宗教界的统一战线，主要功能是政治协商，民主监督。通过人民政协等组织，党和政府听取社会各方面的意见、建议。人民政协的民主监督不是法律监督，不具有法律效力，它是发扬社会主义民主的形式。因此，这种以政治协商、民主监督为主要形式的参政议政，与政教分离原则并行不悖。宗教界不仅是团结教育的对象，也是参政议政的一支重要力量。

正是有了这种认识，新中国成立以来宗教界人士积极参政议政，在我国政治生活中发挥了十分重要而又特殊的作用，成为我国政治生活中一个突出的特点。

3. 怎样把握“宗教与教育相分离”的原则

近年来，全国各地政府教育部门纷纷开展对“宗教干预教育”情况执法活动。主要的执法行为是：要求天主教、基督教教堂不得面向十八岁以下青少年开展以“主日学”为主要形式的传教行为；佛教特别是藏传佛教不得接受义务教育阶段的青少年进寺庙修行、出家等宗教行为；各宗教活动场所不得面向未成年人举办各种宗教性研习营等活动。

这些执法行为遭遇多方面的不同看法。来自宗教界的抵触看法主要基于两点理由：一是未成年人有信仰宗教的自由，有权利进入宗教活动场所过宗教生活；二是父母具有监护权，父母有权利决定孩子的宗教信仰选择。

来自政府有关方面的问题主要是执法困惑，即对“宗教与教育相分离”具体内涵缺乏明确的法律解释，也缺乏这一宪法精神落地的操作性细则，不知道如何执法。从近年来全国各地对这条法律法规的执法实践情况看，这条法律规制，在执法实践层面遭遇到的问题主要有两点：一是教育的含义，是指学校教育，还是包括家庭教育和社会教育？宗教与教育相分离，是不是指宗教与学校教育相分离还是宗教与学校教育、与社会教育、与家庭教育相分离？二是学校教育如何才能与宗教相分离？如何界定学校的宗教行为？如何分清人们的行为是符合还是违反了这一原则？这一原则可否细化为学校教育中应当遵循的若干规范性要求？

（1）世界大多数国家“宗教与教育相分离”的法律实践

在欧洲等西方国家，在漫长的中世纪，文化教育一直被教会垄断。文艺复兴后，国家主办的公共教育兴起，教会逐渐被排挤出教育领域。欧洲近代启蒙运动是从反天主教神权开始的，走向是政教分离、宗教信仰自由。与这一历程相一致，传统上主要由宗教承担的公共教育事业，也逐渐与宗教分离。1871 年，英国颁布《宗教审查法》，提出除神学专业外，学生在取得学位时，必须废除宗教审查，取消大学教职员的宗教限制，撤销小公务职员必须为独身圣职者的规定等，逐步削弱宗教对学校教育的影响。

1871 年，法国巴黎公社宣布“教会与国家分离，取消国家用于宗教事务的一切开支，并把教会的一切财产转为国家财产”。教育委员会同时发布一系列指令，要求从学校中清除一切宗教教育的设施，诸如十字架、圣母像、宗教图画、宗教书籍等，取消教义问答和教会歌曲等，规定在教学中只能使用科学的教学方法，不允许有宗教解释。

1883 年，时任法国内阁总理兼教育部长的朱尔 · 费里（Jules Ferry）在致小学教师们的信中写道："宗教教育属于家庭和教会，而道德教育属于学校。法令的首要目标是把学校与教会分开，保证教师和学生的信仰自由；把两个混淆太久的范畴区别开，即个人的、自由的、可变的信仰范畴及公共的、对于所有人都必不可缺的知识范畴。"1905 年法国颁布的《政教分离法》再一次强调了宗教与教育相分离原则。如今，学校应该对所有宗教一视同仁，教师的教学不应带有任何宗教色彩已成为整个法国社会的共识。

20 世纪 80 年代，随着穆斯林移民的不断涌入，伊斯兰教逐渐成为法国第二大宗教。近些年，如何在教学机构贯彻政教分离的原则重新引起人们的热议。例如，一些信仰伊斯兰教的女中学生习惯佩戴包住头发和耳朵的头巾（lefoulard），很多人认为这与政教分离原则不符，因为学校应该是一个去宗教化的场所。法国政府 2004 年颁布法案，禁止在公共教育机构出现明显反映宗教信仰的标志。这项法案被解读为禁止在公立学校佩戴头巾，而引发了法国国内及国际社会对信教自由、政教分离与宗教宽容的激烈争论。

法国在制订和颁布 1905 年法律的时候，阿尔萨斯大区（下辖 2 个省）和摩泽尔省还处于德国的统治之下。1919 年阿尔萨斯大区和摩泽尔省回归法国后直到今天，在宗教事务方面享受一种特殊体制，而该体制还带有浓重的 1801 年拿破仑签署的"和解协议（Concordat）"的色彩。

这一特殊体制的特征是：宗教课是这三个法国省小学和初中学生的规定必修课；当然，家长可以要求免修宗教课，以"道德课"取代；而且事实上，这些名称为"宗教课"的课程也不是以宣讲教理为主，而是涉及一些与人道、社会、国际、文化与宗教相关的主题。真正意义上的"教理课

（catéchisme）”则由教会在校外承担。

（2）怎么理解和把握我国“宗教与教育相分离”的法律规制

在我国，1917年北京大学校长蔡元培提出“以美育代替宗教”的口号，主张把教育与宗教分离开来。中国共产党一贯坚持教育与宗教相分离的原则，早在1923年，党的第三次全国代表大会通过的《中国共产党党纲草案》第12条就有“实行义务教育，教育与宗教相分离”的规定。新中国成立以来，我国法律对此进一步加以明确规定。《中华人民共和国宪法》第36条指出：“国家保护正常的宗教活动。任何人不得利用宗教进行破坏社会秩序、损害公民身体健康、妨碍国家教育制度的活动。”《中华人民共和国教育法》第8条规定：“国家实行教育与宗教相分离。任何组织和个人不得利用宗教进行妨碍国家教育制度的活动。”

总体来看，我国的“教育与宗教相分离”原则，符合世界教育现代化发展的潮流。但是怎么理解“宗教与教育相分离”？很多人认为，宗教与教育相分离主要指宗教与学校教育相分离。主要依据是国务院综合行政法规《宗教事务条例》第44条的“禁止在宗教院校以外的学校及其他教育机构传教、举行宗教活动、成立宗教组织、设立宗教活动场所”。因此，“宗教与教育相分离”基本含义主要有以下几个方面：第一，国民教育领域的各级各类学校及其他教育机构、教师和其他教育工作者应当尊重公民宗教信仰自由，不得以是否信仰宗教作为入学条件之一。第二，排除宗教对学校教育的影响。任何组织和个人不得干预学校正常的教育教学活动，不能妨碍学校宣传无神论与进行历史唯物主义、辩证唯物主义及自然科学知识的教育；不得在学校传播宗教教义和举行宗教仪式，也不得利用学校向学生灌输宗教思想、发展信徒。第三，国家允许宗教组织和个人捐资助学，但他们不能直接管理具有国民教育性质的学校。

按照《中华人民共和国义务教育法》，凡是中华人民共和国公民，无论其民族、宗教信仰如何，只要达到适龄都必须接受义务教育。这既是公民的神圣权利，也是公民应尽的义务。

笔者认为，教育包括学校教育、社会教育和家庭教育。宗教与教育相分离，首先是与家庭教育，其次是与社会教育，最后是与学校教育相分离。不能把教育直接等同于学校教育，不能想象，宗教不在校园里进行传教、建立组织、设立宗教活动场所、从事宗教活动，却可以在老师家里、在校园周边、在社会其他场所进行这样的宗教行为，这就使得“宗教与教育相分离”在操作实践上成为“空话”。向未成年人传教涉嫌违背宗教与教育相分离的原则。家长无权决定孩子的宗教信仰，换句话说，在家庭里，父母对孩子进行宗教灌输有违宗教与教育相分离的原则。

（3）高校应该对大学生进行宗教学教育

教育与宗教相分离，是自启蒙运动以来世界教育现代化发展的普遍潮流，也是我国宪法和法律确定的一项基本原则。根据这样的原则，任何组织和个人不得在学校进行任何宗教信仰教育。但宗教作为一种对人类社会产生了并且还在继续产生着巨大而深远影响的观念形态、文化传统、组织群体和生活方式，不可能被排除在高校教学和科研的视域之外。“用马克思主义立场、观点、方法对宗教问题进行科学研究，是党的理论工作的一个重要组成部分。”“教育引导大学生正确认识和对待宗教问题，事关培养社会主义合格建设者和可靠接班人，事关不断巩固马克思主义在意识形态领域的指导地位，事关维护社会稳定、国家安全和民族团结。”

笔者认为，迫切需要对大学生开展科学的宗教知识教育。在大学生头脑中建构关于宗教的科学的知识体系是其抵御各种宗教影响的前提。部分大学生亲近宗教，主要是被宗教道德、宗教文化、宗教慈善等宗教表象所迷惑，没有看清楚宗教现象的本质及宗教社会作用的两重性。因此，向大学生讲清楚宗教是什么，帮助大学生认清宗教的本质才是关键。目前，就如何针对“信教”学生进行思想教育、如何有效抵御宗教对校园的渗透，有人主张在高校中进行无神论教育，在社会上大力宣传无神论，有人反对这种做法，主张用宗教学教育替代无神论教育。

笔者主张用科学的宗教知识教育替代“无神论”宣传，因为“无神”

是宗教学研究的结论，说清楚宗教是什么，也就自然说清楚世界上没有神。但面向大学生开展宗教知识教育，不仅要说清楚世界上没有神，从而理性地抵御各种宗教的影响，而且还要说清楚为什么有那么多人信仰神，从而尊重不同宗教信仰，避免向宗教开炮。在当今中国宗教影响力增大的社会氛围中，如果不配合宗教知识教育，简单的无神论宣传难以解决思想深处的认识问题。因此，各级各类党校、干部类院校都应该增加宗教知识的教育。

与此同时，在包括宗教界在内的社会各个层面，不留死角地宣传“宗教与教育相分离”原则，这是建构积极健康“政教关系”的题中应有之义。

专 题 六

坚持我国宗教的中国化方向研究

【教学目的】 坚持我国宗教中国化方向，是新时代宗教工作的重要任务。本专题要梳理我国宗教中国化历程、阐释新时代党中央支持我国宗教坚持中国化方向的指导思想和各宗教的实践探索，通过这些梳理阐释，帮助学员认识我国宗教中国化的历史特点，以及当代我国宗教深入推进中国化，在维护中华民族团结统一、适应社会、服务社会方面的时代使命。

【内容提要】 历史地看，外来宗教完成中国化，根本标志是宗教思想中国化。新时代我国宗教中国化，要用社会主义核心价值观引领和教育宗教界人士和信教群众，弘扬中华民族优良传统，用团结进步、和平宽容等观念引导广大信教群众，支持各宗教在保持基本信仰、核心教义、礼仪制度的同时，深入挖掘教义教规中有利于社会和谐、时代进步、健康文明的内容，对教规教义做出符合当代中国发展进步要求、符合中华优秀传统文化的阐释。

近年来，五大宗教先后出台坚持中国化方向行动方案，从理论到实践探索了适应新时代的宗教中国化建设。深入推进我国宗教中国化，要引导和支持我国宗教以社会主义核心价值观为引领，增进宗教界人士和信教群众对伟大祖国、中华民族、中华文化、中国共产党、中国特色社会主义的认同。要在宗教界开展爱国主义、集体主义、社会主义教育，有针对性地加强党史、新中国史、改革开放史、社会主义发展史教育，引导宗教界人士和信教群众培育和践行社会主义核心价值观，弘扬中华文化。要坚持独立自主自办原则，切实解决影响我国宗教健康传承的突出问题。

在2015年召开的中央统战工作会议上，习近平总书记首次指出支持我国宗教坚持中国化方向的论断。在2016年召开的全国宗教工作会议进一步指出，“积极引导宗教与社会主义社会相适应，一个重要的任务就是支持我国宗教坚持中国化方向。”2021年的全国宗教工作会议，再次把“深入推进我国宗教中国化”作为新时代宗教治理的重要内容。

一、外来宗教中国化的历史

中国道教协会会长李光富指出，“宗教中国化有三个维度：一是地域性，即是中国的宗教，而不是外国宗教在中国；二是民族性，即宗教是中华民族的宗教，而不是简单移植其他民族的宗教；三是时代性，即宗教要与时俱进、与时偕行，与社会主义社会相适应”。本专题关于我国宗教中国化历史和现实的考察，主要借鉴李会长的观点，从地域性、民族性和时代性三个视角切入。

1. 佛教中国化的历史

佛教创始于公元前6世纪的古印度，创始人释迦牟尼，被尊称为“佛”，意思是觉悟的人。汉唐时期，印度佛教源源不断地输入中国。学者方立天指出：“佛教输入的过程，就是佛教从中国的外部向内部传播、推进和扩展的过程，就是受中国社会的政治、经济和文化的制约、影响，为中国人所接受的过程，这是一种双向选择的过程，其实质和结果就是佛教中国化。”[①]换句话说，佛教的中国化主要是佛教在中国各个地区传播过

① 方立天：《佛教中国化的历程》，载张志刚、张祎娜主编：《“宗教中国化”研究论集》，宗教文化出版社2018年版，第51页。

程中，与各民族原有的思维方式、生活习俗、文化意识等交流交融，在教义、建筑、文学、艺术等方面取长补短，最终形成了汉传佛教、藏传佛教与南传佛教三大体系[①]。

（1）汉传佛教中国化的历程

内地佛教大约是在东汉时期[②]主要从新疆（古称西域）地区传入。公元前1世纪，佛教从古印度经克什米尔传入新疆于阗（今和田）。不久，佛教又经中亚传入疏勒（今喀什）。此后佛教沿着丝绸之路南北两道传播到且末、若羌、莎车、叶城、库车、阿克苏、焉耆、吐鲁番、哈密等塔里木盆地周围的各个绿洲。

4—5世纪，佛教已成为新疆的主要宗教，进入发展的鼎盛阶段。当时，在塔里木盆地周围的各绿洲，佛教寺塔林立，僧侣成群；于阗、龟兹、疏勒、高昌等佛教中心相继形成；佛学研究和佛经翻译十分兴盛，达到很高的水平，出现了鸠摩罗什等许多著名的佛学大师和佛经翻译家。

三国时期的朱士行，260年前往于阗取经，抄写梵本《大品般若经》托人送回内地，后被人译成《放光般若经》。东晋僧人法显于400年来到于阗，看到这里僧侣多达数万人，家家户户门前皆起小塔，为云游到此的僧人提供住所。

库车人鸠摩罗什是龟兹国王室成员，他于387年到中原传教，401年来到长安（今陕西西安），此后十余年间与弟子译成《大品般若经》《法华经》《维摩诘经》《阿弥陀经》《金刚经》等佛教经律论传94部、425卷，为中观般若思想在汉藏等地的传播做出了巨大的贡献。大唐和尚玄奘取道新疆到古印度取经，他和弟子共译佛典75部。佛教汉地化有如下几个标志性的阶段：

---

① 有学者认为大乘佛教所标榜的普度众生在南传佛教中也存在，故建议将中国佛教分为三大语系佛教，即广泛流传的“汉语系佛教”、主要集中在中国藏族主要聚居地区及蒙古族聚居区流传的“藏语系佛教”和南传上座部的“巴利语系佛教”。

② 参见牟钟鉴，张践：《中国宗教通史（修订本）》（上），社科文献出版社2003年版，第304—305页。

第一，东汉时期佛教的方术化。东汉时期来到中原的佛教人士，以翻译、阐释佛经为主。汉代佛教先在宫廷上层人士中流布，当时在上流社会流行黄老之学和神仙方术，为了让这些人理解接受佛教，译师们就采用中国黄老之学的神仙方术的术语来翻译、调整译文。这一时期人们把佛教看成是黄老道家的同类，把佛看成是保佑一方平安的神明之一，佛教的修行方法被看作是学道成仙的方术之一。佛教是在与方术思想结合的过程中得到传播的。

第二，魏晋佛教的玄学化。魏晋南北朝时期由于长年战乱，生灵涂炭，佛教获得大幅度发展，不仅拥有大量民间信徒，而且得到统治集团的青睐。当时的佛教活动，不仅表现在大量佛教经典被翻译成汉语，大量寺院建筑、塑像、经画等佛教艺术逐渐兴起，而且还涌现了诸如道安、慧远、鸠摩罗什和僧肇等佛学大师。受魏晋玄学的影响，出现玄佛合流的趋势，因此可以称这一时期为佛教的玄学化。

第三，隋唐佛教的儒学化。隋唐是佛教中国化发展的全盛时期，中国化佛教的各个宗派，如天台宗、法相宗、华严宗、禅宗、三论宗、净土宗、律宗、密宗等一一出现。唐统治者实行儒、佛、道三教并行的政策，积极推动佛教与儒、道的深入融合。慧能创立的禅宗，最大特点就是儒学化，包括教义上的儒学化和伦理上的儒学化，集中体现在人性化、心性化。禅宗把佛变成人，把佛性诉诸心性，将佛教由彼岸拉回到此岸，使得成佛解脱与儒家忠孝伦理相互协调。从根本上把佛教由一种外在的宗教变成一种内在的宗教，由一种外来的宗教变成一种中国的宗教。

第四，宋代以后的儒佛合一。宋代以后的官方意识形态是所谓的宋明理学，这实质上是儒佛道尤其是儒佛两家理论相互融合的结果。宋明之前的儒家采用的是“天人合一”的思维模式，宋明理学则是“本体论”的思维模式。从周敦颐、张载、二程、朱熹到陆象山、王阳明，他们的学说都与佛学有着极深的渊源。

总之，汉传佛教于东汉时期传入，魏晋南北朝迅速发展，隋唐出现天台、华严和禅宗等，经与宋明理学磨合，明清实现儒释道三家合一。汉传佛教中国化，实际上是“佛教学者从大量佛教经典文献中精炼、筛选出佛教思想的精神内核，确定出适应中国国情的礼仪制度和修持方式”①，使佛教与中国不同历史的政治社会文化融合。

（2）藏地佛教的中国化

西藏的佛教主要是由文成公主从内地传入的。641年文成公主入藏，不仅带去释迦牟尼佛像、三百六十部佛经，还带去寺院建造法式及寺院法规，文成公主还随松赞干布译经达13年之久。②710年唐朝金城公主入藏，在吐蕃开创了两种佛事活动，即“谒佛之供”和“七期荐亡”，这对吐蕃佛教的制度化，以及深入民俗生活发挥了重要作用，今天藏传佛教信众到拉萨朝佛的习俗盖由此而来。

伴随两位唐朝公主进藏，汉地佛教的佛像、佛经、佛经翻译、佛寺建筑、汉僧及寺规相继出现于吐蕃。桑耶寺修建于779年，选址在桑耶扎玛，是经汉地卜算师选定的。主殿是三层楼房，其中层系仿汉式建筑，中殿燃灯佛等九尊佛像的造型亦为汉式。寺中有专为汉僧参禅之用的“禅定菩提洲殿”以及汉经译场妙吉祥洲佛殿。

当时大量汉地和尚也开始入藏，与吐蕃人一起翻译汉地佛经。《册府元龟》卷980载：“建中二年（781）二月初，吐蕃遣使求沙门之善讲者，至是遣僧良琇、文素二人行，二岁一更之。”③783年吐蕃占领敦煌后，吐蕃利用汉藏僧人在敦煌译经、讲经，传播佛教。如《太平寰宇记》卷185载：“德宗建中四年（783）夏四月没蕃将士僧尼等至沙洲（今甘肃敦煌），凡八百人。”

《莲花生传》中记录的入蕃参加译经的汉僧有：帕桑、玛哈热咱、德

---

① 参见方立天：《佛教中国化的历程》，原载《方立天文集》第1卷《中国佛教》，转引自张志刚、张祎娜主编《“佛教中国化”研究文集》，宗教文化出版社2018年版，第51页。

② 参见王丽媛：《试论佛教在汉藏文化交流中的作用》，载《法音》2015年第10期。

③ 参见袁晓文，郎伟：《汉地佛教在吐蕃传播述论》，载《西南民族学院学报（哲社版）》1993年第3期。

瓦、玛哈苏扎、哈热纳波、摩诃衍及毕洁赞巴。在所译的六七百种佛经中，《丹噶目录》明确标明由汉文译成藏文佛经的有三十四种。汉族僧人入蕃传法译经，吐蕃的佛教信徒到长安学经求法，互相往来频繁，出现了译经高潮。

以摩诃衍那（即大乘和尚）为代表的“顿渐之争”①后，诸多禅宗文本译为藏文，为诸多吐蕃人接受，吐蕃社会上自王室成员，下至普通百姓，修习禅宗蔚然成风。如《大乘顿悟正理决》言：“信守弟子约有五千人。”10世纪以后，吐蕃佛教中逐渐形成了一种结合中观论和禅宗顿悟思想，同时又重视密宗瑜伽的教理，这种教理逐步发展成宁玛派的理论基础。②

从元朝起，一方面，中央政府的典章制度、儒家思想通过官方交流渗透到藏区社会。另一方面，元朝统治者将藏传佛教推崇为官方意识形态，在中原和蒙古地区广建寺庙，藏传佛教文化逐渐进入中原，特别是广泛地影响了蒙古族的思想文化和民俗生活。在元大都（今北京），元朝时期修建了很多藏传佛教寺庙，仅皇家寺庙就有西镇国寺、大承华普庆寺（宝禅寺）、大天寿万宁寺等12座，基本留存至今。

清朝政府全面加强了对藏区的政治、社会治理，进一步扶持藏传佛教。1653年，五世达赖喇嘛率西藏僧俗官员及随从共3000多人来到北京。为褒奖五世达赖喇嘛的爱国行动，清政府特令拨白银九万两在京城之北建黄寺。黄寺主殿内外贴敷金箔以代零星彩绘，富丽堂皇，金光灿烂。乾隆皇帝七旬大寿之际，邀请六世班禅大师进京祝寿。乾隆仿照扎什伦布寺，在热河修建了供他驻锡的寺庙、两座金塔殿、佛殿和僧舍，又在北京修缮

① 顿渐之争：8世纪末吐蕃佛教内部不同观点的论争。顿，又称作顿门，以汉地佛教禅宗僧人大乘和尚为代表。渐，又称作渐门，以印度佛教僧人莲花戒（寂护弟子）为代表。据传双方约在792—794年间，分别在拉萨和桑耶寺两地进行辩论，甚为激烈。藏传佛教史料记载是大乘和尚曾一度占上风，最后败北。敦煌出土的汉文史料《大乘顿悟正理决》记录，大乘和尚获胜，汉地佛教禅宗与印度佛教并存于吐蕃。

② 参见班班多杰：《禅宗在藏传佛教前弘期的传播和对后弘期的影响》，载《历史研究》2008年第6期。

了西黄寺，这些建筑大都气势恢宏，宏伟壮观。

清朝二百多年间，藏传佛教不仅进入清朝官方文化，而且在中华大地上广为流布。佛教思想中的慈悲、平等、包容等理念与儒家“仁义礼智信”等交流互渗，逐渐渗透到民俗生活中，渗透到中华民族各个成员的思维深处，沉淀成共同的价值认同，一个以儒释道为文化底蕴的中华民族思想文化逐渐形成。现在，五台山成为汉、藏佛教圣地，汉、藏、蒙古等各族信众在此共修，共同诠释着团结统一的中国佛教传统。

（3）南传佛教中国化历程

南传佛教进入云南的时间比大乘佛教进入中原地区要晚得多，大约在7世纪，主要途径是由泰国勐润经缅甸景栋传入西双版纳地区。

滇南或滇西南信奉南传佛教的各民族之中，傣族是主体，不仅信教人数多，而且是传入佛教最早、受佛教影响最深、对周边影响最大的一个群体。其中又以西双版纳地区接受佛教最早，并且一直处于滇南或滇西南佛教中心地位。

西双版纳佛教界把南传佛教初传期认定在724年。但是，初传的佛教并未被人们真正理解，加上频繁战争，使得佛教未能广泛流行。1180年，佛教再次由勐润（泰国清迈）经缅甸景栋进入西双版纳得以传播。大约在明代，南传佛教在西双版纳形成一定规模。1570年西双版纳的景洪建“金莲寺”。大约在13世纪南传佛教传入德宏。

目前，南传佛教在中国仅仅流行于滇南或滇西南的西双版纳、德宏、临沧、思茅、保山等地区的傣、布朗、阿昌、德昂和部分佤民族之中，对当地民众的社会、文化、艺术、教育产生了一定的影响。

总结佛教在中国不同地区的中国化历程，学者们认为，“佛教在文化方面的中国化最难，也最有魅力。佛教在文化上的中国化体现在中国形成的各个宗派，这些宗派的形象在印度是没有的，其中最为典型的就是禅宗”①。在

① 卓新平:《佛教中国化三部曲中国文化丰富佛教世界观》，载 http：//cul.china.com.cn/2019-11/01。

完成了政治、社会和文化上的中国化后，“佛教在博大精深的中国社会文化体系中华丽转身，完成了在中国‘落户’的过程。如今，几乎没有中国人把佛教看作外来宗教”①。

（4）中国佛教特点

中国佛教既继承了佛陀创教的基本精神，同时又吸收了各民族传统思想文化的内容，形成了不同于印度佛教的特点。

第一，世俗性与圆融性。中国佛教实际上就是以佛教为主体，吸收和融合儒道两家而形成的思想成果。中国佛教强调人人皆有佛性、人人皆能成佛的众生平等说，尤其是禅宗，更是破除了印度佛教对读经、坐禅、出家、戒行等传统佛教修行方法的执着，真正让解脱普及到了每一个人，反映了中国佛教对个人道德完善和自我价值实现的追求。

第二，伦理性与报恩性。中国佛教将印度佛教的出世解脱与现世解脱融合，把修道求佛的修行贯穿穿衣吃饭等日常生活，强调在入世中出世。在中国佛教发展的鼎盛时期唐代，佛教更是提倡“忠君孝亲”，认为佛教的“菩提心”就是儒家的“忠义心”。

中国佛教强调报答四重恩：佛祖恩、父母恩、国土恩、众生恩，体现了回报社会的责任感。在处理政教关系上，佛教强调“不依国主，则法事难立”，体现了“忠君爱国”思想对佛教的影响。禅宗慧能法师的弟子神会在安史之乱时期为国家军队筹集军需，为朝廷恢复两京立下汗马功劳。

第三，团结统一性。近现代以来，为回应国破家亡的时代危机，太虚法师提出了“人间佛教”的思想；弘一法师提出了“念佛不忘救国”的思想，认为佛教徒不应该消极避世，而应该有强烈的社会责任感，学佛修行的同时也要积极参与救亡图存的社会革命中。新中国成立后，喜饶嘉措大师坚持“佛法在世间、不离世间觉”，号召广大佛教徒“为创造现实的

① 卓新平：《佛教中国化三部曲中国文化丰富佛教世界观》，载 http：//cul.china.com.cn/2019-11/01。

人间极乐世界而奋斗”[1]。

2. 伊斯兰教中国化的历史

伊斯兰教从唐朝开始传入中国，在中国经过了1400多年的本土化过程，成功融入中国社会，伊斯兰文化成为中华传统文化的有机组成部分。

（1）伊斯兰教在内地的发展

7世纪诞生于阿拉伯半岛的伊斯兰教，诞生不久即传入中国。唐、宋时期前来中国的阿拉伯、波斯贡使和商人等，通过海上香料之路、陆上丝绸之路两线将伊斯兰教传入中国。初期，伊斯兰教在来华商人、工匠、军士等及他们的后代中广泛传播，宋朝政府对“蕃商”给予优厚待遇，因而沿海城市伊斯兰教的活动逐渐活跃，著名的泉州圣友寺、清净寺、杭州的凤凰寺、广州怀圣寺、扬州仙鹤寺等都是在这个时期建造的。唐宋时期穆斯林的宗教生活比较独立，各蕃坊有自己的清真寺和公共墓地，接受原来教法学派的制约，互相缺乏沟通，彼此干涉不大，伊斯兰教同中国传统文化尚处在早期的磨合阶段。

元朝时，由于蒙古统治者的推崇，主要由穆斯林组成的蒙元“探马赤军”“西域亲军”征战各地，驻军屯垦，“元时回回遍天下”，使伊斯兰教由蕃客胡贾礼俗，成为与佛、道、基督、犹太教并列的“清教”“真教”。

明朝时期，常遇春、沐英等穆斯林将领在开国过程中立有大功，统治阶级对伊斯兰教的活动给予宽待，不少穆斯林在朝做官得到重用，如海瑞、郑和等人，穆斯林开始融入中国政治生活。明朝钦天监还设有回回历专科，但明律要求色目人必须与中国居民通婚，禁胡服、胡语、胡姓，这就使得穆斯林在语言、姓名、衣着、服饰、婚丧嫁娶等方面，渗透了中国各地民俗特色。在此基础上，明清时代，西北穆斯林逐渐形成后来的回、

① 参见:《历代高僧：喜饶嘉措学富五明的铁骨铮铮爱国高僧》，载中国西藏网2012年10月6日。

东乡、撒拉等民族[①]，伊斯兰教开始了真正意义的本土化[②]。

在南方，明末清初的王岱舆、马注、刘智、马德新等中国伊斯兰教学者，掀起了一场蓬勃的汉文译著活动[③]，就是用汉文翻译或撰写伊斯兰教经典和著作。由于译著者都是学贯中西、博通四教（即儒家思想、佛教、道教、伊斯兰教）的大家，且多用中国传统儒学，特别是以当时在中国占主导地位的宋明理学的架构来阐述伊斯兰教义的体系，所以有人把它称作“以儒诠经”活动[④]。正是通过“以儒诠经”，使伊斯兰教具有了明显的中国风格、本土气派[⑤]，也为伊斯兰教的中国化发展提供理论支撑。

在西北，大约同一时期教坊、门宦制度、经堂教育相继出现。门宦的领袖是教主，各类门宦教派吸收苏菲学派的主张，重视修持，提倡坚忍等。清代允许穆斯林读书习武，应举入仕，并在穆斯林集居的甘肃等地区，利用宗教势力，推行“乡约”制度。由此，内地伊斯兰教从组织制度、教义教规、礼仪习俗等方面彻底实现了中国化。但清中后期，西北穆斯林与清政府的矛盾日益尖锐化，甘肃等地穆斯林发动了多起反清暴动，清政府实施血腥镇压，影响了西北伊斯兰教的健康发展。

（2）伊斯兰教在新疆的发展

伊斯兰教进入新疆之前，新疆土著居民先后信仰过萨满教、摩尼教、景教、祆教及佛教。9世纪末10世纪初，伊斯兰教经中亚传入南疆地区。10世纪中叶，信仰伊斯兰教的喀喇汗王朝发动了对于阗佛教王国历时40余年的宗教战争，于11世纪初灭亡于阗，把伊斯兰教推行到于阗地区。

---

① 参见伍贻业:《走相适应的历史必由之路——伊斯兰教本土化的思考》，载《中国穆斯林》2002年第6期；2003年第1期。

② 学者马建福认为，中国穆斯林在元朝时期即彻底完成中国化，参见马建福:《伊斯兰教中国化的历史进程与当下实践》,《中国民族报》2016年1月26日。

③ 米寿江等学者把他们称作中国伊斯兰较金陵学派，参见《中国伊斯兰教金陵学派的影响及当代意义》,《西北民族研究》2016年第4期。

④ 参见高占福:《从中国伊斯兰教本土化历史看宗教中国化》,《中国民族报》2016年6月21日。

⑤ 比如，伊斯兰教建筑悬挂匾额楹联之俗，起于明代，盛于清代，与中国穆斯林广泛使用汉语并用汉字译著伊斯兰教经典有直接的联系，也是中国伊斯兰教特有的现象。

14 世纪中叶起，在察合台汗国[1]（成吉思汗后裔在西域建立的藩属国）统治阶层的强制推动下，伊斯兰教逐渐成为察合台汗国各部落居民信仰的主要宗教。16 世纪初，伊斯兰教最终取代佛教成为新疆的主要宗教。原来在新疆广泛传播的袄教、摩尼教、景教等逐渐消失，但佛教、道教仍然存在。

叶尔羌汗国[2]时期，伊斯兰教日益渗透到新疆各民族社会生活的各个方面。伴随苏菲神秘主义进入南疆，伊斯兰教出现了教派分化、麻扎朝拜、和卓[3]地位神圣化等问题，黑山派、白山派的教派争斗也日趋尖锐。

在叶尔羌汗国后期，宗教上层权力很大，干预政治问题十分突出。如每年开斋节的第一天，阿訇就乘阿奇木伯克（地方行政长官）赴礼拜寺礼拜之机，对阿奇木伯克的政绩进行评议，“以为贤者留之，以为某事无道，某某事尤无道，则与回众废而杀之”。这就是说，宗教上层有评判世俗政务的权力，并且对不符合他们要求的政府官员有生杀大权。

清朝统一新疆后，对伊斯兰教实行了政教分离的改革，主要是禁止宗教干预政治、干预司法。清政府规定，凡是有阿訇身份的人，一律不得在政府任职，更不能当官掌权；只准许阿訇念经礼拜，从事宗教活动，不允许干预行政事务。如阿訇的子弟中有在政府当差或当官的，也不允许再兼任阿訇，以防止阿訇利用亲属参与或干预行政。对属于宗教上层人士的大阿訇，则规定要由地方行政长官“遴选保举”。在防止宗教干预司法方面，清政府初期规定谋反、谋叛等重罪，必须按清朝法律处理，宗教不得干预；一般的刑事、民事案件则可由宗教法庭依照伊斯兰法律和民族习惯法处理；后来规定，所有刑事案件必须执行清朝的法律，宗教法庭只负责

---

① 察合台汗国始建于 1222 年，是蒙古帝国四大汗国之一，由察合台及其孙子哈剌旭烈及他的后人管理，14 世纪中叶分裂为东察合台汗国与西察合台汗国。1369 年西察合台汗国亡于帖木儿帝国，1402 年西察合台汗国汗统结束。

② 叶尔羌汗国（1514—1680）早期统治中心在喀什噶尔（简称喀什），鼎盛时期的疆域包括吐鲁番、哈密、塔里木盆地。

③ 和卓是波斯语的汉语音译，意思是“圣裔”，就是专指伊斯兰教创始者穆罕默德的子孙，后用来称呼伊斯兰教学者和大阿訇。

处理民事案件。

总之，由于历史发展进程不同，伊斯兰教在新疆和内地呈现出鲜明的地域和民族特色。内地伊斯兰教的中国化是与儒释道逐渐相适应的发展过程，新疆地区的伊斯兰教中国化是以融汇新疆地域文化发展起来的。

（3）伊斯兰教中国化的主要表现

从伊斯兰教在中国1400多年发展演变的历史轨迹看，深受博大精深的中华传统文化影响，与中华传统文化有机结合，是伊斯兰教中国化的基本特征。具体表现在以下几个方面。

第一，遵从政权。

伊斯兰教在阿拉伯地区千年发展历程中，最大的特点就是政教合一性。“毫不夸张地说，它是一种政治性的宗教。自伊斯兰教创立开始，宗教与政治之间就几乎没有什么界限，宗教社团就是国家，宗教领袖就是国家的统治者，宗教的传播发展就是疆域的扩大延伸，宗教的经典也就是治理国家的法律。”①进入中国的穆斯林在融入中国政治环境的千年历程中较好地解决了“教随国定”的问题。“伊斯兰教法在中国经历了‘由俗而制，由制而礼’的演变。唐宋时期，它是化外之民的‘习俗’；蒙元时期，它是管理穆斯林臣民的一套‘通制’；明清以来，它是作为与儒家之礼相通的‘礼法’。进入现代民族国家时期，它逐渐发展为公民个人的宗教信仰以及与之相关的文化传统与习惯。”②

中国穆斯林创造性地诠释《古兰经》和圣训，把对真主的崇拜与对国家的忠诚联系起来，倡导敬主、忠君、孝亲具有内在一致性，坚持爱国爱教，较好地解决了宗教认同与政治认同之间的张力。在法律层面，中国穆斯林积极主动适应中国社会，在公共生活领域遵守国家法律，当国法与教规矛盾时，坚持国法高于教规，从而使好公民与好教民的身份得到协

① 韩星：《伊斯兰教在中国发展的历史经验与启示》，转引自《中文伊斯兰教学书城——中国伊斯兰教史》，2006年8月7日。

② 参见李林：《“教法随国论”——伊斯兰教法中国化的本土经验与普遍意义》，载《文化纵横》2018年第1期。

调、统一。在组织制度层面，中国穆斯林不把伊斯兰世界的乌玛观念当作政治追求，自觉接受政权管理。在宗教生活和家庭生活中，通过历史上形成的教坊、宗族社区等具有中国特色的组织方式来传承、发展伊斯兰教。

第二，经堂教育。

经堂教育是穆斯林为了传习经典，培养宗教职业者，把中世纪伊斯兰教国家以清真寺为校舍的办学形式与中国传统私塾教育相结合而形成的，具有中国特色的伊斯兰教宗教教育制度。明代陕西著名穆斯林经师胡登洲开创了经堂教育制度。经堂教育改变了伊斯兰教教育以穆斯林家庭为单位，家传口授的形式，一批懂经典、通儒学的穆斯林学者逐渐成长起来，由经堂教育培养出的人才对后来的汉文译著活动和门宦制度的形成起到了举足轻重的作用。

第三，以儒诠经。

明清之际发生在中国江南地区的“以儒诠经”，实际上是中国最大的一次伊斯兰教本土化运动。穆斯林用中国语言、中华文化阐释伊斯兰教，用中国传统的“仁”“义”“礼”“智”“信”解释伊斯兰教的“念”“礼”“斋”“课”“朝”，在教义阐释上“伊儒会通”，把儒家修身养性之道当作穆斯林拥有信仰（伊玛尼）的组成部分。由于以上因素，新中国成立时，伊斯兰教通过民主改革，铲除宗教特权，与时俱进，顺利走上与社会主义社会相适应的道路。

经过 1400 多年的本土化、民族化发展历程，我国穆斯林主动适应中国社会、主流文化和意识形态，从教义思想、组织制度、宗教教育等多个层面对伊斯兰教进行新的阐释，使伊斯兰教的信仰表达、宗教制度、经典著作及教义思想体系具有鲜明的中国特色。历史上伊斯兰教中国化，成功之处在于对大一统政治文化的适应和接受，具体表现在以忠主忠君适应政治需要，以儒伊合流适应主流文化，以随顺传统习俗，以戒律层级适应社会管理。

3. 基督宗教中国化

（1）天主教[①]中国化

天主教自唐朝贞观年间来华传教，当时称为景教，最后因唐武宗下令灭佛，景教也受到牵连而遭禁断，没有传播开来。元朝时期再次来华传播，据称在元大都有三万多信徒，当时被称为也里可温教，一度在大江南北都有景教徒活动的轨迹，但随着元朝灭亡，景教也在中原销声匿迹，没有传播开来。

明末天主教再次来华传教。1582 年意大利耶稣会传教士罗明坚及利玛窦抵达肇庆，拉开了天主教在华广泛传播的大幕。1601 年利玛窦抵达北京，一度自称“西僧”，但他很快发现中国文化由儒家士大夫掌握。他相信要中国人接受天主教，必须从士大夫阶层着手，他于是改称为“西儒”，研习儒家文明，穿起士大夫服饰，向中国人介绍记忆术、地图、天文等科技知识，以此表明他们并非“西夷”。天主教从此逐渐在中国传播开来，到 1664 年耶稣会传教士来华总数已经达到 82 人，他们在全国各地建立了 156 座教堂，全国天主教徒达 245000 人之多。[②]几经挫折，天主教终于在华扎根落地。在天主教中国化历程中有以下几个关键事件。

第一，礼仪之争。中国的祖先崇拜近乎天主教徒禁止拜偶像的描述，如何处理祖先崇拜成为天主教入华的关键。初期利玛窦认为祖先崇拜只是尊敬祖先的世俗仪式，只要不掺入祈求、崇拜等迷信成分，本质上并没有违反天主教教义。他又主张以“天主”称呼天主教的“神”（英语的“God”或拉丁文的 Deus），并指“上帝”概念早已存在于中国上古文献。利玛窦的传教方式为耶稣会传教士奉行，称为“利玛窦规矩”。

① 天主教拉丁文名称为 Ecclesia Catholica Romana，直译为“罗马公教”，意译为“罗马天主教”，亦称“公教”。16 世纪传入中国时，其信徒将所崇奉的神称为“天主”，故在中国称天主教。天主教与东正教、新教同为基督宗教的三大派别。

② 参见赵士林，段琦主编：《基督教在中国处境化的智慧（上册）》，宗教文化出版社 2009 年版，第 7 页。

1610 年，利玛窦去世，意大利人龙华民接任中国耶稣会总会长。龙华民对利玛窦的思想和传教方法有不同看法，他主张废除“天”“上帝”“天主”“灵魂”等词，一律采用译音，主张把 Deus 译为“陡斯”。由此天主教界内部就天主教教义教规、礼仪习俗如何与中国社会文化对接，出现了长达半个世纪的争论。

1631 年多明我会传教士来到中国福建，也开始对华传教。多明我会指责耶稣会宽容中国信徒祭祖、尊孔，中国天主教内部的“礼仪之争”逐渐升级。这些争论终于引起罗马教廷介入，并多次发出指令，禁止中国天主教派祭祖等。1715 年 3 月 19 日，罗马教皇克莱蒙十一世发布教皇敕令，禁止中国天主教徒敬天祭孔祭祖；同时不许当时中国各地天主教堂悬挂仿制康熙皇帝赐给汤若望的“敬天”大匾。康熙得知这一规定大怒，下令禁止天主教在国内传教，天主教在华传播一度走向低谷。

尽管 1840 年鸦片战争以后，天主教在中国大幅度传播，但直到 1939 年 12 月 8 日，梵蒂冈才撤销禁止“祭祖敬孔”，“允许教徒参加祭孔仪式，可以在教会学校中放置孔子之肖像或牌位，并容许鞠躬致敬……在死者或其遗像、牌位之前鞠躬，是被允许且是适当的”。

礼仪之争既是天主教在华传教路线之争、西方修会利益之争，也是国家主权与天主教教权之争。所谓的“中国礼仪”，包含“三圣”即祭天、祭孔、祭祖等中国人所认同的重要内容，这些内容已与政统、学脉、血缘等层次高度叠合，涵盖了国家意识形态或国家化的宗教价值。所以，“中国礼仪之争，其社会历史意义就在神学之争的同时，包含了与政治的道德理念与宗教神学之间的冲突”①。

第二，《天主实义》对天主教思想的中国化阐释。利玛窦完成的中文著作《天主实义》，是用汉语论述天主教信仰的神学著作，影响了徐光启、李之藻、杨廷筠等朝廷重臣接受天主教信仰，为天主教中国化打下了坚实

① 参见李向平：《宗教冲突与宗教对话的一个历史文本——以利玛窦〈天主实义〉和〈圣朝破邪集〉的对应为中心》，世纪中国网 2002 年 4 月 19 日。

基础。

在这本书里，利玛窦用中国传统文化思想会通天主教教义。他直接将儒家的“仁”与基督教的“爱”等同起来；还将中国传统宗教天神崇拜中的“昊天上帝”与基督教的“天主”等同。更为突出的一点是，利玛窦对中国宗法性传统宗教中的祭天、祭祖、祭孔等仪式活动采取了宽容和尊重的态度；利玛窦附会儒家的孝道说：孝道要尽三方面的义务，即向至高无上的天父——上帝尽孝；向一国之父——君主尽孝；向生身之父尽孝。

利玛窦在倡导天主教补儒的同时，也对佛家思想进行了批评。“利玛窦适应了晚明时期中国知识界抵制、痛恨禅学化心学并渐渐探求经世实学的文化氛围，也为基督教找到了一个手段，贴近正统儒家，博取中国文人雅士的亲近之感。”[①]《天主实义》尝试将基督信仰融入儒家文化，适应中国社会，深深影响了中国天主教徒，这是天主教中国化的重要体现。

第三，《夫至大》在神职方面的中国化努力。五四运动前后中国天主教界开始尝试在神职人员队伍建设方面的中国化。1912 年，中外天主教人士共同发起成立了中华公教进行会，主张由中国人自办教会，推动天主教中国化。五四运动以后，一些著名的天主教人士，如雷鸣远、马相伯等，呼吁中国天主教摘掉“洋教”的帽子，实行教会自治。此后，罗马教廷不得不批准中国教团采取了一些将天主教神职队伍建设“中国化”的措施。特别是教宗本笃十五世在 1919 年颁布的《夫至大》通榆，在推动天主教“中国化”方面具有里程碑意义。该通谕要求用当地人作传教士，告诫中国天主教不要介入侵略和压迫。特别是通谕提倡的培养本地神职人员，是中国天主教实现“中国化”的一个重要转折。[②]

20 世纪初，受到《夫至大》通谕的启迪，加之中国人民的民族思潮日益高涨，天主教内要求中国化的呼声越发强烈。主要代表人物有英敛

① 参见李向平：《宗教冲突与宗教对话的一个历史文本——以利玛窦〈天主实义〉和〈圣朝破邪集〉的对应为中心》，世纪中国网 2002 年 4 月 19 日。

② 参见马英林：《天主教中国化的历史经验和未来展望》，http：//news.sina.com.cn/c/nd/2017-09-06。

之、马相伯等具有较高民族气节和社会影响的天主教徒。

有些外国传教士也意识到教会“中国化”的重要性。如比利时传教士雷鸣远神父，提出了“中国归中国人，中国人归基督”的主张，而他自己舍弃外国国籍加入中国籍，终生献身中国的教会事业，被人们当作“中国化”的典型例子。另一位积极主张并推动中国教会“中国化”的外籍传教士就是首位宗座驻华代表刚恒毅大主教。1922 年，他就任宗座驻华代表后，即着手筹备召开第一次中国教务会议，大力推荐选拔中国神父担任教区主教，“在他的努力下，朱开敏等六位中国神父于 1926 年 10 月 28 日，在罗马圣伯多禄大殿由教宗比约十一世亲自祝圣为主教，成为自罗文藻以来获祝圣的首批中国籍主教。不仅如此，刚主教还在力争摆脱一些殖民列强利用保教权对中国教会的束缚控制方面，做出了不懈的努力”[①]。

（2）基督教中国化

基督教特指 16 世纪西欧宗教改革运动中脱离天主教而形成的各个新宗派，以及从这些宗派中分化出来的众多宗派。基督教于 19 世纪初传入我国，并在鸦片战争后大规模传入。1807 年，第一位到中国大陆传教的新教徒马礼逊，悉心致力于翻译《圣经》，著书、办报、兴学。他在华传教 27 年，首次把《圣经》全译为中文并予以出版，使基督教经典得以完整地介绍到中国。他编纂第一部《华英字典》，成为以后汉英字典编撰之圭臬。他的活动为后续基督教在中国发展打下坚实的基础。鸦片战争后根据“割地”“租借土地”等不平等条约，外国基督教各派传教士纷纷来到中国传教，并通过办医院、建学校及举办社会慈善事业等方式争取民众的理解。他们不仅在各地特别是租借地兴建西式教堂，还在全国各地建了多所西式大中小学教会学校。借助教内外多种力量联合推动，基督教在 1949 年新中国成立时发展信众 70 多万人。

基督教在近代中国的发展，其性质与先前相比发生了根本性转变，

① 参见马英林：《天主教中国化的历史经验和未来展望》，http：//news.sina.com.cn/c/nd/2017-09-06。

从当时整个世界形势看，基督教的传教事业已经成为西方列强扩张势力的一个组成部分，所以，传教、办医院、建学校等都具有了文化侵略的背景。迫于中国社会对这种外来“洋教”的各种抗议，近代中国基督教界仁人志士也通过推行“耶儒合流”，寻求与中华民族文化相结合，建设中国本土化基督教神学，努力推进基督教义教规、礼仪习俗方面的中国化。

第一，用中国人能理解的语言翻译、阐释《圣经》。

马礼逊翻译的《圣经》于1823年出版。他在谈及中文版《圣经》对传教的作用时指出：“一个外国人的不精致的书面翻译，能够使一个当地学生很清晰地理解《圣经》的思想和含义，比口头表达效果要好得多。”① 为了让中国人理解基督教经典，马礼逊努力根据中国人的宗教观念，用通俗易懂的词语进行翻译，他不仅创制了诸如“天国”“弟兄”“使徒”“福音”等宗教词汇，还结合朱熹式的经典注疏与《三国演义》文体特征，翻译《圣经》。

马礼逊之后又出现了一些《圣经》汉译本，大多数译本使用了儒家术语进行翻译。比如郭实腊（Karl Friedrich August Gützlaff）译本首次将《圣经》中的重要术语“logos”译为“道”。将“peach”译为“传道”。而诸如“prophets”“word”等词在汉译本中都用与“道”相关的词语或短语来表达。总之，近代来华传教士在翻译《圣经》时，既忠于“上帝之言”，又采取适当顺应中国文化的翻译策略②，不仅推动基督教在中国的发展，而且也迈出了基督教中国化的第一步。

第二，基督教本色化运动。

近现代以来，中国基督教徒对如何使基督教中国化做了许多探索，尤其是从如何自立、自传、自养方面着手，从如何与中国文化和社会结合上考虑。五四运动前后，中国基督教包括天主教和基督教都发起了“本色

① Morrison Eliza. Memoirs of the Life and Labors of Robert Morrison（Vol.1）. London：Orme, Brown, Green, and Longmans, 1839a. 转引自胡亚伟：《基督教中国本土化〈圣经〉汉译策略研究》，载《海外英语》2016年8月号。

② 参见胡亚伟：《基督教中国本土化〈圣经〉汉译策略研究》，载《海外英语》2016年8月。

教会运动”。这是基督宗教中国化的关键一步。

从文化层面来讲，天主教的“中国化”和基督教的“本色教会运动”，都企图寻求与儒学的共同点，“洗刷西洋的色彩”，进行所谓“儒化基督教”“孔子加耶稣”的尝试。比如赵紫宸是第一位提出建构“中国系统神学”，并进行初步尝试的基督教神学家，他被称为“中国教会改革创新的先驱”[①]。但这些革新尝试于大局的改观无补，正如基督教领导人吴耀宗所言“时代是不许可这个运动得到多大成功的”[②]。吴耀宗和丁光训主要致力于基督教与中国政治、社会的对接、相容，两人相继成为中国基督教“三自”爱国运动主要倡导者和组织者，是中国基督教的领袖和代言人。

1950年7月，吴耀宗发表《中国基督教在新中国建设中努力的途径》，首次提出“自治、自养、自传”的倡议，中国基督教“三自”爱国运动随即在全国广泛展开，这是基督教政治上的中国化，吴耀宗称这场运动为“中国基督教的新生”。

概括以上几点，历史地看，外来宗教完成中国化，根本标志是宗教思想中国化。汉传佛教思想中国化有三个典型标志，一是东晋道安确立了“政主教从”思想；二是唐代六祖慧能提出“佛性人人皆有”“顿悟成佛”思想；三是近代太虚建构了“人间佛教”思想。[③]伊斯兰教先贤王岱舆、刘智等建构的“敬主、忠君、孝亲”思想，实现了伊斯兰教由“认主独一”到“爱国是信仰的一部分”的中国化转变。相比较而言，基督教、天主教神学思想中国化相对不足，学者李平晔曾指出：“实践层面的基督教中国化，仅限于表层浅相。而在学理层面，或神学思想层面，基督教的中国化还远未成形。”[④]

---

① 参见赵士林，段琦主编:《基督教在中国出净化的智慧》，宗教文化出版社2009年版，第9页。

② 转引自《中国宗教的百年回顾与前瞻》，载中国网，2006年3月24日。

③ 参见张训谋:《坚持我国宗教中国化方向》，载《领导科学论坛》2018年第5期。

④ 参见李平晔:《基督教中国化之浅见》，载《中国宗教》2013年第12期。

二、我国宗教中国化的时代要求

在2015年的中央统战工作会议上，习近平总书记指出，积极引导宗教与社会主义社会相适应，必须坚持中国化方向。历史地看，宗教同所在社会相适应是宗教生存发展的趋势和规律。不论本土宗教还是外来宗教，都要不断适应我国社会发展，充实时代内涵。在2016年召开的全国宗教工作会议上，习近平总书记系统阐述了坚持我国宗教中国化方向，关键是以社会主义核心价值观为引领，在宗教教义教规新阐释方面把握好“两个符合”——符合当代中国发展进步要求，符合中华优秀传统文化。2021年召开的全国宗教工作会议，再次强调，深入推进我国宗教中国化，要引导和支持我国宗教以社会主义核心价值观为引领，增进宗教界人士和信教群众对伟大祖国、中华民族、中华文化、中国共产党、中国特色社会主义的认同。要在宗教界开展爱国主义、集体主义、社会主义教育，有针对性地加强党史、新中国史、改革开放史、社会主义发展史教育，引导宗教界人士和信教群众培育和践行社会主义核心价值观，弘扬中华文化。要坚持独立自主自办原则，切实解决影响我国宗教健康传承的突出问题。上述有关部署表明，新时代宗教，核心是制度、中国特色社会主义先进文化、中国特色社会主义道德建设相适应，紧跟时代步伐，使宗教中国化既有外在形象，更有实质内容。

1. 与社会主义制度相适应

中国特色社会主义制度，是人民代表大会的根本政治制度，中国共产党领导的多党合作和政治协商制度，民族区域自治制度和基层群众自治制度的基本政治制度；是以公有制为主体，多种所有制经济共同发展的基本经济制度，中国特色社会主义法律体系，以及建立在基本政治经济制度上的其他政治制度、经济制度、文化制度、社会制度。新中国成立70年来特别是改革开放40余年的实践证明，中国特色社会主义制度符合我国国情，顺应时代潮流，有利于调动广大人民群众和社会各方面的积极性、主动性、创造性，有利于解放和发展社会生产力、推动经济社会全面发展，有利于维护和促进社会公平正义、实现全体人民共同富裕，有利于集中力量办大事、有效应对前进道路上的各种风险挑战，有利于维护民族团结、社会稳定、国家统一。

新中国成立后，特别是改革开放以来，广大宗教界人士和信教群众紧密团结在党的周围，在各自的岗位上建功立业；信教公民和不信教公民相互尊重、和睦相处，积极投身改革开放和社会主义现代化建设，共同为实现中华民族伟大复兴的中国梦贡献力量。宗教界的爱国人士和广大信教群众拥护党的领导，拥护社会主义制度，成为爱国统一战线的重要组成部分。

在2001年全国宗教工作会议上，时任中共中央总书记江泽民同志在阐述积极引导宗教与社会主义社会“相适应”时提出“两个要求”，即要求宗教界人士和信教群众热爱祖国，拥护社会主义制度，拥护共产党的领导，遵守国家的法律、法规和方针政策；要求宗教界人士和信教群众从事的宗教活动要服从和服务于国家的最高利益和民族的整体利益。“两个要求”是宗教与社会主义制度相适应的基本表现，新时代坚持我国宗教中国化方向，仍然要坚持这“两个要求”。

首先，拥护中国共产党的领导。中国特色社会主义最本质的特征是中国共产党领导，中国特色社会主义制度最大优势是中国共产党领导。拥护党的领导，就要学习贯彻中国共产党制定的治国理政战略，在当代表现为习近平新时代中国特色社会主义思想。这一思想系统回答了新时代坚持和发展什么样的中国特色社会主义、怎样坚持和发展中国特色社会主义等重大问题，是中国共产党领导全国各族人民为实现中华民族伟大复兴而奋斗的行动指南。

其次，与社会主义法律制度相适应。在党的十九大报告中，习近平总书记指出，全面依法治国是国家治理的一场深刻革命，必须坚持厉行法治，推进科学立法、严格执法、公正司法、全民守法。任何组织和个人都不得有超越宪法法律的特权。我国是政教分离的国家，“法”就是国家的法律法规政策制度，是保护社会团体和公民合法权益、规范社会关系的准则。宗教界人士和信教群众作为国家公民，必须遵纪守法。同时，宗教教义教规是宗教制度规范，用以约束宗教组织和信徒信仰行为。“法”体现了国家意志，必须强制执行，有普遍约束力。“教规”是以信仰为基础的行为规范，约束对象是教徒和宗教组织，属于自律行为，没有强制力。“国法”大于“教规”，“教规”随顺“国法”是宗教适应社会主义法律制度的底线原则。

第三，坚持独立自主自办宗教原则。独立自主自办宗教原则是我国的宪法原则。我国《宪法》明确规定：我国的“宗教团体和宗教事务不受外国势力的支配”。随着我国对外开放的扩大，我国宗教方面的对外交往和联系日益增多，但境外一些外国宗教组织企图重返中国，恢复旧有的隶属关系和在宗教上的特权，重新控制我国宗教的问题也日益突出。在我国宗教领域，出现了“逆中国化”，甚至“去中国化”倾向。过分强调宗教超越国界的普世教义教规认同，归根结底是宗教认同大于国家认同。因此坚持我国宗教中国化方向，必须坚持独立自主自办的宪法原则，坚持我国宗教团体和宗教事务不受外国势力支配的宪法底线。任何境外宗教团体和个人不得在我国境内成立宗教组织、设立宗教办事机构和宗教场所、开办宗教院校，不准在我国公民中发展教徒，委任宗教教职人员或其他传教活动。

总之，中国特色社会主义制度和国家治理体系是以马克思主义为指导、植根中国大地、具有深厚中华文化根基、深得人民拥护的制度和治理体系，是推动国家进步和发展、确保拥有五千多年文明史的中华民族实现“两个一百年”奋斗目标进而实现伟大复兴的制度和治理体系。新时代坚持我国宗教中国化方向，首先是要坚持中国特色社会主义制度自信，要求广大宗教界人士和信教群众爱党敬业，遵纪守法，维护民族团结，社会和谐；要求宗教活动必须服从和服务于国家最高利益和中华民族整体利益；反对一切利用宗教进行危害社会主义祖国和人民利益的非法活动，为民族团结、社会发展和祖国统一多做贡献。

2. 与社会主义文化相适应

广义的文化包括物质文化和精神文化总和。狭义的文化就是指观念文化，既包括风俗习惯、社会心理等自发形态的文化，也包括艺术、科学、哲学、道德等自觉形态的文化。

（1）宗教具有文化属性

宗教是人类的一种文化创造，是在特定的文化共同体中孕育、生成和演变的。宗教文化主要体现为精神、制度和器物三个层次。

宗教精神文化主要包括宗教经典、宗教教义、神学思想、宗教观念、宗教体验、宗教艺术等一切宗教意识活动。各种人间力量和自然力量一旦被建构成为被信仰被崇拜的对象，人们就会以不同的方式——诸如神学理论、宗教神话、宗教道德、文学诗歌、音乐绘画、礼仪节庆等方面，对之进行阐释和表达。

宗教制度文化主要包括构建宗教活动的组织结构、教阶制度、宗教礼仪、宗教法规、修持方式等。这些既是宗教基本信念的外在表现，也是信仰活动和宗教行为得以有序进行的保证。

宗教器物文化主要指运用各种物质手段表达与展示信仰，包括寺观教堂、圣像圣书圣地、服饰、祭品等一切进行宗教活动所需的物品和场所。

（2）社会主义文化建设对宗教文化建设具有统摄作用

一个国家的治理体系和治理能力是与这个国家的历史传承和文化传统密切相关的。习近平总书记指出："数千年来，中华民族走着一条不同于其他国家和民族的文明发展道路。我们开辟了中国特色社会主义道路不是偶然的，是我国历史传承和文化传统决定的。我们推进国家治理体系和治理能力现代化，当然要学习和借鉴人类文明的一切优秀成果，但不是照搬其他国家的政治理念和制度模式，而是要从我国的现实条件出发来创造性前进。”

中国特色社会主义文化建设，在性质上是建设民族的、科学的、大众的社会主义先进文化，在内容上是以马克思主义和中国特色社会主义理论体系为指导，以中华民族优秀传统文化为根基，以外来健康有益文化为补充，不断增强我国文化的民族性、包容性、时代性。我国宗教文化作为当代文化一部分，其发展方向必须与社会主义文化建设整体方向和进程相适应。这种相适应包括两方面：一是社会主义文化建设战略统摄宗教文化建设；二是宗教文化建设吸收社会主义先进文化成果。宗教借鉴、吸收现代文明成果充实自身神学理论，是宗教健康发展的内在机制。

从历史上看，宗教的发展是在与其他各种意识形态，如哲学、文学、艺术、法律、教育、科技等互动中实现的。不同时代，宗教与各种文化互相碰撞，互相融汇，其内部成分不断分解组合，不同时代文化成果大大充实和丰富了神学理论。从现实需要看，宗教神学理论建设必须吸收社会主义先进文化成果，适应社会文化发展水平，反映时代发展方向。

进入社会主义时期，宗教从属于主流意识形态，正在逐步成为公民个人的信仰选择，在一部分公民中起思想信仰引导和行为规范的作用。宗教文化所包含的核心价值观，大都是以超然的方式来表达对于现世理想社会的诉求。如佛教的“人间净土”、道教的“天人合一”、伊斯兰教的“信仰与善行”、基督教的“平等、博爱、公义”等，都是对人类美好正义社会的一种追求，这种追求与社会主义核心价值体系建设的方向是一致的。但宗教的核心基础是信仰，宗教哲学思想体系属于唯心主义，与唯物主义的核心思想有本质区别。当代文化建设强调科学和理性，对宗教界而言，以社会主义先进文化统领全体信教群众，就是要通过卓有成效的工作，增强社会主义先进文化在不同信仰群体中的凝聚力。

（3）以社会主义核心价值观引领宗教思想建设

由于宗教是立体化结构，包括精神信仰、教理教规、教团组织、活动交往、文化形态等多重要素，宗教适应社会是多层面、多渠道和多样式的，而最深层次是宗教思想建设层面。

改革开放以来，随着宗教国际交流深入推进，我国伊斯兰教、基督宗教界在宗教思想建设方面，出现“逆中国化”倾向，有人认为教义教理的统一是宗教本质特性，不能有变化；有人认为只有用阿拉伯语诵读经典，才能保持伊斯兰教信仰的纯正，任何中国方式的解读，都可能偏离经典原意。因此，回归阿拉伯语诵读、诠释经典成为某种潮流。在这个过程中，瓦哈巴教派等伊斯兰教极端思想渗透到我国，在强化伊斯兰教“认主独一”的同时，对我国部分地区伊斯兰教正信正行形成干扰。基督宗教不仅强调坚守西方文化思维的教义教理，强调忠贞纯正，强化普世性，而且还出现试图用基督教文化改造中国文化的“基督教福音化”倾向。

这就导致宗教思想建设在当代中国化进程中停滞、倒退甚至出现与中国社会发展进步脱节、冲突等情形，比如有人强化根本上师崇拜，封建宗教特权死灰复燃，有人强调信与不信的对立，造成宗教关系紧张；有的宗教向世俗社会扩张，用宗教整合民俗。在世界伊斯兰教和基督宗教历史上，都有政教合一或者神权至上的时代，也都有将宗教教义教规上升为教法的情形。随着时代发展，宗教教法对他人的“他律”逐步让位于世俗法律，转变为教规对自我的“自律”。过分强调宗教超越国界的普世教义教规认同，归根结底是宗教认同大于国家认同。

“宗教中国化”的根本点在宗教思想建设中国化，核心是教义教规新阐释，这是各宗教的共同任务。虽然不同宗教在解释世界的世界观方面有所不同，而且“神创论”的世界观与科学无神论的世界观是根本对立的，但各宗教关于真善美及生命终极意义的价值解读，彼此是相通的，也是与社会主流价值契合的。所以，当代中国各宗教思想中国化建设，尽管有各自的内容和特点，但都有共同的要求：以社会主义核心价值观引领，吸收社会主义先进文化成果，适应社会文化发展水平，反映时代发展方向，推动宗教文化吸收先进文化成果，实现现代转型。

习近平总书记指出：“我们提出的社会主义核心价值观，把涉及国家、社会、公民的价值要求融为一体，既体现了社会主义本质要求，继承了中华优秀传统文化，也吸收了世界文明有益成果，体现了时代精神。”[①]这就是说，社会主义核心价值观汲取了中华优秀传统文化的思想精华，借鉴了世界文明的有益成果，彰显了时代精神，凝结着社会主义先进文化的精髓，体现着社会主义社会道德标准，是包括宗教界和广大信教群众在内的全体中国公民的共同价值追求。

用社会主义核心价值观引领、统摄各宗教思想建设，除了把富强、民主、文明、和谐、自由、平等、公正、法治、爱国、敬业、诚信、友善等时代价值融入宗教教义教规的阐释中，对教规教义做出符合当代中国发展进步要求的阐释，推动各宗教思想观念的现代转型；还要把富强、民主、文明、和谐、自由、平等、公正、法治、爱国、敬业、诚信、友善等时代价值融入宗教组织建设、制度建设、教风建设中，确立民主办教、依法活动、服务社会等现代理念，推动宗教活动方式的现代转型。

3. 与社会主义道德相适应

（1）宗教具有道德属性

社会（世俗）道德是通过行为规范和伦理教化来调整个人之间、个人与社会之间关系的意识形态，是以善恶评价的方式调整人与人、个人与社会之间相互关系的准则、标准和规范的总和。

宗教道德是为满足信仰需要，调整信仰和被信仰以及信仰者之间的行为规范。宗教道德由两部分内容组成。一是涉及人和神的关系，表现为与崇拜神灵的宗教生活有关的宗教禁忌和戒律等。如犹太教和基督宗教都把“敬神爱神”作为它们“最大”或“第一”的诫命，伊斯兰教也把“信安拉”作为其最基本的信条，视“安拉”为唯一的神圣立法者。二是涉及人与人之间的关系。如佛教“五戒”“十善”的某些内容，基督教“摩西

① 《习近平谈中华优秀传统文化：善于继承才能善于创新》，http：//cpc.people.com.cn/xuexi/n1/2017/0213。

十戒”等。基督宗教除了设立“爱神”“爱人”、不偷盗、不邪淫等戒律外，还广泛倡导信德、望德、爱德等基本品德；佛教通过“五戒”“八戒”等戒律培养僧人的止恶防非、从善增德的品性等。

近现代以来，随着各国纷纷向政教分离、公民宗教信仰自由方向发展，在许多传统上信仰某一宗教的国家，宗教道德对世俗社会生活的影响，更多的是以民俗方式体现出来。从 20 世纪下半叶以来，传统宗教神学逐渐从论证神的存在走向伦理化道德化。1993 年世界宗教大会所通过的《走向全球伦理宣言》，可以说是宗教道德在现代处境中发挥积极作用的富有建设性的尝试。

（2）宗教道德建设与社会主义道德体系建设相适应

经过新中国成立以来的宗教民主改革，我国各宗教道德体系中涉及人与人关系的规范与现阶段社会主义社会所提倡的道德原则基本上相适应。同时，我国各宗教教义、宗教道德还有许多积极因素，可以对社会主义道德建设发挥有益补充作用。

宗教教义、宗教道德、戒律等方面存在着大量的劝人向善、远离邪恶、清心寡欲、互助互济、乐善好施等思想，与社会主义文化所倡导的社会公德、家庭美德、职业道德、个人修养及为人民服务的思想并行不悖。而宗教道德中的“弃恶扬善”等主张可以对社会主义道德建设起有益补充作用。比如佛教道德的基本要求是“诸恶莫作”“众善奉行”，其具体化的规范则以“五戒”“六度”为基本要求。基督教的《圣经》通篇都是道德的说教，具体化为“摩西十诫”。道教、伊斯兰教的经典中也都充满道德的箴言。道教提倡忠君、孝亲、爱人、有信等。伊斯兰教主张“导人于至善，并扬善戒恶”，提倡“秘密行善”。宗教伦理化、道德建设对鼓励广大信教群众追求良好的道德要求有积极作用。

新时代坚持我国宗教中国化方向，在宗教道德建设领域，就是宗教道德建设与社会主义道德建设相适应。社会主义道德体系建设在范围上覆盖包括信教与不信教的全体公民，是先进性和广泛性的统一。社会主义道德建设对包括信众在内的宗教道德建设在方向上有规范性，在具体内容上则有相容性，主要表现为社会主义道德建设充实宗教道德建设内容，使宗教道德规范符合社会主义道德建设要求。

三、坚持中国化方向，增进“五个认同”

历史地看，宗教中国化，主要是扎根中华文化沃土，融入中华儿女共有的精神文化空间，成为中华民族共有精神家园的一部分，实现从外来宗教到中国宗教的深刻转变。当代坚持宗教中国化方向，不是改造宗教，而是纠正那种自外于中华文化，对中华文化缺乏认同的错误意识，增进中华民族，自觉融入中华文化共有精神家园认同，树立各宗教融入、扎根、传承中华文化意识，紧跟时代步伐，建设中国特色宗教文化，深化“中国宗教文化”主体性自觉。因此，深入推进我国宗教中国化的关键是我国宗教以社会主义核心价值观为引领，增进宗教界人士和信教群众对伟大祖国、中华民族、中华文化、中国共产党、中国特色社会主义的认同。

1. 建设中国宗教主体性，增强中华文化认同

自从党的十七大报告提出“弘扬中华文化，建设中华民族共有精神家园”命题后，以中华民族优秀传统文化为根基，以中国特色社会主义文化为主体，建设具有中国风格、中国气派的“中华民族共有精神家园”，成为新时代文化建设的重要使命。我国各宗教文化在这样的共有精神家园建设中，处于什么地位，不仅是建设中华民族共有精神家园关注的内容，也是宗教中国化要解决的重要问题。

由于种种复杂因素，人们对中华文化的认识还存在诸多偏差，比如，有人认为中华文化主要指的是以儒释道为核心的传统文化，在许多人的意识中，中国伊斯兰教文化、中国基督宗教文化不属于中华文化，所以，有些人把“文化融合”理解成儒释道文化“化掉”伊斯兰教文化和基督宗教

文化；有人认为，儒家文化具有世俗性，所以文化融合，就是宗教去“普世化”，去“神圣化”，走向儒学化、世俗化等。

因此，搞清楚“宗教中国化”语境下的“中华民族共有精神家园”的含义，需要说清楚中华文化是什么。根据2014年习近平总书记在中央民族工作会议上的有关讲话、2016年习近平总书记“七一讲话”中有关精神，中华文化指的是古往今来生活在中华大地上的各民族及其先民共同创造的，是56个民族文化兼容并蓄的共同体；中华文明包括各民族优秀传统文化、革命文化和社会主义先进文化。这一表述说明，中华民族共有精神家园应该包括三部分：一是从各民族传统文化中凝练出的价值共识是中华文化的内核，在当代主要表现为社会主义核心价值观，是统摄中华民族发展的重要精神纽带。二是文化载体——汉语作为中国的通用语言文字，已经客观上成为连接全体中华民族成员的纽带。三是丰富多彩的地域和表层文化形式的交融与共享，诸如各地区、各民族节庆、婚俗、宗教、礼仪、习俗等的交融与共享。

各民族传统文化包括世俗文化和宗教文化两部分。历史上不同时期的中华各民族成员，接受了佛教、伊斯兰教和基督宗教，将这些宗教教义教规、宗教礼仪制度、宗教道德等宗教文化植根于中华文化沃土，发展出各具特色的中国宗教文化。其中，佛教融汇藏族等少数民族文化，发展出中国特色的藏传佛教文化，成为藏、蒙古、土家等十多个民族传统文化的重要组成部分；佛教扎根中原文化，发展出汉传佛教文化，成为汉族等传统文化的一部分；佛教融汇傣、布朗等少数民族文化，发展出中国南传佛教文化，成为我国云南很多少数民族传统文化的组成部分。伊斯兰教传入中国后，内地伊斯兰教从“仁义礼智信”等儒家思想中汲取养分，发展出“敬主、忠君、孝亲”的中国伊斯兰教思想，新疆地区伊斯兰教与维吾尔族等少数民族传统文化融汇，形成中道和平宽容的主流思想。1400多年来在中华文化的沃土中发展起来的中国伊斯兰教文化，已经成为回族、维吾尔族等十多个民族传统文化的组成部分。

各民族传统文化是中华文化的重要组成部分，但不是中华文化的全部。儒家文化作为历代王朝的官方意识形态，经过系统全面的历史传承，在今天沉淀为中华各民族传统思想文化的主干，中国大约有汉、朝鲜等30多个民族深受儒家思想影响。中华文化还包括近代以来各民族仁人志士投身中国革命缔造的革命文化，以及在改革开放新时代创造的中国特色社会主义先进文化，这是当代中华文化的主流。

所以，中华文化不等于传统文化，更不等于传统儒家文化。历史上，外来宗教中国化不是儒学化、世俗化，而是扎根中华文化沃土，与不同历史时期社会其他意识形态，如哲学、伦理、道德、教育等交流互鉴，建构中国宗教文化的主体性。

文化认同是最深层次的认同，是中华各民族团结之根、和睦之魂，中华文化积淀着中华民族最深沉的精神追求，是中华民族生生不息、发展壮大的丰厚滋养，需要全体中华儿女共同传承。各宗教界人士有责任共建共享共传中华文化，有责任在社会主义核心价值观引领下，建设中国特色宗教思想和制度规范，弘扬优秀传统宗教文化，推动传统宗教文化创造性转换和创新性发展，从中凝练出中华民族共同体的团结和归属意识，打牢中华民族共同体认同的思想基础。

2. 用团结统一的中华优秀传统文化浸润宗教

中华文化博大精深，在宗教中国化语境下，阐释宗教教义教规应该符合哪些优秀传统文化？换句话说，哪些中华优秀传统文化因素对塑造中国宗教品质和面貌，可以发挥积极作用？

与世界上很多国家和地区宗教干预政治，甚至教权大于政权的历史不同，中国历史发展的主流是政教分离的。自从汉武帝于公元前124年开始实行“罢黜百家，独尊儒术”的国策，不仅确定了“以儒治国”的政治意识形态，而且这种“以儒治国”的意识形态建构，得到后续历代王朝的大力弘扬，决定了中国政教关系的历史传统是政主教从。历史上皇权大于教权，各宗教从属世俗政权统摄，认同皇权，维护皇权；各宗教之间关系的主流是和谐，没有宗教战争，没有宗教迫害；各宗教相互包容，兼容并蓄，在中国形成“多元通和”的关系格局。

这种宗教关系得益于中华文化的两个重要的价值观：“和而不同”和“大一统”。二者不仅促成了秦汉时期儒道法诸家融合，而且也促成了魏晋以后儒释道三教的融合，促成唐宋以后中华固有文化与伊斯兰教和基督宗教的融合。同时也形成了宗教不干预政权、遵从政权的政教关系传统。

“和而不同”是儒家重要的价值观，儒家思想核心是“仁恕中道”。“仁者，爱人也”，这是一种“以德治国”的方略，不仅影响了历代统治者，而且影响了中国人的思维和行为方式，形成了中国人谦恭的性格，“有礼貌”“讲道理”“以理服人”是中国人处理人与人关系的主要方式，反映了儒家思想对各种文化深广的包容性。

体现在政教关系上，就是政治生活超越宗教。孔子说，“务民之义，敬鬼神而远之”，这就避免了各种宗教对政治的干预，使得历代官方政治意识形态超越各种宗教。同时，“敬鬼神”的态度形成了中国特有的宗教宽容精神，在儒家思想主导的意识形态下，各宗教在民间自主发展。

体现在各宗教之间关系方面，就是互融互鉴。儒家的“仁恕中道”精神，在宗教关系方面发展出了中国各种宗教“多元通和”的模式。这一模式的形成经历了一个漫长的过程。秦汉时期，我国多民族统一国家正式形成，在思想文化方面，儒学成为官学，指导意识形态，道教兴起，佛教传入，用以弥补儒家重现实不重来世的不足。三国至清中叶，中国进入儒、佛、道三教会通与多教互动阶段，最后儒学为主，佛道为辅，三教合流，形成中华民族核心价值：慈爱、贵和、尚德、忠恕等，这些成为维系中华民族不散不离的主要精神纽带。此后，伊斯兰教和平传入，基督宗教三次传入，摩尼教、犹太教、琐罗亚斯德教等，皆在中国有生存空间。因为“儒家的家庭伦理即所谓‘三纲五常’，特别是‘五常’，讲忠讲孝是很有中国特色的。它是中国文化的一个主导，在中国宗教史上，其他宗教所提出的伦理，基本上都认同儒家的伦理”[1]。于是形成民族地区伊斯兰教、基督教、藏传佛教、南传佛教与儒学、汉传佛教、道教并存互融的局面。

宗教教义教规阐释要符合中华优秀传统文化，最重要的任务就是用和谐包容的中华优秀传统文化精神塑造我国宗教徒，建设自尊自信、理性平和、积极向上的中国宗教人文品格，让历史上形成的我国各宗教之间平等尊重、相互包容、兼容并蓄的优良传统在新时代焕发出新活力和正能量。

“大一统”思想的精髓是团结统一。历史上，中华各民族同胞在共同缔造统一多民族国家的历程中，形成“你中有我，我中有你，谁也离不开谁”的中华民族命运共同体，团结统一的“大一统”的价值观内化成全体中华民族成员的心理认同。中华文明之所以能绵延5000年没有中断，关键在于“大一统”观念。历史上，无论哪个民族问鼎王权，都以中华正统自居，建立的都是多民族国家。秦汉奠定了“大一统”，隋唐发展了“大一统”，元朝继承了“大一统”，清朝实现了“大一统”的民族整合。

表现在宗教态度上，就是各民族不论信仰什么宗教，都维护国家统一，各宗教从属世俗政权统摄，认同皇权，维护皇权。在今天这种价值观进一步升华成维护国家统一、宗教和睦的价值认同。在今天，这种价值观，进一步升华成我国宗教文化中相互包容、注重道德、爱国爱教等优良传统。这是当代中国社会，各宗教和睦相处、人民安居乐业的重要文化基础，为世界范围内不同宗教、不同文明和睦共存提供了借鉴。

用“大一统”价值观指导宗教思想建设，就是把维护国家统一的爱国主义文化基因植入各宗教思想中，使得中国藏传佛教、汉传佛教、南传佛教、中国伊斯兰教、中国基督教、中国天主教等各宗教思想中内生出爱国主义成分。在宗教教义教规的阐释中，自觉融入中国国家认同，自觉融入中华文化为共有精神家园认同，以弘扬传承中华优秀传统文化为职责和

① 参见牟钟鉴，游斌:《多元通和、经典互读，促进宗教间对话——与中央民族大学资深教授牟钟鉴先生的访谈》，载《中国民族报》2011年10月11日。

使命，打牢中华民族共同体认同的思想基础。这样的宗教思想建设，对抵御境外利用宗教进行渗透、遏制宗教极端思想蔓延、治理“逆中国化”现象等，都具有很强的针对性，也是宗教与所处社会相适应的根本要求。

弘扬“团结统一”的价值观，还要求弘扬历史上各宗教多元通和的思想，加强对话交流，建设和谐宗教文化。历史上，中华传统文化的“和而不同”“大一统”的文化价值观不仅培育了我国各宗教相互包容、兼容并蓄的文化传统，而且塑造了我国本土宗教与外来宗教、宗教内部、宗教与社会之间彼此尊重、和睦相处、“美人之美、美美与共”的社会氛围。当代宗教文化建设，就要弘扬团结统一的中国宗教历史文化传统，挖掘各宗教有益于和谐社会建设的伦理思想和价值观念，建设和谐宗教文化。

“多元通和”是中国历史上宗教对话的体现，可以为当代的宗教对话提供十分宝贵的借鉴。佛教初传的魏晋南北朝时期，就是宗教对话的第一个阶段。牟钟鉴先生指出：“在这个讨论过程中，出现了3种理论，可以为当代的宗教对话提供借鉴。一种是‘本末内外论’，三教之间，以我为本，以他为末（指辅助）。葛洪就曾提出‘道本儒末’。一种是‘均善均圣论’，三教都好，劝人为善。再一种是‘殊途同归论’。慧远是一个典型，他最早学儒，后入道，最后入佛，所谓三教皆通。后来文人受此影响甚大，到明代形成了‘以儒治国，以佛治心，以道治身’的思维模式。三教分工合作，各有优势。”①

当今宗教对话，不但要讲“和”，还要讲“通”。在理论和教义层面上，宗教应该互相渗透、吸纳。“宗教间的经典互读是宗教‘通和’的一个重要途径。”在中国历史上，儒释道三教的高人对三教的经典都是非常了解的。尤其是几部儒家的书《论语》《孝经》《孟子》。佛道的大学者对此都非常精通。道家的《道德经》，也在儒佛里得到承认。就算在佛道之争最激烈的魏晋时期，《道德经》仍然得到双方承认。在佛教经典中，《心

① 参见牟钟鉴，游斌：《多元通和、经典互读，促进宗教间对话——与中央民族大学资深教授牟钟鉴先生的访谈》，载《中国民族报》2011年10月11日。

经》《金刚经》《坛经》也都为儒道的学者所熟识。现在《老子集成》已经出版发行，汇集了中国历史上的265种《道德经》注解，作注者不仅有道家学者、佛教学者，也有儒家学者。反之亦然，像《论语》《周易》也有佛道的注释。《易经》本来就是儒道共有的，佛教学者也对它进行注解。各教学者都以这种互相注释的经学方式参与其中。

宗教经典互通不仅在本土宗教之间发生，在外来宗教进入中国时，也"常常出现'以经解经'的做法，既包括'以他经解我经'，也包括'以我经解他经'的现象，如天主教来华的利玛窦策略、伊斯兰教的'以儒诠回'等"；"在我看来，说'中国人是宗教的混血儿'，不是贬低我们。如果人们能够成为'宗教的混血儿'，那么，对我们的时代可能更有利一些，多元信仰能够和平共处"①。

当今世界，多元宗教的接触、碰撞均前所未有地频繁与深入，更加需要各宗教开展多层次对话交流，互学互鉴，不仅要研究各宗教义理的相通性，还应该在伦理、慈善、生态环境、社会和谐等方面寻求共同的努力方向。信仰层面的对话，包括各宗教间对话和宗教内部教派间沟通协商，可以协调信仰文化分歧，学习对方有益的要素，促进宗教内部、宗教之间的和谐。社会层面的对话，各宗教对自身建设、服务社会方面的好经验好做法可以互学互鉴，有利于各宗教正确处理党和政府与宗教、社会与宗教、信教群众与不信教群众的关系，构建积极健康的宗教关系。

推动不同宗教文化主体间的对话和交流，包括不同宗教之间在神学建设、宗教道德、教义教理阐发等方面的相互学习和借鉴，这是化解宗教文化张力、推动宗教之间和睦相处的重要方面。在推动宗教文化对话交流的过程中，要尊重各宗教文化的特性，尊重差异，包容多样性是社会活力的体现，也是宗教文化交往交流的重要原则。宗教文化的独特性丰富了社会主义文化的表现形式。只有充分尊重个性，包容个性，才能有效推进各

① 参见牟钟鉴、游斌：《多元通和、经典互读，促进宗教间对话——与中央民族大学资深教授牟钟鉴先生的访谈》，载《中国民族报》2011年10月11日。

文化主体交往交流。只有交往交流，才能相互借鉴，相互吸收、取长补短、共同进步，从中凝练出深沉的中华文化自信，自觉抵御外来文化渗透，这是建设和谐宗教文化的重要方面。

3. 新时代各宗教中国化建设的实践探索

自从 2015 年习近平总书记在中央统战工作会议上正式提出“坚持我国宗教中国化方向”命题，在 2016 年全国宗教工作会议上重点阐述了新时代“坚持我国宗教中国化方向”的主要任务之后，如何回应时代需要，紧扣时代要求，结合自身实际，践行“宗教中国化”这一时代主题，成为五大宗教近年来重点探索推进的工作。五大宗教团体纷纷举办专题学习研讨交流活动，深刻理解和把握这一政策命题的精髓。在此基础上，聚焦各自宗教自身建设任务，先后制定了“坚持我国宗教中国化方向”的工作规划，部署了今后 5 年推进“坚持宗教中国化方向”的主要工作，从宣传动员到全面落实，把“坚持宗教中国化方向”战略落地见效。

（1）佛教界的探索与行动

2016 年全国宗教工作会议后，如何推进新时代佛教中国化，不仅是佛教界的核心关注，也是学界的热点话题。中国佛教协会通过组织各种层级和类型的学习班、研讨班，举办佛教思想建设研讨会等形式，组织佛教界学习领会“坚持我国宗教中国化方向”的意义和基本要求。通过学习交流，佛教界日益深化了对这一命题的理论认识。

北京市佛教协会撰文指出，新时代中国佛教要面对市场经济、互联网及世界文明汇遇这三大现实环境。“在当代，中国佛教对原始佛教之由僧伽共主教团的财富这一传统未能如法继承，更有甚者，还将寺院经济拥为个人私有财产，最终将寺院经济引入到商业的滚滚洪流中，给一些别有用心‘借佛敛财’的不法之徒提供了可乘之机。”①中国佛教协会副会长宗性认为，新时代佛教坚持中国化方向应重点“致力建设继承佛教优良

① 北京市佛教协会：《佛教中国化的历史经验与现代实践》，载《中国民族报》2018 年 8 月 26 日。

传统、具有当代中国特色的佛教思想体系、制度体系、教育体系和文化成果，积极探索新时代加强教风建设的有效方式，推动佛教健康传承发展”[①]。

通过一系列理论探讨，佛教界就新时代如何加强中国化建设达成以下共识：始终坚持正确的政治方向；加强佛教经典阐释，丰富发展“人间佛教”思想；推动佛教文化创新发展，向世界弘扬中国佛教和中华文化。[②]在此基础上，中国佛教协会于2019年11月发布《坚持佛教中国化方向五年工作规划纲要（2019—2023）》（以下简称《规划纲要》）。除了政治上的共性要求外，《规划纲要》提出了“坚持以戒为师、以法为依、正信正行，坚持以佛法僧三宝为信仰核心、以经律论三藏为经典依据、以戒定慧三学为学修纲领，坚持清净庄严的佛教本色，在保持佛教基本信仰、核心教义、礼仪制度的同时，深入挖掘和阐释教义教规中有利于社会和谐、时代进步、健康文明等符合当代中国发展进步要求、符合中华优秀传统文化的内容，在适应时代进步的过程中全面加强和创新佛教自身建设，持续推动中国佛教现代转型，自觉抵制将佛教世俗化、庸俗化、商业化的错误倾向，契理契机发挥佛教积极作用，不断增强佛教界坚持中国化方向的理论自觉、思想自觉和行动自觉”。

（2）道教界的探索与行动

道教作为本土宗教，与绵延五千多年的中华传统文化和社会生活相互融合、相互促进，在宗教中国化的进程中具有得天独厚的优势。道教界的朋友们在探索如何回应时代需要，推进道教中国化方面，达成了“治理商业化、加强道风建设、构建现代道教清规戒律体系”等与时俱进推进道教中国化的共识。如江苏省道教协会会长杨世华认为，道教在当代坚持中国化方向，重点是创建“文化道观”和“生态道观”，健全教制建设和教

① 参见毛立军：《将我国宗教中国化持续推向深入——全国政协“新时代坚持我国宗教中国化方向的实践路径”界别主题协商座谈会综述》，载《人民政协报》2019年1月7日。

② 参见刘威：《坚持我国宗教中国化方向的历史经验与实践探索——扎实推进各项工作，开创佛教中国化的新境界》，载《中国宗教》2016年第11期。

团道风建设，关键是人才培养。[①] 黄信阳道长指出，“构建当代道教组织管理模式，摸索服务社会的新方法，培养高素质的教职人员队伍以适应新时代中国特色社会主义社会。”[②]

李光富会长指出，“道教中国化的主要目标就是实现现代化。具体而言，就是在保持本有的中国特色基础上，构建新时代的教义思想体系、戒律体系、人才体系、管理模式、服务模式等，更好地适应当代社会，更好地服务于当代中国发展进步。”[③]“对于宗教团体来说，坚持好中国化方向，就要坚持从加强团体自身建设、弘扬道教文化、保护生态环境、加强道风建设、开展公益慈善等工作入手，积极引导广大道众和信教群众，发挥好道教的优势和特长，更好地服务社会、利益人群。”[④]

在一系列专题学习、研讨交流的基础上，2019 年 11 月，中国道教协会下发了《坚持道教中国化方向五年工作规划纲要（2019—2023 年）》（以下简称《规划纲要》）。从《规划纲要》的内容看，新时代道教坚持中国化方向的主要目标是实现现代化，“要在保持原有的中国特色基础上，构建新时代的教义思想体系、戒律体系、人才体系、管理模式、服务模式、对外交流模式等，更好地适应当代社会，更好地服务于当代中国发展进步”[⑤]。

（3）*伊斯兰教界的探索与行动*

2015 年中央提出“坚持我国宗教中国化方向”以后，伊斯兰教界迅速组织学习交流，积极探索新时代坚持伊斯兰教中国化方向的路径。2016 年由中华宗教文化交流协会和中国伊斯兰教协会共同举办的“伊斯兰教中

① 杨世华：《与时俱进是道教中国化的关键》，载《中国民族报》2018 年 6 月。

② 参见周高墨：《京津冀地区道教中国化专题培训班在北京开班》，载《道教之音》2019 年 10 月 8 日。

③ 李光富：《新时代坚持道教中国化方向的实践路径》，载《中国民族报》2019 年 3 月 12 日

④ 李光富：《新时代坚持道教中国化方向的实践路径》，载《中国民族报》2019 年 3 月 12 日。

⑤ 参见中国佛教协会：《坚持宗教中国化方向，佛教道教颁布五年工作规划纲要》，载《中国民族报》2019 年 11 月 19 日。

道思想国际研讨会”在新疆乌鲁木齐举行。来自世界各地的学界和伊斯兰教人士共同阐发伊斯兰教中道、宽容、爱国、和平、团结、仁慈的精神。大家普遍认为，中国伊斯兰教得益于伊斯兰文化和中华文化的滋养，底蕴深厚。弘扬伊斯兰教的正信，就是继承伊斯兰传统经注学、圣训学、教法学和教义学的优秀成果，博采世界文明之精华，以当代思想阐释传统遗产，与时俱进地解释《古兰经》和“圣训”，努力促进宗教文化自我革新，挖掘教义教规中有利于社会和谐、时代进步、健康文明的内容，将其中所蕴含的宗教价值理想、价值关切做出符合时代的新阐释，以宗教自我革新的思想自觉弘扬中国宗教正能量，进而与社会主义核心价值观相辅相成。

2017 年，中国伊斯兰教协会先后举办了以社会主义核心价值观为主题的全国比赛和《古兰经》诵读比赛；举办“清真寺建筑风格”研讨会、“坚持伊斯兰教中国化方向”研讨会，又在全国范围内举办了以社会主义核心价值观为主题的卧尔兹巡回演讲。通过这些活动，提高穆斯林对宗教中国化战略的理论认同。

在 2018 年 3 月召开的全国政协十三届一次会议第三次全体会议上，中国伊斯兰教协会会长杨发明作大会发言时说，在中国化进程中，伊斯兰教不断丰富新内涵、打上新印记，形成了中国伊斯兰教理性、平和、包容的可贵品格，也为世界各地伊斯兰教的本土化提供了中国经验。但是，“近年来在复杂多变的国际形势影响下，我国伊斯兰教领域也出现了‘清真’概念泛化、宗教干预社会世俗生活现象等一些不容忽视的问题”。中国伊斯兰教协会发出倡议：“社会主义核心价值观教育进清真寺；中华优秀传统文化进清真寺；《穆斯林爱国主义教程》进清真寺；宗教礼仪、宗教文化、宗教建筑要体现中国特色、中国风格、中国气派；伊斯兰教界将批驳和防范宗教极端主义作为解经工作的重中之重，祛邪扶正、正本清源。”[①]

2018 年，各地伊斯兰界积极响应中国伊斯兰教协会的倡议，以“四进”清真寺活动为契机，积极进行伊斯兰教中国化方向的探索。“一方面

① 杨发明:《坚持我国伊斯兰教中国化方向》，载 https：//finance.sina.cn/2018-03-10。

遵守国家的相关法律法规，另一方面完善自身制度，建立正确的阿訇聘任和管理制度、寺管会管理制度、阿訇与寺管会协作制度以及财务制度和消防安全制度。”①

在此基础上，2019 年 1 月，中国伊斯兰教协会通过了《坚持我国伊斯兰教中国化方向五年工作规划纲要（2018—2022）》，全面部署了以社会主义核心价值观为引领，以伊斯兰教主流价值观为核心，通过年度性的卧尔兹演讲比赛、周期性的主麻卧尔兹演讲、规划性的经学院统编教材及伊斯兰教经典的翻译、编著等建设，逐步建立起适合国情特点、符合我国伊斯兰教实际、融入中国文化内涵的经学思想体系。以此塑造我国穆斯林自尊自信、理性平和、积极向上的人文品格，使社会主义核心价值观深入各族穆斯林群众的思想观念和社会生活，全面促进伊斯兰教与社会主义社会相适应。

（4）天主教的探索与行动

新中国成立后，中国天主教界通过“自治、自养、自传”，实现了神职的中国化。在此基础上，进一步探索了代表大会制度、“一会一团”负责人联席会议制度、教区管理制度、堂区民主管理制度等一系列民主办教的规章制度；探索了礼仪改革，实现了用中文举行弥撒礼仪和圣事礼仪；在圣乐圣像绘画艺术、教堂建筑等方面也注重融入中华文化元素，由外到内深入推进天主教中国化进程。“在天主教内形成一个共识：传播福音就要适应中国的国情，适应中国的文化，走教会中国化的道路，与社会更好地适应，宣传推动更多的神职人员和信教群众不仅从认识上提高，并能够成为广大信众的自觉行动，这样才能使教会发展得更好。”②

在 2015 年习近平总书记提出“坚持我国宗教中国化方向”战略之前，中国天主教一会一团已经举办了 3 期天主教本土化中国化论坛。2015 年

① 参见马海军：《新时代坚持伊斯兰教中国化方向的探索》，载《中国民族报》2019 年 4 月 16 日。

② 参见马英林：《“欣赏别人，才能够丰富自己”——专访中国天主教主教团主席马英林》，载 http：//www.zhwhxy.org.cn，2017 年 9 月 6 日。

之后，天主教界进一步加强了中国化建设工作力度，2016 年举办了第四届中国天主教本地化暨中国化神学论坛。这些论坛，以天主教中国化为主题，以中华文化为浸润开展神学思想建设为主线，对民主办教、自选自圣主教、国法与教规的关系等重大课题，结合国情教情进行深入研究和探讨。通过一系列理论探讨，政界、学界和教界普遍认为，新时代天主教中国化建设关键在神学思想和体制管理两个方面。学者徐以骅指出，基督宗教的中国化，一是教会管理权或主权的“中国化”，二是基督宗教教义、神学和礼仪等的“中国化”①。国家宗教局原副局长陈宗荣也指出：“神学思想植入中华文化基因，具有中华文化品格，赋有中国传统宗教特质。”②

2017 年 12 月，中国天主教“一会一团”九届二次常委会通过了《推进我国天主教坚持中国化方向五年工作规划（2018—2022）》（以下简称《规划》）。《规划》指出“坚持我国天主教中国化方向，须在政治上自觉认同：热爱祖国，服从国家政权，是每个基督徒的责任和义务。须在文化上自觉融合：践行社会主义核心价值观，接受中华优秀传统文化浸润，在神学思想建设、教会礼仪表达、教会建筑以及绘画、音乐艺术上，倡导中国风格，融入中华文化。坚持我国天主教中国化方向，须在社会上自觉适应：适应社会、服务社会、履行社会责任，依法开展天主教各项工作，维护教会合法权益，发扬天主教做光做盐的精神，探索和拓展服务社会新途径，促进社会和谐，共建美丽中国。”③

（5）基督教的探索与行动

基督教界认为，至少在明清之际就有一批皈依天主教的大儒，开始探索基督教中国化的道路；后来中国教会中的一些知识分子如吴雷川、赵紫宸、诚静怡及吴耀宗先生都曾著书立说，阐述“基督教中国化”的观

① 参见徐以骅：《从“正定天主堂惨案”谈基督宗教的中国化》，载《基督教学术》2015 年第 1 期。

② 参见陈宗荣：《如何推动我国天主教中国化进程》，载《中国宗教》2016 年第 11 期。

③ 参见王怀茂：《不断推进天主教中国化深入发展》，载《中国民族报》2019 年 4 月 19 日。

点。[①] 他们希望不管是在神学教育上、崇拜的礼仪上、仪式的音乐上，还有教会对社会的服务上，中国基督教都能够成为一个自我管理、对中国整个社会发展有贡献的宗教。比如吴耀宗先生提出了“中国教会要自己发掘耶稣福音宝藏，摆脱西方神学羁绊，创造中国信徒自己的神学系统”[②]。

改革开放后的 1998 年，中国基督教两会在济南召开基督教神学思想建设研讨会，也是深入推进基督教神学思想中国化的有益探索。丁光训主教所在的时代虽然还没有提出“基督教中国化”这个词，但他以加强中国化神学思想建设的方式，来防止和对抗西方敌对势力对中国的宗教渗透和“去中国化”[③]。

进入新时代，2014 年，基督教全国两会在上海举行了“‘基督教中国化’研讨会”，紧随基督教全国两会的步伐，江苏省、河北省、湖北省、陕西省、福建省、北京市、天津市、浙江省等地基督教两会，也以“基督教中国化”为主题开展讨论。2015 年，全国很多地区基督教两会和神学院纷纷举行“基督教中国化”研讨会。可以说，在 2015 年中央提出“坚持我国宗教中国化方向”战略前后，全国各地的基督教界已经行动起来，结合各自的情况，推进这项工作。

与此同时，学术界也对这一话题展开了广泛的讨论。2014 年 10 月 26 日至 27 日，第二届“基督教中国化”学术座谈会在京举行；同年 11 月 18 日至 19 日，第四届“基督教在当代中国的社会作用及其影响”研讨会在河北省石家庄市举行。学者张志刚曾在 2014 年撰文认为，“我们所致力的基督教中国化研究是要面向未来的，是富有建设性的，也就是要有助于克服中国基督教所面临的主要难题，推动基督教积极融入中国文化、中华民族，尤其是当代中国社会，以使其广大信众与全国人民一道共创中华民族

① 参见诚言：《今天，为何仍要强调“基督教中国化”？》，载《天风》2015 年第 8 期。

② 参见诚言：《今天，为何仍要强调“基督教中国化”？》，载《天风》2015 年第 8 期。

③ 参见毛立军：《以社会主义核心价值观为引领做好宗教教义教规阐释这篇大文章——全国政协宗教界主题协商座谈会综述》，载《人民政协报》2019 年 11 月 29 日。

的美好未来”[①]。无论是学界、政教还是基督教界，在探讨中都认同这样的观点：基督教中国化是一个系统工程；关键是神学思想建设中国化；建立我国基督教的神学思想体系将是一项艰巨、复杂而又长期的任务。

2015年中央正式提出“坚持宗教中国化方向”以后，基督教界结合中央的要求和自身特点，就如何在神学思想建设层面推进中国化进行了工作部署。2017年年底，基督教全国两会制定了《推进我国基督教中国化五年工作规划纲要（2018—2022）》，2018年3月正式实施。《规划纲要》提出，继续深化神学思想建设，夯实基督教中国化神学基础；继续规范神学教育，加快人才培养步伐；扎根中华文化，以中国特色的文化形式表达信仰；从事公益慈善，努力服务社会。

总之，自从2016年全国宗教工作会议部署坚持我国宗教中国化方向，特别是2021年全国宗教工作会议提出深入推进我国宗教中国化以来，五大宗教积极行动起来，通过多种形式，回应时代需要，紧扣时代要求，结合自身实际，深入推进我国宗教中国化建设。正如全国政协民族宗教委员会主任王伟光所说：“用社会主义核心价值观引领、用中华文化浸润各宗教，这既是一个长期、渐进的历史过程，也是一项从现在做起、从各宗教做起的时代工程，希望党政部门、宗教界、学术界共同努力，从理论和实践上不断探索，做好宗教教义教规阐释这篇大文章，把我国宗教中国化不断推向深入。”[②]

① 参见张志刚：《基督教中国化的建设性》，载《中国宗教》2014年第9期。

② 参见毛立军：《以社会主义核心价值观为引领做好宗教教义教规阐释这篇大文章——全国政协宗教界主题协商座谈会综述》，载《人民政协报》2019年11月29日。

专 题 七

提高宗教事务治理法治化水平研究

【教学目的】 本专题主要从全球化的视野，通过比较的方式讲清楚宗教工作法治化的核心任务是政府和宗教界树立法治思维，用法律规范政府管理宗教事务的行为，用法律规范宗教界开展宗教活动的行为，以政府依法贯彻落实宗教事务法律法规、宗教界在法律法规范围内开展活动为主要表现，提高政府依法管理宗教事务的水平，提高宗教界依法规范宗教活动的水平。通过两方面努力，实现公民宗教信仰自由、宗教活动规范有序、宗教关系健康和谐的宗教工作法治化目标。

【内容提要】 宗教不仅是一种思想信仰，还是一种实实在在的社会现象和社会力量，其发生的涉及国家利益和社会公共利益的事，必然纳入政府依法管理的范围。习近平总书记指出，依法对宗教事务进行管理，是世界大多数国家的通行做法，是推进国家治理能力现代化的必然要求，也是引导宗教与社会主义社会相适应的必由之路。

依法管理宗教事务的前提是宗教事务的法制建设，用法律规范政府管理宗教事务的行为，用法律调节涉及宗教的各种社会关系。总体来看，世界范围大部分国家都不对“宗教”进行法律意义上的界定，涉及宗教事务的立法，一方面通过宪法确认保障宗教信仰自由的基本原则，另一方面在民法、刑法、行政法等一般法律中对涉及宗教事务进行具体规制，这些法律规制基本上是基于政教分离原则，以保障宗教信仰自由实践为出发点，同时限制宗教自由可能被滥用，维护社会公共秩序。我国改革开放40多年来的宗教事务法制建设，坚持了科学、民主、法制统一的原则，在立法内容上注重保障公民宗教信仰自由权利，同时科学规范宗教与社会其他方面的关系。目前，中国特色宗教事务治理的法律制度体系已经基本形成。

不断提高宗教工作法治化水平，对党和政府而言，需要不断增强法治意识，尊重群众宗教信仰，耐心细致做好信教群众的工作，努力做到有法可依、有法必依、执法必严，重点是坚持保护合法、制止非法、遏制极端、抵御渗透、打击犯罪的原则。对宗教界而言，宗教界人士和信教群众首先是国家公民，宗教团体、宗教场所、宗教活动涉及公共利益，遵守宪法法律是公民的基本义务，不允许有法外之地、法外之人、法外之教。宗教界要加强自我教育、自我管理、自我约束，全面从严治教，带头守法遵规、提升宗教修为；要深入开展法治宣传教育，确保宗教活动在法律法规规定范围内开展，不得损害公民身体健康，不得违背公序良俗，不得干涉教育、司法、行政职能和社会生活。

法治是国家治理的基本方式，是国家治理现代化的标志。各国基于各自的国情，确立了各自法治化的评价标准。我国著名法理学家张文显认为，现代法治的核心要义是良法善治，良法是贯通秩序、公正、人权、效率、和谐等基本价值的法律，而善治则是指国家治理的目的、机制、方式和方法符合以人为本、依法治国和公共治理三种特质。宗教工作法治化包括两个基本方向，一是法制化的制度体系建设；二是治理能力的法治化，包括制度的执行力和执行方式等方面，是宗教立法、执法、司法、守法和法律监督等环节有机统一的过程。

一、国外依法治理宗教事务的主要做法

在人类漫长的历史发展过程中，宗教与人类社会的政治、经济、文化等其他要素相互交织，在一国内政外交中发挥着十分复杂的社会作用。近代以来欧洲各国逐步建立君主政体和共和政体，推行宗教改革、自主管理本国宗教事务、政教分离、宗教社团化等宗教立法活动成为各国法制建设中的重要内容。进入 21 世纪，随着全球化深入发展，各国宗教多元发展日益深入，这又助推世界各国积极探索消除宗教歧视、不容忍，建构不同信仰者之间和睦社会关系的法制建设。

1. 国外主要国家立法调整宗教与社会关系的主要做法

当今世界，通过立法管理宗教事务，已成为大多数现代国家普遍接受的原则。根据世界通行的宗教立法实践，宗教立法主要包括三个方面：一是国家立法机构为处理宗教事务而制定法律的行为，包括制定专门的宗教法和一般法律对涉及宗教事务进行法律规制。二是政府为处理宗教事务而制定的行政法规和政策措施，包括政府发布涉及宗教具体事务的行政法规和总统令等行为。三是政府为处理某一方面的特定宗教事务与国内或国际相关宗教组织签订具有约束力的协议。

目前，世界各国对宗教事务进行专门立法的国家并不多，大约占 5%，如俄罗斯的《信仰自由与宗教组织联邦法》、日本的《宗教法人法》、泰国的《僧伽法》、西班牙的《宗教自由法》等。绝大多数国家虽然没有专门的宗教立法，但是在宪法、民法、刑法、行政法等一般法律中，却有大量涉及宗教的条款，比如新加坡虽然没有对“宗教”本身进行定义，但是新加坡出台了《维护宗教和睦法》。根据这一法律，宗教组织可以依据社团法令、慈善法令、产业税法令、消费税法令、古迹保留法令与建筑条例五种法律来完成注册，开展活动。新加坡《社团法》规定：宗教社团是指举行敬拜活动或者研究有关神性和宗教教义的团体。《社团法》还规定，

所有公众敬拜和示威都要事先得到政府的批准，违反要受刑事处罚。所有团体敬拜都要由已注册登记的社团主办或赞助，禁止一切私自的团体敬拜。除了《社团法》有专门涉及宗教组织和行动的法律规制，新加坡出台的其他一般性法律，比如《公司法》（1967年）、《捐赠法》（1994年）、《所得税法》、《刑法典》等都涉及某一方面宗教事务的规范，有些条款承认某些宗教团体是法人，还有一些涉及宗教事务规范的公法，包括《新加坡主教法》（1991年）、《印度锡克教谒师所中央法规》（1981年）、《卫理公会派主教场所法规》（1908年）、《新加坡主教会议法》（1959年）和《新加坡长老会财务法规》（1899年）等。

值得一提的是，各国关于宗教事务的法律规制，如果与其他一般法律规定不一致时，一般法律统摄宗教事务。比如日本《宗教法人法》第9章第86条规定："在宗教团体发生违反公共福利行为时，本法律的所有规定不得妨碍其他法令规则的解释。"

除了一般法律涉及宗教事务，有的国家政府与国际国内某个宗教团体签订协议。比如1979年，西班牙政府与罗马教廷签订了双边协议，约定天主教在社会中的地位及可享受的特权。1992年，西班牙政府同国内的新教、犹太教和伊斯兰教团体的代表签署双边协定，给予签约宗教团体的税收地位、教职人员地位及在学校中开设宗教课等方面的权利，包括确定教职人员主持婚礼的民事合法性、允许其向公立学校派驻教师、向医院和监狱派驻牧师，并由政府预算内财政买单、提供某些纳税上的利益和优惠；等等。

许多国家的政府还发布行政法令，协调宗教与社会某一方面的关系，这些行政法规对规范宗教方面的社会秩序也有很重要的意义。比如2000年克林顿签署的《宗教土地使用及囚犯（信仰）法》，要求各级法院在审理涉及宗教团体设施使用相关的案件时，要与其他非宗教团体"一视同仁"，并为该宗教团体寻找可以进行适当传教活动的机会，管理和限制该宗教团体的活动范围和内容。

无论是立法机关单独就宗教事务立法，还是一般法律中协调宗教与社会其他关系的法律行为，抑或政府有关宗教事务的行政法规和政策措施，主要内容是围绕政教关系、公民宗教信仰表达的保护或限制而展开的。

2. 国外主要国家立法调整宗教与社会关系的主要内容

（1）关于宗教与政权关系的法律规定

世界许多国家在历史上都曾存在过政教合一政权形式。随着时代的发展和社会的进步，神权与世俗政权日益分离。但是由于各国宗教历史传统不同，许多国家在宪法中保留了“国教”的规定。根据不完全的统计，目前世界上至少有65个国家保留有“国教”或官方宗教，其中伊斯兰教在中东和阿拉伯国家、巴基斯坦、印尼等30个国家，罗马天主教在阿根廷、秘鲁、巴西、摩纳哥等15个国家，基督教路德派在冰岛、丹麦、挪威、芬兰、瑞典5个国家，基督教新教的某些教派在博茨瓦纳、汤加等4个国家，基督教圣公会在巴巴多斯和英国，东正教在希腊、保加利亚，佛教在泰国、斯里兰卡、不丹，印度教在印度、尼泊尔等，均为国教或官方宗教，在这些国家中，宪法对“国教”享有的政治、法律与财政上的各项特权做了规定。例如，丹麦宪法规定：“福音派基督教路德宗是丹麦的国教，受国家的支持。”挪威宪法规定：“福音派基督教路德宗为国教。信奉基督教路德宗的国民应当培养其子女信奉基督教路德宗”，“国王必须信奉福音派基督教路德宗，并维护基督教路德宗。”

传统上伊斯兰教为国教的国家，宗教立法与实践情况比较复杂。除了土耳其1928年从宪法中删除了伊斯兰教为国教的条文外，其他多数人信仰伊斯兰教的国家，基本上都规定伊斯兰教为国教，《古兰经》和“圣训”在社会意识形态和社会道德规范方面具有支配地位。比如沙特阿拉伯以《古兰经》和“圣训”为立法、司法的依据；伊朗伊斯兰共和国宪法规定，伊斯兰教什叶派为国教，并规定：禁止利用各种社会活动以及言论、出版自由等来反对伊斯兰教；等等。还有一些传统伊斯兰教国家尽管已经世俗化，实行共和制，但国家的世俗立法仍或多或少体现着伊斯兰教法的因素。比如埃及 1971 年宪法修正案的第 2 条款规定“伊斯兰沙里亚法是埃及立法的主要来源之一”，1980 年第 2 条款又修正为“伊斯兰沙里亚法是埃及立法的唯一来源”。

政教分离原则作为现代宪政的基本原则是近代西方法治文明的产物，但即使在西方国家，也并无普遍模式。有学者指出：“事实上，在当代欧洲发达国家当中，奉行政教严格分离关系的往往是少数，而非我们惯常所想象的那样，更多的时候，国家寻求并保留与宗教的合作。”①比如，“希腊虽然在名义上施行政教分离，但是东正教在该国的实际作用和影响力，却保持着‘事实国教’的色彩”②。学者刘澎指出：“衡量一个国家政教分离的程度，一个重要的指标就是看宗教组织是否得到了国家财政的资助。在有国教或官方宗教的国家，国家财政往往对宗教和宗教组织给予积极的支持，使宗教组织享受免税待遇，如在英国，绝大多数宗教机构被划入慈善机构的行列，享受着范围很广的免税优惠。还有用国家财政资助宗教组织，比如德国、瑞士和北欧国家，国家通过税收部门向国民征收教会税，再将这部分税收提供给教会，用来资助宗教组织开办的学校、医院及其他社会服务事业。”③大体来看，实行政教分离的国家，一般都规定：国家及国家机关不得举行宗教活动，国家不能给予任何宗教特权，国家不得给予宗教团体经费，宗教团体和宗教组织不得与国家分享行政权，国家政权不干涉宗教内部事务等。例如，法国 1905 年颁布的《政教分离法》规定：“共和国不承认也不以任何形式资助任何宗教活动……取消国家、省及城市财政对宗教活动的所有财政支出。”日本宪法规定：“任何宗教团体不得从国家接受特权或行使政治上的权利。禁止将公款或国家财产用于宗教组

① 刘国鹏：《当代欧洲政教关系状况及述评》，载《中央社会主义学院学报》，2018 年第 6 期。

② 刘国鹏：《当代欧洲政教关系状况及述评》，载《中央社会主义学院学报》，2018 年第 6 期。

③ 刘澎：《世界主要国家政教关系的模式比较》，载刘澎主编《国家 · 宗教 · 法律》，中国社会科学出版社 2006 年版，第 10—11 页。

织或团体。”乌拉圭宪法规定：“国家不资助任何宗教。”俄罗斯宪法规定：“宗教团体与国家分离并在法律面前一律平等。”

（2）关于宗教信仰自由的法律规定

宗教信仰自由历史悠久，在自由权的发展史中居于先驱地位。近代立宪主义国家皆明文规定保障宗教自由。美国是最早在宪法中确认宗教自由的国家。美国联邦宪法第一修正案规定：“国会不得制订设立宗教或者限制其自由实践的法律。”也就是说政教分离、宗教自由。

根据对世界上110个国家现行宪法的统计，89个国家的宪法采用了“宗教自由”或“宗教活动自由”的表述。在宪法中不提“宗教自由”或“宗教活动自由”的国家，只有21个。如菲律宾宪法（1986）第3章第5条规定：“不得通过任何关于设立宗教机构或禁止其自由活动的法律。不抱歧视或偏见，自由信奉宗教及举行宗教仪式，应永远受到允许。公民权利或政治权利的行使不得附带宗教考查的要求。”1993年通过的俄罗斯联邦宪法规定：“保障每个人的信仰自由、信教自由，其中包括个人与他人一起信仰任何宗教或不信仰任何宗教，自由选择、拥有和传播宗教以及其他信仰并根据信仰进行活动的权利。”

各国在确认宗教信仰自由的同时，又规定了对宗教活动的限制，一个人可以依照自己的意志信仰任何宗教，但不得假借宗教信仰自由的名义违反法律，宗教行为受结社自由的限制性保障。如西班牙《宗教自由法》规定：“宗教信仰自由不得妨碍他人自由、基本权利、公共安全、健康及道德。”多数国家通过法律明确禁止利用宗教破坏国家安全、统一、稳定的活动，如波兰宪法第70条第3款：“凡滥用良心与宗教之自由，以损害波兰人民共和国之利益为目的者，皆受法律的惩罚。”美国最高法院称：“信仰自由是绝对的，但按照一个人所信仰的宗教行事的自由不能是绝对的。”在美国，“判定对宗教自由造成严重的限制并不一定导致法律被宣布无效”。

（3）关于宗教与教育关系的法律规定

许多国家的宪法或者宗教立法中都明确规定了宗教与教育相分离，或者宗教不得干预教育的内容。法国早于1886年就确立了公立教育的世俗化。1905年《政教分离法》颁布后，公立学校的教学不应带有任何宗教色彩已成为整个法国社会的共识。

日本不允许公立学校开展宗教教育，也不允许公立学校举行宗教活动。美国历经半个世纪的探索，确立了公立学校不得开展宗教教育的规定，但自20世纪80年代以后美国逐渐放开学校学生自主进行宗教活动的限制。进入21世纪，随着各国宗教多元发展，在欧洲许多国家的公立学校，一些信仰伊斯兰教的女中学生佩戴包住头发和耳朵的头巾（lefoulard），被认为与政教分离原则不符。法国2004年颁布《罩袍禁令》，禁止在公共教育机构出现明显反映宗教信仰的标志。之后，比利时等许多欧洲国家纷纷出台类似的禁令。新加坡也规定，废除国立学校中的宗教教育。国立学校学生必须穿校服，禁止女孩戴头巾（穆斯林方巾），如果坚持就会被开除；要戴头巾的女孩必须上穆斯林学校。

与此相反，也有一些国家的教育与宗教是不分离的。例如，英国在1944年通过一项教育法案，要求中小学必须教授宗教课，法案还要求学校每天都要举行集体崇拜。英国教育部门将法案所指的宗教教育界定为基督教教育，主要教授《圣经》。进入21世纪，随着英国宗教多元发展日益深入，英国也在探索宗教教育改革。从1994年秋季入学开始，英国各级公立学校的宗教教育不仅开展基督教知识教育，还开展伊斯兰教、佛教等几种宗教的知识教育。英国教育部咨询机构“学校课程及评估权威”（SCAA）制订的新的课程指导规定，每个在英国公立学校就读的小学生从5岁起就要接受有关宗教知识的教育，在小学阶段，至少要学习两种以上非基督教的有关知识，然后在中学阶段再学习三种以上非基督教的有关知识。这份指导是在基督教、犹太教、佛教、伊斯兰教、锡克教和印度教有关人士的帮助下完成的，它指明在中小学阶段，每个学生要完成基督教、犹太教、佛教、伊斯兰教、锡克教和印度教有关知识的教育。这在很大程度上体现了英国社会的宗教多元化情况。

（4）关于消除宗教歧视和不容忍的法律规定

进入21世纪，信仰不同宗教的移民群体在全球流动，各国宗教多元发展日益深入，关于宗教宽容的呼声在国际社会也日益高涨。20世纪下半叶，消除宗教歧视和不容忍，逐渐成为一条公认的国际法准则。联合国1981年11月25日通过的《消除基于宗教或信仰原因的一切形式的不容忍和歧视的宣言》明确规定：任何国家机关、团体或个人都不得以宗教或其他信仰为理由对任何人加以歧视。该宣言同时宣称，人与人之间由于宗教或信仰原因进行歧视，这是对人的尊严的一种侮辱，是对《联合国宪章》原则的否定；这样做侵犯了经《世界人权宣言》宣布并由有关人权的各项国际公约加以详细阐明的各项人权和基本自由，同时也为国与国之间建立和平友好关系设置了障碍。

美国目前共有近2000种独立的宗教或教会（仅浸礼派就有75个不同的独立教会），36万座教堂、清真寺、犹太教会堂和其他宗教活动场所，美国已出现多种宗教和教派并存的局面。美国一方面通过强化宪法修正案的“国会不得制定设立官方宗教的立法；亦不得制定禁止宗教自由实践的立法”这一条款来确保“国家不扶持某一宗教，也不打压某一宗教，政府在涉及宗教信仰的问题上保持绝对的中立，不得与任何宗教发生任何关系”。另一方面根据宗教多元发展实际，出台旨在消除宗教歧视和不容忍的法案和行政措施。比如1997年克林顿总统签署的《联邦工作场所宗教实践与宗教表达指导》，规定联邦各机构应最大限度地提供宽松的环境以满足员工宗教表达的需要；在工作场所，各机构不得组织宗教活动，也不得强制或禁止员工参加宗教活动；员工的宗教表达不得妨碍该机构的工作秩序。

但是也有一部分国家保留了某些宗教不宽容的规定，如丹麦宪法第6条规定：“国王必须信奉福音路德教。”挪威宪法第12条规定：“在内阁成员中，信奉国教者占半数。”《英国王位继承法》也规定：“英国国王应同法律规定的英国教会交往，为国教会的世俗领袖；凡同罗马教廷或者教会和好，或者保持交往，或者信奉罗马天主教，或者与罗马天主教徒结婚，即失去做国王的资格。”

3. 通过社团法人制度对宗教进行登记管理

把宗教组织行为纳入社团法人制度范畴进行法律规制和依法管理，是世界大多数国家的通行做法。这种方式不涉及个体宗教行为，主要通过对宗教团体进行登记，予以法律认可，并由此产生较为稳定的法律关系，使被登记组织在承担相应义务的同时，得到法律的充分保护，享受法律规定的权利甚至优惠。许多国家规定，登记注册需要一定的条件，如人数要达到一定数目；国家对已登记的宗教团体提供财政资助。值得关注的是越来越多的国家对具有危险特性的宗派活动进行某种程度的限制。

根据丹麦的《宗教自由法》的规定，申请登记的宗教团体至少要有20名成员，其目的必须是宗教活动，而且还要有一套规章制度来约束团体和成员的行为。

比利时政府规定的宗教团体登记要符合五条标准：①该宗教必须有其组织结构或教阶体制；②该宗教团体必须有一定数量的信徒；③该宗教必须在比利时存在了相当长的时间；④该宗教必须能为公众提供一种社会价值；⑤该宗教团体必须遵守国家法律并尊重公共秩序。

斯洛伐克1991年通过的宗教团体登记法，明确规定宗教团体要申请登记，需要提供一个有2万名成员（须是斯洛伐克的永久居民）的名单。对于未向政府登记注册的宗教团体，该法律也不禁止其存在，只是他们不能享有一些免税和政府资助。

法国法律规定，宗教团体可注册为“礼拜协会”或“文化协会”。法律规定这两类协会要接受政府的某些管理和财务监督。礼拜协会享有免税地位，但只能组织宗教活动，而不可以进行诸如开办学校、印刷出版物等活动。文化协会则是营利性机构，其目标是促进某一特定团体的文化；虽然不享有免税地位，但它可以接受政府对其文化和教育运作活动的资助。在实践层面，法国的宗教团体，在这两档协会中都有注册。

西班牙 1980 年通过的《宗教自由组织法》赋予宗教团体一定的特权，但为了享有这些特权，宗教团体必须进行宗教实体登记。负责登记事务的机构是西班牙司法部宗教事务总署。宗教实体登记有几种，第一种是特别类，包括天主教会附属的一些实体机构和一些与政府签订有协议的非天主教宗教团体。第二类是普通类，包括还没有同政府签订有协议的非天主教宗教团体及其附属机构。第三类是天主教宗教基金。目前，第一类实体大约有 11600 多个，第二类实体大约有 330 个，第三类实体大约有 150 多个。法律规定，被拒绝登记为宗教团体的组织可向法院提出诉讼，如果仍不被视为宗教团体，它仍可以向内政部申请进行协会登记，登记认可为社会团体或公民协会。未经登记认可的新兴宗教如科学学教会是作为文化协会进行登记的。

1998 年奥地利《关于宗教信仰团体的法人地位的联邦法律》规定，宗教信仰团体在申请登记时需提供证据表明该宗教信仰团体拥有至少 300 名登记在册的奥地利居民，而且并不是已具有法人地位的某宗教信仰团体或合法认可的教会或宗教修会的成员。宗教团体可申请具有法人资格，除了提供有关章程等必要材料，还要符合以下条件：①作为宗教协会存在至少 20 年以上，而且在其中，作为依据本联邦法所指的具有法人地位的宗教信仰团体存在至少 10 年以上；②追随者的数量应至少占奥地利居民人口的千分之二；③收入和资产用于宗教目的（包括福利和慈善）；④对社会和政府持积极的基本态度；⑤对与现存合法认可的教会和宗教修会或其他宗教协会之间的关系没有不合法的干扰。教育与文化事务部宗教团体法人登记记录应包括宗教信仰团体的名称、法人地位分类、营业编号和依据第 2 条第 3 款进行财税评估的公告日期、代表机构和签字权力、在终止法人地位的情况下要包括终止原因。

罗马尼亚政府要求所有宗教团体向政府有关部门申请登记。根据登记规定，申请登记的宗教团体必须向宗教事务国务秘书处提交有关申请，提供成员名单，列出姓名、年龄、身份证号码、住址和签名。对于未被认可为独立宗教的团体，政府将其登记为宗教基金会或慈善基金会或文化协会。宗教事务国务秘书处负责对这些基金会和协会的活动进行管理和监督。法律规定，只有这些获得登记认可的宗教团体的教职人员才能得到政府的资助。登记认可的宗教团体有权享受免税地位、有权开办学校、在公立学校教授宗教课、在修建教堂时申请政府资助、由政府支付教职人员的薪水和住房补贴、有权使用电台和电视台播放宗教节目等。各宗教团体获得政府资助的额度取决于信徒人数的多少。根据法律规定，任何宗教书刊的出版发行必须事先征得宗教事务国务秘书处的批准。

俄罗斯 1997 年通过的《良心自由和宗教协会》联邦法规定，宗教组织要由“不少于 10 个年满 18 岁并永久居住在一个地区”的俄罗斯公民组成。中央宗教组织在申请登记时，它应在俄罗斯联邦境内的合法活动不少于 50 年（地方宗教组织不少于 15 年）。中央宗教组织在申请登记时要在章程中包括名称、地点、宗教组织的类型、宗教信仰及其从属的现存的中央宗教组织的名称；目的、任务及基本的活动形式；创建和终止活动的程序；组织的构成，其管理机构，管理机构的组成程序和权限；组织的资金及其他财产的构成来源；修改和补充章程的秩序；活动终止时财产的处理方法；属该宗教组织的活动特点的其他说明；证明宗教组织成立不少于 50 年的文件。

地方宗教组织申请登记除在章程中包括以上各点外，还要指出所属中央宗教组织的名称，证明宗教组织成立不少于 15 年的文件。地方宗教组织在登记时需提交：登记申请；建立宗教组织的人员名单，并附有人员的国籍、住址、出生日期的说明；宗教组织的章程；成立大会的会议记录；由地方自治机构发放的证明宗教组织在该地区存在不少于 15 年的文件，或由所属领导中央发放的证明其加入中央宗教组织的文件；有关教义的原理及其相应的实践，其中包括有关宗教及该协会产生的历史，其活动的方式与方法，对家庭、婚姻和教育的态度，对该宗教信徒健康状况的态度的特点，在公民的权利和义务方面对组织的成员和服务人员的限制规定的资料；证明宗教组织成立的地点（法律地址）的文件。中央宗教组织在申请登记时需提交：登记申请；宗教组织的创办人名单；创立宗教组织的创办者确认的章程；证明创立宗教组织的领导机构的地点（法律地址）的文件；经过公证的章程及创办者的有关国家登记的证明文件的副本；创办者的权能机构的有关决议。创立中央宗教组织时创办者还须提交不少于 3 个下属的地方宗教组织的章程和其他指定范围的宗教组织的资料。外国宗教组织可在俄罗斯境内开设代表处。外国宗教组织的代表处不能进行崇拜及其他宗教活动，也不具有本联邦法确定的宗教协会的法律地位。外国宗教组织的代表处的登记、开设及关闭的程序由俄罗斯联邦政府依法制定。

日本是以专门的宗教法进行登记管理的国家。1951 年，日本公布了《宗教法人法》（此后又经过十多次修改）。该法共计 10 章 89 条，对宗教法人的设立、管理、变更、合并、解散、登记、财务管理、认证等都做了详细的规定。该法律的宗旨是“为了使宗教团体拥有并维持使用礼拜设施以及其他财产，并资助为实现这一目的的业务与事业之运营，赋予宗教团体法律上的能力”[①]。《宗教法人法》规定了几项重要的制度，如认证制度、责任役员制度、公告制度、宗教法人审议会制度等。认证制度规定宗教法人在设立、合并、变更、自行解散时，都必须将规定的文件、手续提交所辖厅申请认证。《宗教法人法》最重要的一点是取消申报制，实行认证制。只要具备法律规定的申请认证手续，就可获得法人资格。该法严格按照宗教自由与政教分离原则，建立了一套宗教法人管理的认证制度，对于宗教法人合法权益的保护作了明确规定，是一部比较成熟的调整宗教团体的法律。

概括世界范围主要国家宗教事务法制建设，总的来看，“宗教信仰自

① 《亚洲佛教国家宗教立法》，转引自 http：//www.pacilution.com/ShowArticle.asp？ ArticleID= 07。

由是国际社会公认的准则，但不同的国家和地区，由于文化传统、社会制度、宗教状况以及政教关系上的差异，实践宗教信仰自由各有自身的特点”。大体上，各国关于宗教事务立法和司法的实践具有以下三个方面的重要特点，值得我们思考和借鉴。

第一，通过立法进行宗教事务管理是各国普遍选择，但宗教事务是社会公共事务的一部分，涉及政治、经济、教育、文化、公共慈善各个方面，因此，各国都无法通过制定一部单独的《宗教法》对宗教与社会关系的各方面进行法律规制。“新时代的宗教事务管理作为社会事务管理的组成部分更多地需要通过适用于全社会的普遍性法律来进行。”因此，世界各国几乎不存在一个包罗万象的《宗教法》。大部分国家都不对“宗教”进行法律意义上的界定，涉及宗教事务的立法，一方面通过宪法确认保障宗教信仰自由的基本原则，另一方面在民法、刑法、行政法等一般法律中对涉及宗教事务进行具体规制，这些法律规制基本上是基于政教分离原则，以保障宗教信仰自由实践为出发点，同时限制宗教自由可能被滥用，维护社会公共秩序。

第二，绝大多数国家的政府没有单独的宗教事务部门，政府对宗教事务的依法管理，主要通过政府各职能部门运用普通法律中涉及的宗教事务的法律规制来进行。比如新加坡的宗教事务由内政部和社会发展部，以及专门管理伊斯兰教事务的伊斯兰教理事会负责；内政部社团注册局负责新加坡宗教团体、寺庙、教堂等组织、机构的注册登记，并对宗教组织、宗教活动场所的活动监督。

第三，社团法人制度建设是世界各国探索出的对宗教事务管理的最主要方式。基于现代社团制度，设立不同法人的运作机制，既覆盖宗教场所的管理方法，同时也适应了现代社会中宗教活动的运作机制，把场所管理与法人自治结合起来，是世界各国公民宗教信仰自由实践的重要方式。

二、我国宗教工作的法制化建设

1. 我国宗教工作法制建设的历程

宗教事务治理法制化的精髓在于运用法治的思维和方式处理宗教事务，宗教立法是其中一个基础环节，也是法制化的前提条件。改革开放后我国宗教事务的法制建设大体经历四个阶段：一是从 1982 年颁布 19 号文件到 1991 年提出依法管理宗教事务，此为探索宗教事务立法的起步阶段。二是从 1991 到 2004 年颁布国务院综合行政法规《宗教事务条例》，此为宗教事务的法律法规初步形成阶段。三是从 2005 到 2016 年地方法规和部门规章等配套法律体系初步形成阶段。四是在 2017 年颁布新修订《宗教事务条例》后，进入中国特色社会主义宗教事务法律制度体系基本建成的阶段。

（1）宗教事务立法的起步阶段

虽然我国历次宪法都规定公民宗教信仰自由，但涉及宗教事务的管理，除了宪法及部分法律中有适用条款外，主要是党政部门依据党在不同时期颁布的宗教政策文件进行。1982 年中央发布的《关于我国社会主义时期宗教问题的基本观点和基本政策》（19 号文件），在强调恢复宗教信仰自由政策的同时，指出“为了保证宗教活动的进一步正常化，国家今后还将按照法律程序，经过同宗教界代表人士充分协商，制订切实可行的宗教法规”。文件颁布后，宗教团体、宗教活动场所相继恢复活动，国家关于宗教的法制建设也开始了酝酿和探索。

20 世纪 80 至 90 年代，我国立法机关在陆续修订的《宪法》《刑法》《民法》《教育法》，以及颁布的《民族区域自治法》等有关法律中，对公民宗教信仰自由进行了相应的法律规制，强调保障公民有信仰宗教和不信仰宗教的自由，宗教不得破坏公共秩序、损害公民身体健康、妨碍国家教育制度等。但是仅有这些一般性规制还无法将法律精神落地见效。

理论上说，宗教法制建设是对宪法规定的宗教信仰自由的具体化。

如果没有具体的宗教事务立法，信仰自由在实施中就很可能会遇到各种困难，如宗教信仰自由与不自由的界限如何界定，一种宗教与另一种宗教以及宗教活动与公共秩序的关系如何协调？诸如此类的问题，如果没有明确具体的、切实可操作的法律指导，宗教信仰自由就失去了客观标准，确定宗教信仰公共表达的权利边界是宗教立法要解决的首要问题。

同时宗教立法还必须明确党和政府与宗教团体、宗教活动场所的关系。中央 19 号文件提出了涉及政教关系的一些重要原则。比如："宗教信仰自由的政策的实质，就是要使宗教信仰问题成为公民个人自由选择的问题，成为公民个人的私事。社会主义的国家政权当然绝不能被用来推行某种宗教，也绝不能被用来禁止某种宗教。""一切宗教活动场所，都在政府宗教事务部门的行政领导之下，由宗教组织和宗教职业人员负责管理。"……这些内容告诉我们，宗教立法，不仅要建设保障宗教信仰自由的法律，还要建设协调宗教与其他社会关系的法律。

在中央 19 号文件下发后的若干年里，落实宗教政策工作取得积极进展，同时宗教领域也开始出现无序化现象。"一些地区出现宗教活动混乱、乱建寺观教堂、乱塑露天宗教造像等无序现象；有的寺庙恢复被废除的宗教封建特权和剥削制度；一些基层出现利用宗教干预国家行政、干预司法、干预学校教育的现象。"另一方面，"不尊重信教群众的信仰，干涉宗教活动场所正常的宗教活动，侵犯宗教界的合法权益，包办宗教团体内部事务等"问题也开始出现，实践中的诸多无序现象亟须进行相应的法律规制。

1986 年国务院宗教事务局（1998 年后易名为国家宗教事务局，简称国家宗教局）在工作要点中提出，有条件的省区，应结合当地具体情况，制定地方性宗教法规，由地方颁布试行。1988 年 3 月，广东省政府率先颁布《宗教活动场所行政管理规定》，开辟了地方制定宗教法规的先河。此后，新疆维吾尔自治区（1988 年）等地相继颁布了针对宗教事务或宗教活动场所的综合性及单项性的政府规章。各地这些立法探索，为国家层面进行科学立法打下了基础。

（2）出台综合行政法规《宗教事务条例》

1990 年全国宗教工作会议的主题就是“依法管理宗教事务”。1991 年中央下发的《关于进一步做好宗教工作若干问题的通知》(1991 年 6 号文件)，强调“要加快宗教立法工作”，宗教立法工作随之全面启动。国务院先于 1994 年颁布《宗教活动场所管理条例》和《中华人民共和国境内外国人宗教活动管理规定》；1996 年颁布《宗教活动场所年度检查办法》单行法规。在此基础上酝酿建设综合性的宗教事务法律。

这一时期理论界关于宗教立法的条件、立法目的、出台什么层级的宗教法、什么是宗教事务等问题展开了热烈讨论。余孝恒在《关于宗教法制建设的几个问题》一文中从五个方面论述了全面启动宗教法制建设的条件已经成熟：一是依法治国成为中央的治国方略，成为全国人民包括宗教信徒和宗教界的共识和要求，这是最重要的大环境。二是加快宗教立法是宗教界的主动要求和迫切愿望，这是宗教法制建设能否顺利进行的重要前提和基础。三是宗教工作的实际需要，在怎样开展宗教活动，怎样加强管理，怎样进行保护等方面都存在不少问题，需要进行规范和管理。四是从中央到地方都已进行了许多的宗教立法探索工作，我国的宪法、法律体系已基本形成，党在社会主义时期宗教问题的基本观点和政策已经确定并经多年的实践检验证明是正确的，各地方制定了大量的地方性宗教法规、规章，摸索了相当的经验。五是我国对宗教法制建设的研究工作取得了很大进展，建立了许多专门的研究机构，取得了许多可喜的成果。

至于由全国人大出台《宗教基本法》，还是国务院颁布宗教行政法规，各界在讨论中出现较大争议。从法律体系的层级结构看，宗教事务法制建设应涉及四个层次：一是全国人大或其常委会颁布有关宗教的基本法律，从整体上调整宗教与社会其他方面的关系，保障公民宗教信仰自由权利，维护宗教组织合法权益，保障宗教活动健康有序。二是国务院制定行政法规，调整涉及各宗教共同性问题，在政府管辖权限内对宗教场所、教职人员、外国人在华宗教活动、宗教音像制品等问题依法管理。三是制定部门规章，调整涉及范围不大、政策性较强及属于部门内部管理范围的问题。四是由地方人大或政府根据当地实际制定地方性宗教法规或地方性政府规章。

基于这样的法律体系结构，有些学者、宗教界人士主张先由全国人大制定宗教基本法，在全国人大和全国人大常委会没有授权的情况下，国务院不能制定宗教方面的行政法规，地方性法规立法程序也应如此。1998年举行的全国政协会议上，以丁光训为代表的13位基督教界代表，要求把制定宗教法提到全国人大常委会议的日程上。也有很多学者认为，不能简单断言，宗教立法必须先有母法，才能有子法。“至今世界上还没有一个国家制定出可以揽括全部宗教事务的宗教管理基本法，而且中国是一个发展中的社会主义国家，如何正确处理和对待宗教事务，从历史和当今世界都没有可借鉴的模式”①，“宗教立法应上什么项目，归根结底要从宗教社会关系的实际需要（必要性）和实际情况（可行性）出发，要充分考虑实际的迫切需要、宗教政策的成熟程度、各方面意志是否协调一致等客观因素”。由于诸多复杂因素，“宗教法制建设需要缜密决策，从长计议，切不可掉以轻心，草率行事”②，于是我国宗教立法工作选择了一条从地方性法规、政府规章到行政法规，从单项法规到综合性法规的立法道路。主要理由是：

首先，我国宪法在公民个体宗教信仰权利、宗教与社会其他要素相互关系方面已经有了原则规定，一些法律、法规也作了相应规范，在宗教工作上不能说还是无法可依。其次，对社会主义初级阶段宗教的基本特点、社会作用等问题，现有的理论认识还不深入，在怎样才算科学的政教关系、怎样才算宗教与教育相分离等重大问题上，社会各界还没有达成共识，出台基本法律条件不成熟。第三，我国各宗教的情况有很大不同，各

① 张志刚:《宗教学研究指要》，北京大学出版社2005年版。

② 叶小文:《大力加强宗教法治建设》，载《中国宗教》1997年第2期。

地区宗教的状况也有较大差异，如果制定的宗教法律仍然比较原则和抽象，效力就会受到限制，实际意义也不大。第四，实行政教分离的国家即世俗国家，专门制定宗教方面基本法律的很少，特别是社会主义国家，还难以找到比较成功的先例加以借鉴。第五，宗教工作实践中遇到的问题，大量的是具体问题，需要明确的操作依据。因此，比较紧迫的是要加快制定宗教方面的行政法规、地方性法规和行政规章。先制定法规和规章，有利于在执行中发现问题，积累经验，为制定宗教方面的基本法律打好基础。

1999 年，国家宗教局着手起草综合性法规《宗教事务条例》，该法规于 2005 年 3 月实施，这是迄今为止我国在宪法之下由国务院颁布的有关宗教事务的第一部综合性行政法规。经过多年的努力，我国宗教法制建设从理论探索层面转入全面立法阶段。

（3）地方法规和部门规章等配套法规初步形成

在 1991 年国务院宗教事务局着手制定宗教行政法规的同时，全国各地就已经积极探索制定宗教方面的地方性法规和部分规章。其中上海市 1995 年颁布的《上海市宗教事务条例》，将“宗教事务”界定为“宗教与国家、社会、群众之间存在的各项社会公共事务”。这就将“宗教事务”清楚地界定为属于国家事务和社会事务的范畴。赵朴初先生对此给予很高的评价，“甚为周密、甚为妥帖”。2005 年国务院颁布《宗教事务条例》后，按照法制统一的原则，各省、自治区、直辖市开始修订或制定本地区的地方性宗教法规或政府规章。截至 2012 年，全国已经有 31 个省、自治区、直辖市颁布了 60 多个宗教事务方面的地方性宗教法规或政府规章。

2005 年以后，国家宗教局先后制定发布了《宗教活动场所设立审批和登记办法》《宗教教职人员备案办法》《宗教活动场所主要教职任职备案办法》《宗教院校设立办法》等部门规章，还会同有关部门制定发布了《藏传佛教活佛转世管理办法》等部门规章。

同时，国家宗教局还推动、指导各全国性宗教团体在《宗教事务条例》框架下，制定内部的管理章程、制度。到2010年，五大宗教全国性团体已经制定《教职人员认定办法》《宗教活动场所主要教职任职办法》等。大部分宗教团体、宗教活动场所的制度化建设，虽然不能算作宗教立法，但都是以宪法、一般法律和《宗教事务条例》等相关法律为依据，规范宗教内部秩序、宗教与社会关系的章程。以佛教为例，国务院《宗教事务条例》颁布后，中国佛教协会先后按照《宗教事务条例》，制订或修订了三大语系佛教教职人员资格认定办法和《藏传佛教寺庙主要教职任职办法》《藏传佛教寺庙经师资格评定和聘任办法》《南传佛教寺院住持任职办法》等。国家宗教局颁发《宗教院校教师资格认定、职称评审聘任办法（试行）》和《宗教院校学位授予办法（试行）》后，中国佛教协会根据这些部门规章，制定了《全国汉传佛教院校教师资格认定和职称评审细则（试行）》《全国汉传佛教院校学位授予细则（试行）》和《全国佛教院校职称学位工作小组工作细则（试行）》。宗教团体这些规章制度建设，有力地推动了宗教治理向多元主体参与的法制化方向过渡。

从20世纪90年代到2016年全国宗教工作会议召开，20多年来依法管理宗教事务的法律法规体系初步形成，虽然这些法制建设还存在诸多不足，但宗教事务的法律规范意识在政府和宗教界已经形成共识，有助于推动国家宗教事务治理法治化。其中《宗教事务条例》的颁布是一个标志性的事件，它将宗教团体、宗教活动场所、宗教院校、信教公民（含宗教教职人员）的权利、义务，以法规的形式确立了下来，并按照依法行政、建设法治政府的要求，规范了政府有关部门的行政行为，成为宗教事务治理的主要依据。在此基础上，“以宪法为核心，其他法律为支持，《宗教事务条例》是主体，其他行政法规和规章是补充”的治理框架初步确立。同时，《宗教事务条例》与一系列配套规章和规范性文件，各省、自治区、直辖市出台的地方性宗教法规和规章，全国性宗教团体制订的规章制度，以及县、乡、村三级宗教工作管理网络和乡、村两级宗教工作责任制，共同组成了现代化宗教法治和基层治理体制，推动我国宗教事务在法治的框架内依法进行。

（4）中国特色社会主义宗教事务法律制度体系基本建成

习近平总书记在2016年全国宗教工作会议的讲话中指出："要提高宗教工作法治化水平，用法律规范政府管理宗教事务的行为，用法律调节涉及宗教的各种社会关系。"对宗教法治化提出新的更高的要求。根据会议精神，国务院启动修订《宗教事务条例》，2018年新修订《宗教事务条例》（以下简称《条例》）在全国实行。新修订的《宗教事务条例》突出了"保护合法、制止非法、遏制极端、抵御渗透、打击犯罪"的原则，对宗教团体、宗教院校、宗教活动场所、宗教教职人员、宗教活动、宗教财产、法律责任等方面进行了明确规范。修订后的《条例》"调整范围更全面，内容设计更科学，实施更具有操作性"，对提高宗教工作法制化水平具有里程碑意义。与此同时，我国修订的《刑法》《国家安全法》和制定的《教育法》《民法总则》《反恐怖主义法》《境外非政府组织境内活动管理法》等法律法规，都将涉及宗教的规制作为重要内容纳入其中，为规范和调节宗教与相关社会事务的关系提供了法律依据。

从2018年开始，国家宗教局、各省地市与《条例》配套的部门规章和规范性文件、地方法规修订工作也相继启动。到目前为止，国务院层面有2部行政法规，国家宗教局制订颁布了15部部门规章，各级地方出台行政法规规章60多部，各全国性宗教团体制定了一系列与《条例》相衔接的管理制度。我国已经初步建成以《宪法》36条、《教育法》等基本法律为前提，以国务院综合行政法规《宗教事务条例》为基本依据，以各级地方法规、部门规章、宗教团体制度为补充的，覆盖宗教组织、宗教活动、教职人员、宗教院校、宗教财产等多个方面的宗教事务的法律法规体系。

国家关于宗教事务的法制建设，核心目标是落实党和国家关于宗教治理的总体指导思想和政策目标，即公民宗教信仰自由、政教分离、坚持我国宗教中国化方向、积极引导宗教与社会主义社会相适应。

2. 新修订《宗教事务条例》的主要精神

（1）《宗教事务条例》修订的时代背景

经过改革开放40多年的发展，中国特色社会主义进入了新时代。中华民族迎来了从站起来、富起来到强起来的新时代，铸牢中华民族共同体意识，实现中华民族伟大复兴成为新时代的重要要求。新时代国际国内新形势和新任务对修订《宗教事务条例》提出时代任务。

第一，国际国内宗教形势新变化要求修订《条例》。

随着国际国内形势的深刻变化，宗教领域出现了一些新情况新问题，给宗教事务管理提出了新要求。从国际上看，进入新世纪以来，世界宗教的发展出现了新的特点。一方面社会世俗化进程加快，另一方面原教旨主义崛起，宗教极端主义恶性膨胀，宗教网络化，宗教非政府组织日益活跃，宗教极端主义和暴力恐怖活动持续发生。特别是基督教和伊斯兰教，作为世界上信仰人数最多、影响力最大的宗教仍处于持续扩张之中。与此同时，作为非传统安全的宗教因素在国际争端、地区冲突、人权斗争等方面的影响更加突出，美国联合一些国家打着宗教旗号挤压中国的形势越来越严峻，民族宗教问题成为考验国家治理体系和治理能力的重要因素。

从国内看，随着我国社会发生深刻变化，越来越多的人把宗教信仰当作精神上的追求和寄托，传统的宗教地理分布格局正在发生新的变化，宗教之间的关系面临新的考验。特别值得关注的是，境外利用宗教进行渗透日益加剧，宗教因素影响国家意识形态安全的隐患开始出现，特别是宗教极端主义在边疆的活动带来严重的国家安全隐患，网络宗教问题形成新的挑战，涉及宗教的利益矛盾更加复杂，一些地方非法宗教活动屡禁不止，宗教关系开始发生新的变化。

第二，贯彻中央宗教工作决策部署要求修订《条例》。

党的十八大以来，习近平总书记先后在第二次中央新疆工作座谈会、中央民族工作会议、中央统战工作会议、中央第六次西藏工作座谈会等多个重要场合对宗教问题和宗教工作发表重要讲话。2016 年 4 月，党中央、国务院召开全国宗教工作会议，习近平总书记从党和国家事业发展全局的高度，科学分析了宗教工作面临的形势和任务，全面阐述了宗教工作的一系列重大理论和实践问题，提出了许多新思想新观点新要求，为做好新形势下宗教工作指明了方向。

习近平总书记特别强调，要提高宗教工作法治化水平，对宗教界反映强烈、社会普遍关注、工作中急需解决的问题做出明确规定。这是全面依法治国的必然要求，也是正确处理宗教领域各种矛盾和问题的根本途径。贯彻落实习近平总书记重要讲话精神，一个重要举措就是加强宗教工作法制建设，将以习近平同志为核心的党中央关于宗教工作的新思想新观点新要求法定化、制度化，使之形成普遍规范，确保宗教工作始终沿着正确方向前行。

第三，全面推进依法治国要求修订《条例》。

党的十八大以来，以习近平同志为核心的党中央特别强调法治在推进国家治理体系和治理能力现代化过程中的重要作用，部署全面推进依法治国。法治是迄今为止人类能够认识到的最佳治国理政方式，更是一个现代国家的底色，是国家治理体系和治理能力现代化的基石。一个国家走向现代化，必须走向法治化。

改革开放 40 年来，我国宗教事务方面的立法工作取得重要进展，宗教事务的主要方面实现了有法可依，宗教事务法律制度框架初步确立，成为以宪法为核心的中国特色社会主义法律体系的组成部分。同时也要看到，我国涉及宗教事务方面的法律法规还不健全，一些规定的针对性和操作性不强，一些涉及宗教组织、活动、个人的法律地位、法律关系、法律责任还不明确甚至缺失，宗教工作“三支队伍”的法治观念和法治思维还不强，往往习惯用“老办法”处理“新问题”，还存在一些无法可依、有法不依的情况。

党的十八届四中全会明确提出要“抓住提高立法质量这个关键”，“坚持立改废释并举，增强法律法规的及时性、系统性、针对性、有效性”。新形势新任务迫切要求对2004年出台的《宗教事务条例》进行修订，完善相关政策法规，为新时代宗教事务治理提供法律依据。在此背景下，国家宗教局于2016年全国宗教工作会议后，向国务院报送了《宗教事务条例（修订草案）（送审稿）》。2017年6月14日，国务院常务会议审议通过了修订草案，自2018年2月1日起施行。

（2）新修订《宗教事务条例》的主要内容

《宗教事务条例》是新时代宗教事务治理的基本法律制度。原《条例》7章48条，新修订的《条例》9章77条，新增2章，新增29条，修改38条，增加内容超过原《条例》的三分之一以上。《条例》增加了宗教院校、宗教活动两章，宗教院校和宗教活动的相应内容，是从原《条例》的宗教团体和宗教活动场所所在章节调整出来的，并增加了相应条款。可以说，新《条例》对原《条例》进行了比较大的修改，有诸多创新之处。

新修订《条例》第一章总则共6条，主要明确立法的目的、依据，宗教事务管理的原则，体现《宪法》36条和党的宗教工作基本方针的主要精神，明确各级政府依法对涉及国家利益和社会公共利益的宗教事务进行管理服务的权责。

第二章至第七章共54条，是《条例》的主体部分，设计了宗教团体、宗教院校、宗教活动场所、宗教教职人员、宗教活动、宗教财产六项制度作为宗教事务管理的基本法律制度。关于宗教团体的法律规制主要涉及宗教团体的成立、登记和管理，宗教团体职能，接收和选派留学人员等内容。关于宗教院校的法律规制突出了宗教院校是宗教事务管理的主要对象，主要涉及宗教院校的设立审批，法人登记，教师资格认定、聘请，宗教教育培训等内容。关于宗教活动场所的法律规制主要涉及宗教活动场所设立、审批和登记，宗教活动场所法人，临时活动地点，大型露天宗教造像，景区内宗教活动场所的权益保障等内容。关于宗教教职人员的法规规制主要涉及宗教教职人员认定备案、宗教活动场所主要教职任职备案等内容。关于宗教活动的法律规制，主要涉及大型宗教活动审批，禁止校园传教，宗教出版物出版发行及进口管理、涉外活动等内容。《条例》特别明确互联网宗教信息服务必须纳入依法管理，第 47 条规定，从事互联网宗教信息服务，应当经省级以上人民政府宗教事务部门审核同意后，按照国家互联网信息服务管理有关规定办理；第 48 条规定，互联网宗教信息服务的内容应当符合有关法律、法规、规章和宗教事务管理的相关规定。

关于宗教财产的法律规制，主要明确宗教财产权归属，明确宗教财产受法律保护，宗教团体、院校、场所非营利性质，健全完善财务监管、税收管理等内容。《条例》特别明确治理宗教商业化问题，第 52 条规定，宗教团体、宗教院校、宗教活动场所是非营利性组织，其财产和收入应当用于与其宗旨相符的活动以及公益慈善事业，不得用于分配。第 53 条规定，任何组织或者个人捐资修建宗教活动场所，不享有该宗教活动场所的所有权、使用权，不得从该宗教活动场所获得经济收益，禁止投资、承包经营宗教活动场所或者大型露天宗教造像，禁止以宗教名义进行商业宣传。

《条例》第八章及第九章主要是关于违反《条例》的法律责任的规定，体现法规的国家强制力，目的是维护法律秩序，教育警示公民遵纪守法，明确法律责任。附则明确了内地与香港、澳门、台湾地区的交往规定，以及《条例》开始实施的时间。

（3）新修订《宗教事务条例》的主要精神

第一，维护公民宗教信仰自由权利和宗教界合法权益。

《条例》第 2 条规定，公民有宗教信仰自由。任何组织或者个人不得强制公民信仰宗教或者不信仰宗教，不得歧视信仰宗教的公民或者不信仰宗教的公民。《条例》在维护宗教界合法权益方面增加了许多内容，如第 6 条规定各级人民政府应当为宗教团体、宗教院校和宗教活动场所提供公共服务；第 32 条强调各级地方政府应当根据实际需要，将宗教活动场所建设纳入土地利用总体规划和城乡规划；第 34 条的规定主要是协调、处理宗教活动场所与景区管理组织及园林、林业、文物、旅游等方面的利益关系；第 38 条明确了宗教教职人员开展公益慈善活动受法律保护；第 39 条规定了宗教教职人员依法享有社会保障的权利；第 49 条、第 50 条规定了宗教团体、宗教院校和宗教活动场所的财产权属；第 52 条明确了宗教财产收益的用途；第 53 条规定了任何组织或者个人捐资修建的宗教活动场所，不能享有所有权、使用权，不得从该宗教活动场所获得经济收益，禁止以宗教名义进行商业宣传；第 55 条规定宗教团体、宗教院校或者宗教活动场所房屋被征收时，可以选择货币补偿、房屋产权调换或者重建；等等。同时，新修订《条例》规定，宗教界要遵守宪法、法律、法规和规章，任何组织和个人不得利用宗教从事违法活动。这些规定要求宗教界人士和信教群众树立法治意识，意识到遵守法律法规是对他们的最大保护，增强其在法律允许范围内开展活动的自觉性。

第二，维护国家安全、促进宗教关系健康和谐。

新修订《条例》体现了政教分离原则，政府依法对涉及国家利益和社会公共利益的宗教事务进行管理，明确宗教不得干预行政、司法、教育等国家职能实施。《条例》第 2 条规定，信教公民和不信教公民、信仰不同宗教的公民应当相互尊重、和睦相处；第 3 条规定宗教事务管理坚持保护合法、制止非法、遏制极端、抵御渗透、打击犯罪的原则；第 4 条规定任何组织或者个人不得利用宗教进行危害国家安全的活动，不得宣扬、支持、资助宗教极端主义，不得利用宗教破坏民族团结、分裂国家和进行恐怖活动；第 41 条规定非宗教团体、非宗教院校、非宗教活动场所不得开展宗教教育培训，不得组织公民出境参加宗教方面的培训、会议、活动等；第 44 条规定禁止在宗教院校以外的学校及其他教育机构传教、举行宗教活动、成立宗教组织、设立宗教活动场所；第 48 条明确了互联网宗教信息服务的禁止内容；第 56 条规定不得利用公益慈善活动传教；第 57 条规定宗教团体、宗教院校、宗教活动场所不得接受境外组织和个人附带条件的捐赠。此外，还增加了对危害国家安全等行为的处罚。

第三，体现坚持我国宗教中国化方向的精神。

根据新修订《条例》规定，宗教团体应当开展宗教思想建设，对教义教规做出符合当代中国发展进步要求、符合中华优秀传统文化的阐释；宗教界应当遵守宪法、法律、法规和规章，践行社会主义核心价值观，维护国家统一、民族团结、宗教和睦和社会稳定。

除了国务院颁布的《宗教事务条例》体现了坚持我国宗教中国化方向的精神，在地方修订的宗教事务条例中，体现坚持我国宗教中国化方向的内容更具体。比如修订后的《甘肃省宗教事务条例》第 6 条规定，各宗教应当坚持我国宗教的中国化方向、坚持独立自主自办的原则；第 26 条第 6 款规定，宗教活动场所建筑物样式体现中国风格。

第四，强调各部门联合执法，综合施策，标本兼治。

落实新修订《条例》，不仅要解决宗教工作宽松软的问题，而且还要准确体现“导”的态度。《条例》规定政府依法对涉及国家利益和社会公共利益的宗教事务进行管理，明晰了宗教、民政、公安、规划、国土、财税等相关部门以及乡级人民政府在宗教事务管理中的职责；进一步规范了行政许可、行政处罚等程序。这些规定，综合运用保护、管理、引导、服务等方式，体现了综合施策、标本兼治的要义，以利于最大限度发挥宗教的积极作用，最大限度抑制宗教的消极作用，积极引导宗教与社会主义社会相适应。

3. 我国宗教工作法制建设的主要特点

经过改革开放 40 多年的宗教法制建设，“用法律规范政府管理宗教事务的行为，用法律调节涉及宗教的各种社会关系”已经初步形成。总体看，我国的宗教法制建设，在立法原则上坚持了科学、民主、法制统一的原则；在立法内容上注重保障公民宗教信仰自由权利，同时科学规范宗教与社会其他方面的关系。

（1）坚持科学民主、法制统一的立法原则

科学立法、民主立法是提高宗教工作法治化水平的前提。从几十年来宗教法制建设情况看，坚持问题导向，针对社会关注、工作中亟须解决的问题进行规范，是宗教立法工作的重要特点。

从政府有关部门介绍的相关工作情况看，每一项宗教立法工作，都通过多次立法调研、专题座谈、专家论证、函件、网络征求意见等方式，反复征求国家有关部委、省市县、宗教团体、专家学者、信教公民以及社会公众的意见，努力体现各方面意愿，寻求“最大公约数”，最大限度凝聚共识。比如从 1983 年开始，国务院宗教事务局就成立专门小组，开展《宗教法》的立法调研和论证，经过六七年的努力，1990 年形成《宗教法（草案）》初稿。在随后将近 10 年的征求意见过程中，“有关方面在立法宗旨、宗教界定、调整范围等一些重大问题上，出现较大分歧，几经讨论无法达成一致”。最终，《宗教法》立法工作被放弃，国家宗教局重新探索起草综合行政法规，几经论证、调研，特别是广泛征求宗教界人士的意见，国务院综合行政法规《宗教事务条例》终于在 2004 年颁布。

从地方宗教立法情况看，也贯彻了依法立法、维护法制统一的原则。虽然在国家层面讨论《宗教法》的过程中，一些地方率先探索地方性宗教法规和地方政府规章，但国务院颁布、修订宗教事务综合行政法规和部门规章后，各级政府都能严格对照上位法，对本地宗教事务条例和单行法规中与上位法和国家政策不一致的地方进行修改，确保与上位法规定相一致。不仅地方立法与上位法衔接，而且宗教团体也及时跟进，目前各宗教团体都根据新修订的《宗教事务条例》对本团体章程、教职人员资格认定、宗教院校管理等方面的规章制度进行修订完善。“将《条例》的相关规定转化为加强自我管理的教规制度，陆续制定施行了 80 多个规章制度”，确保与国家相关法律制度衔接一致。

（2）科学规范宗教与社会其他方面的关系

40 多年来，我国宗教法制建设是以保障公民的宗教信仰、维护宗教团体间的和睦、维护社会和谐为目的，通过宪法和法律等形式，把公民的宗教信仰自由权，宗教团体、宗教活动场所和信仰宗教的公民在举行宗教活动、开办宗教院校、出版宗教书刊、管理宗教财产、开展对外交往活动等方面诸多权利和义务规定下来，并按照依法行政、建设法治政府的要求，规范政府和有关国家机关的行为，从而实现宗教事务治理的制度化、规范化和法治化。国家立法调整宗教与社会关系的主要内容如下：

第一，公民有信仰宗教和不信仰宗教的自由。每个公民既有信仰宗教的自由，也有不信仰宗教的自由；有信仰这种宗教的自由，也有信仰那种宗教的自由；在同一宗教里面，有信仰这个教派的自由，也有信仰那个教派的自由；有过去不信教而现在信教的自由，也有过去信教而现在不信教的自由。既保护信教的自由，也保护不信教的自由，是最基本的内容。

信教的公民与不信教的公民享有同等的权利和义务，任何国家机关、社会团体和个人不得强迫公民信仰宗教或者不信仰宗教，不得歧视信仰宗教的公民和不信仰宗教的公民。由于历史的原因，许多少数民族几乎全民信仰某种宗教。因此，在多数群众信教的地方，要特别注意保护不信教群众的权利；在多数群众不信教的地方，要特别注意保护信教群众的权利。

第二，宗教必须在宪法、法律和政策范围内活动。公民在行使宗教信仰自由权利的同时，有遵守宪法和法律的义务。任何国家机关、社会团体和个人不得损害宗教界的合法权益，干预正常的宗教活动；任何人也不能利用宗教破坏社会秩序、损害公民身体健康，更不允许利用宗教进行反对党的领导和社会主义制度，破坏国家统一和民族团结。

第三，各宗教在法律面前一律平等。国家政权不能被用来推行或禁止某种宗教，既不能用行政力量扶持发展某个宗教，也不能用行政力量打压某个宗教。

第四，政教分离。任何人都不得利用宗教干预行政、司法、教育；不得利用宗教干预婚姻、计划生育等。

第五，国家保护一切在宪法、法律和政策范围内的正常宗教活动。确定公民有宗教信仰自由的权利，也就包括承认各教依法成立的宗教组织及其正常的宗教活动，承认经政府批准登记的宗教活动场所。各宗教团体自主地办理各自的教务，并根据需要开办宗教院校，印发宗教经典，出版宗教刊物，举办各种社会公益服务事业。在登记的宗教活动场所内和按宗教习惯在教徒自己家里进行的正常宗教活动，受到国家法律保护，任何人不得加以干涉。国家保护宗教团体的合法权益，保护宗教教职人员履行正常教务的权利。

第六，宗教团体和宗教事务不受境外势力支配。中国的宗教事务由中国人自己来办，不受外国势力的干涉和控制，成为中国各宗教共同遵循的一个原则。几十年来，中国宗教的这一原则立场，已越来越得到世界上其他国家宗教组织和人士的理解和尊重。中国的宗教团体在坚持独立自主自办的方针下，实行自养、自治、自传。独立自主自办的方针并不排斥在相互尊重、平等友好的基础上与各国宗教组织或宗教人士进行交往。对出于宗教感情的外来援助、捐赠等，只要不附带干涉我国内部事务包括宗教事务的条件，宗教组织可以接受。

第七，无神论者与有神论者要相互尊重。任何人都不应到宗教活动场所进行无神论的宣传，或者在信教群众中展开有神还是无神的辩论；任何宗教组织和教徒也不应在宗教活动场所外布道、传教、宣传有神论、散发宗教传单和其他未经政府主管部门批准出版发行的宗教书刊。

以上七个方面的内容，精神实质可概括为三点：其一，个人信仰绝对自由；其二，宗教行为依法进行；其三，政教分离。

（3）在实践中进一步完善宗教法制建设

过去几年里，许多学者撰文对我国宗教法制建设进行评估，绝大部分学者肯定了我国宗教法制建设取得的成就，认为以《宪法》和《宗教事务条例》为核心的中国特色社会主义宗教法律体系，为加强宗教事务管理法治化提供了基本规范，宗教事务管理的法律法规体系在日趋完善。“但仍然存在内容不全面、结构欠合理、可操作性不强、依法行政的相关制度有待建立和健全”等问题。特别是新修订《宗教事务条例》颁布后，国家有关部门还需要适应宗教形势发展需要，抓紧制定某一领域、某一方面的单项法规，比如进一步建设互联网宗教事务法律制度，进一步建设宗教财产监管法律制度等。各地宗教法规的配套法制建设工作也需进一步完善，努力形成法律规范齐备、不同层次法律规范之间逻辑严谨、结构合理、和谐统一的宗教事务法律体系。

三、用法律规范政府和宗教界的行为

习近平总书记反复强调，以法治思维和法治方式妥善解决宗教领域的突出问题，既要用法律规范政府管理宗教事务的行为，用法律调节涉及宗教的各种社会关系；也要依法保护广大信教群众合法权益，深入开展法治宣传教育，教育引导广大信教群众正确认识和处理国法与教规的关系，提高法治观念。运用法治思维和法治手段治理宗教事务，已经成为宗教工作的基本立场和主要方法。

1. 用法律规范政府管理宗教事务的行为

政府对宗教事务进行管理，主要是依照国家有关宗教事务的法律、法规和政策进行公共服务与管理，依法行政。也就是说，政府有关部门不仅对宗教团体和宗教活动场所是否在法律、法规和政策的范围内的活动进行行政管理和监督，而且对公民、法人和其他社会团体是否违反有关宗教事务的法律、法规和政策，侵犯宗教界合法权益的行为进行行政管理和监督，同时政府各部门执行有关宗教的法律、法规和政策，接受宗教界和其他公民、法人的监督。提高宗教工作法治化水平，应重点加强各级政府依法执政水平。

（1）各级党委政府要重视宗教工作

法治的核心思想是通过法律规范国家权力，特别是行政权力，也就是说政府行为必须受到法律的规制。过去一段时期以来，我国初步形成了宗教事务管理的法律法规体系，各级政府宗教事务部门依法决策、依法管理和依法行政的能力不断增强，依法管理宗教事务的局面基本形成，宗教工作法治化建设取得一定成绩。

但宗教工作领域还存在诸多新情况新问题，比如，宗教工作主体责任不到位，有的地方党委不重视宗教工作，不懂政策、不愿管不敢管不会管的现象普遍存在，有的地方存在利用行政手段发展宗教，有的领导干部忽视宗教演变的客观规律，对宗教采取歧视、打压，甚至利用行政手段管控宗教，还有个别地方的宗教工作领域存在借教敛财的腐败行为。宗教工作干部队伍的法治观念和法治思维还不强，往往习惯于用“老办法”处理“新问题”，还存在一些有法不依的情况。政策不清、底数不明、执法不力是宗教领域各种乱象无序蔓延扩张的重要原因。目前，宗教执法方面存在的最突出问题是：

第一，宗教事务执法机构不健全，执法队伍力量弱。虽然全国县级以上政府基本上都设有宗教执法机构，但有些关系还没有理顺：有的属于政府系列，有的是统战部所属的一个处室，有的是和“民委”合署办公。

与此同时，基层宗教执法队伍力量相对薄弱。虽然各级政府宗教事务部门中，已有不少懂宗教政策法规的干部，但主要集中在省级以上政府部门，很多基层党政宗教事务部门，编制人员严重不足，宗教事务多由各部门指定干部兼管。

第二，宗教法律政策水平不高。经过多年普法，领导干部的宗教法制观念普遍大幅提高。但在部分干部中还存在一些错误认识，比如重限制、轻保护，把宗教事务法律规制狭隘地理解为限制宗教活动，忽视法律对宗教活动保护的功能。再比如重权力、轻权限，有些执法人员越权行政和滥用职权现象屡有发生。此外还有重施行、轻监督，遇事不与宗教界和信教群众沟通协商，管理上要么简单生硬，要么放任放纵，宽严失度。由于宗教事务法律法规涉及广，业务性强，对干部宗教知识、宗教政策法规水平要求高，即使在宗教执法机构工作时间较长的人员，由于情况不断变化，新问题不断出现，也有及时更新知识的迫切需要。但基层宗教工作干部普遍流动性强，无法系统掌握宗教工作的专业知识，这些问题从根本上制约了宗教政策法规的有效贯彻落实。

第三，宗教执法难。一是宗教执法涉及部门和社会关系多，宗教执法工作不仅是各级宗教执法（工作）机构的事情，而且还涉及民政、教育、公安、税务、城建房产等多个部门，如果体制不畅，执法人员在行使执法权力时，会遇到一定的阻力。二是宗教执法物质条件差。由于基层宗教活动涉及地域、行业范围广，牵涉人员多，涉及内容复杂，执法过程除需要交通工具，还需要一定的经费保障。

上述问题，需要党政领导干部提高认识，加强重视，切实加强宗教工作体制机制建设，确保相应的机构和编制，确保基层宗教工作有人做，做到位，加大规范执法的检查力度，为依法管理宗教事务提供基本条件。

（2）加强宗教法规政策学习，牢固树立法治思维

法治方式是处理社会问题所采取的符合法律制度的方法和方式。法治思维就是根据依法治国的原则，尊重法律制度的规范来思考、分析、判断问题。树立法治思维，运用法治方式，是对待、管理、处理、解决宗教问题的根本之策。这就要求在党政干部中深入开展宗教事务法治宣传教育，加强对宗教工作干部的法治培训，深入学习宪法和宗教方面的法规规章，要求党政干部懂法律，增强法治观念，依法履行职责，带头遵守好、执行好相关法律法规，切实提升运用法治思维和法治方式处理宗教问题的能力和水平。特别是要养成依法办事的习惯；管理行为上要依法行政，不能不作为，也不能乱作为，更不能以管理为借口，随意干涉宗教内部事务。各级党政干部要严守政策法规红线，不支持、不参与“宗教搭台，经济唱戏”，不得以发展经济和繁荣文化的名义助长宗教热。

学习培训要有问题意识，重在学懂弄通上下功夫。从 2018 年以中央在各地开展的宗教工作调研情况看，有的地方干部院校没有把中央有关宗教工作的政策法规落实到教学中；有的地方部署的学习培训针对性不强。一些党政领导干部对宗教政策法规，还没有做到应知应会，省级各部门和

县以下职能部门掌握情况略好，地市级主要领导宗教知识政策水平较低。应该进一步加大对党政干部教育培训，让党政领导干部真正成为宗教工作的内行；进一步加大对统战、民族、宗教工作干部的学习培训，建设宗教工作的专业化队伍；加强对宣传、旅游、教育、网络等职能部门干部宗教基本知识和政策培训，提高各级各类干部依法治理宗教事务的政策法规水平和能力。

（3）健全宗教工作体制机制，依法执政，积极作为

首先，要强化各级党委宗教工作主体责任，建立健全宗教工作领导小组、联席会议制度、联动机制，加强各领域宗教工作责任制；建立防范和抵御宗教渗透的社会网络，特别是建立健全基层工作体制机制。落实县级以上人民政府宗教事务部门主体责任。近年来各地纷纷建立健全主体在县、延伸到乡、落实到村、规范到点的宗教工作管理网络和乡、村两级宗教工作责任制，这些基层管理体制建设，为政府依法管理宗教事务打下坚实基础。

目前，在县区政府宗教办与统战部合署办公的情况下，应该继续在政府部门保持相关宗教工作部门序列，通过宗教办主任由统战部部长兼任的方式，解决执法主体资格问题。在街道或乡镇层面，虽然具体的宗教事务管理工作由党委统战部承担，但对外只能以街道或乡镇政府的名义。在某些具体事务的处理上，如果街道或乡镇政府没有执法权，则要依法取得宗教事务部门的授权。

其次，依法执政，积极作为。在宗教执法中，要准确把握宗教与社会发生的公共事务与宗教内部教务的关系。《宗教事务条例》第 6 条规定，“县级以上人民政府宗教事务部门依法对涉及国家利益和社会公共利益的宗教事务进行行政管理”，“这一规定，法定了政府宗教事务部门的管理职责和权限，规范了管理行为，也消解了‘宗教团体内部事务’这一多年困扰我们的问题”。也就是说，政府依法规范和调整的不是所有的宗教事务，而是涉及国家利益和社会公共利益的那一部分宗教事务。凡是国家法

律法规，特别是《宗教事务条例》涉及的宗教方面的事务，政府皆可依法管理；而国家法律法规没有涉及的部分，如果属于宗教自身规章（教规制度）调整的范畴，就是宗教内部事务，也就是“宗教教务”，由宗教组织自己管理。

《宗教事务条例》对政府宗教事务部门以及有关部门的权限、职责、行为等进行了规范，政府宗教事务管理部门以及有关主管部门应当依法履行职责，正确行使相应的行政管理和处罚权，如果出现违法行为，就要承担相应的法律责任。

第三，坚持保护合法、制止非法、遏制极端、抵御渗透、打击犯罪的基本原则。落实新修订的《宗教事务条例》，不仅要解决宗教工作宽松软的问题，而且还要准确体现“导”的态度，在“导”上想得深、看得透、把得准，做到“导”之有方、“导”之有力、“导”之有效。当务之急是各级政府应确保新修订《宗教事务条例》各项法规落地见效。比如，河南省 2018 年启动“学习新修订《宗教事务条例》，依法规范事务”专项行动。省委成立专项行动领导小组，依法规范宗教活动场所；依法打击非法宗教活动；开展了宗教活动场所资金资产专项审计和讲道人员识别备案；依法规范宗教场所财务和教职人员，整顿和规范了宗教活动秩序，在此基础上探索建立健全依法规范宗教秩序的长效机制。

宗教具体事务涉及社会方方面面，需要健全宗教工作信息共享平台，政府各职能部门相互协同，联合执法。比如，土地、城建规划管理部门要加强对宗教活动场所用地、建筑规划许可的管理，对擅自乱建寺观教堂和借建民房的名义审批土地建寺观教堂的要依法处理；文化、新闻出版、工商部门要加大对文物、宗教书刊、宗教用品销售的管理，依法处理非法印刷出售宗教书刊和宗教用品的商业摊点及负责人，坚决杜绝非法宗教书刊和宗教文化用品流入市场。公安部门要依法保护公民宗教信仰自由权利，坚决制止非法宗教活动和依法处理宗教中的违法活动；坚决制止借宗教问题煽动群众闹事，扰乱社会治安，破坏国家统一和民族团结的行为；加强宗教教职人员及宗教场所常住人员户籍管理，杜绝跨地区非法传教。此外，纪检监察部门要加大对党员干部组织参与或利用职权资助宗教活动的监督查处力度；网信办要组成专业团队，建立筛查甄别标准，全面核查网络宗教信息平台，及时掌握相关舆情，处置相关事件，提高互联网宗教工作水平。

（4）妥善把握依法管理与执行政策的关系

政策是法的基础，法是政策的基本表现，是政策的法律化。任何法律都是在总结正确的政策后形成的。政策虽然不具有法律效能，但仍然是处理问题的依据。同样，宗教政策是宗教法规的重要基础，宗教法规是宗教政策的集中表现。我国的宗教信仰自由政策不仅是党和国家对待和处理宗教问题的长期基本政策，也是我国制定有关宗教法律法规的基本依据。从新中国建立前夕的《共同纲领》到以后历次宪法的制订和修改，以及在刑法、民法、民族区域自治法等法律法规中，关于保护正常的宗教活动和宗教团体合法权益等法律规定，正是在总结和概括宗教政策正确经验的基础上形成的，没有宗教政策的发展和完善，就不可能有宗教法规的产生。在强调宗教立法执法、强调依法管理的同时，不可忽视继续发挥政策对宗教工作的指导作用。通常，宗教政策针对性很强，具有明显的特定性、应急性、灵活性，可根据执行情况及时进行补充、完善和修订，能够弥补宗教法规在不完善、不配套时出现的缺陷，保证宗教工作顺利运行。

（5）妥善把握政府管理与宗教界自治的关系

法治是包括公民自治的，宗教事务法治化也是政府依法行政与公民自觉按法律法规开展宗教活动，两方面共同推动的过程。这就需要政府在依法管理宗教事务的过程中，把握好三点：一是依法管理与信教自由的关系。依法管理宗教事务是确保公民充分享受信仰自由的权利，知法守法是从事宗教活动应遵循的基本原则。二是管理主体与客体间的关系。管理宗教事务的主体是县以上政府部门，宗教事务是执法的客体和管理的对象，在政策和法律的界限上要把宗教信仰或纯宗教教务与假借宗教名义进行违法犯罪活动这两种本不属行政管理范围的情况从“宗教事务”中剔除。三是政府依法管理与群众参与管理的关系。要充分发挥宗教团体的积极作用，增强其自身管理的能力，这是检验管理成效的重要前提。

总之，只有各级政府、企事业单位等有关部门认识统一，执法有力，落实到位，才能“有法可依，有法必依，执法必严”，真正落实《宗教事务条例》，实现宗教事务治理的核心目标——保障公民宗教信仰自由，维护宗教和睦与社会和谐。

2. 用法律规范宗教界开展宗教活动的行为

这是宗教事务法治化的重要方面。宗教信徒首先是国家公民，宗教团体、宗教场所、宗教活动涉及公共利益，必须依法加强管理，遵守宪法法律是公民的基本义务，不允许有法外之地、法外之人、法外之教。

（1）在宗教界深入开展法治宣传教育

进一步加大对教职人员和骨干信众的宗教政策法规培训力度，解决信教群众法制观念淡薄问题，提高依法开展宗教活动的自觉性。通过宣传教育，不断增强宗教界人士和信教群众的国家意识、法律意识和公民意识，增强他们依法依规开展宗教活动的自觉性和主动性，使他们认识到，每个公民都要把宪法和法律的规定作为行为准则。不论信教还是不信教，作为公民，在享有公民基本权利的同时，必须依法履行公民的义务。对宗教界开展教育，重点要解决以下几个问题：

第一，搞清楚宗教信仰自由的边界。

宗教信仰绝对自由，但宗教活动比如“礼拜、祷告以及举行或者参加宗教典礼、宗教仪式等自由是有限制的”。《宗教事务条例》规定：“宗教团体、宗教活动场所和信教公民应当遵守宪法、法律、法规和规章，维护国家统一、民族团结和社会稳定。”“任何组织或者个人不得利用宗教进行破坏社会秩序、损害公民身体健康、妨碍国家教育制度，以及其他损害国家利益、社会公共利益和公民合法权益的活动。”也就是说，只有不损害国家、社会和其他公民利益的宗教活动，才是“正常的宗教活动”；这样的宗教活动才是自由的。《宗教事务条例》规定：“国家依法保护正常的宗教活动。”

第二，坚守国法大于教义教规的底线原则。在我国，无论信仰何种宗教，信教公民首先是社会的一分子，然后才是宗教信徒。作为公民的宗教徒要遵守国家法律。当国家法律与宗教教规发生冲突时，应当以遵守国家法律为第一选择。

第三，坚守宗教不得干预行政、教育、司法等国家职能。“禁止任何宗教团体行使政治上的权力或享有国家赋予特权”，“宗教团体或成员不得以宗教身份获得政治上的特权”。

近年来宗教领域出现诸多乱象，特别是境外势力利用宗教进行渗透日益加剧；宗教极端主义影响带来严重隐患；网络宗教问题形成新的挑战；涉及宗教的利益矛盾更加复杂；一些地方非法宗教活动屡禁不止；宗教关系开始发生新的变化。这些问题有的与宗教界人士和信教群众法治观念淡薄有很大关系。有的信众不能正确看待国法与教法的关系，只讲教法，不讲国法，甚至把教法置于国法之上，只强调信徒身份，不在乎公民身份，只要求信教自由的权利，不履行公民义务，对法律法规缺乏敬畏之心，缺乏自觉遵守意识。

（2）加强宗教团体自身建设

宗教团体是党和政府团结、联系宗教界人士和广大信教群众的桥梁和纽带。过去一段时期以来，宗教团体职能不清，没有发挥应有的作用。一方面，团体的政治定位过于突出，长期实行的对宗教团体的管理模式，使得宗教团体的宗教功能和社会组织功能发挥不足。另一方面，党政部门与宗教团体之间责权关系不清，职责模糊；团体之间、团体与活动场所之间缺乏工作机制，宗教团体职能虚化、宗教团体“机关化”“官僚化”等问题比较突出。

为落实全国宗教工作会议关于发挥宗教团体作用的要求，新修订的

《宗教事务条例》进一步明确了宗教团体的职能，并赋予宗教团体一些重要的宗教事务管理的职责，为宗教团体发挥积极作用提供了法律保障。2019 年 11 月，国家宗教局发布《宗教团体管理办法》，自 2020 年 2 月 1 日起实施。《宗教团体管理办法》共 6 章 41 条，规定了宗教团体组织机构、宗教团体职能、监督管理等内容。《宗教团体办法》规定，宗教团体代表会议、理事会（委员会）和常务理事会（常务委员会）应当按照规定定期召开会议，决定相关事项，行使职权；宗教团体相关负责人应当按照国家有关规定和本团体章程规定产生，并履行职责；宗教团体应当依法依章程开展工作，履行法律、法规、规章和本团体章程规定的职能；宗教团体应当建立健全内部管理相关制度，加强自身管理。《宗教团体办法》明确人民政府宗教事务部门是宗教团体的业务主管单位，应当履行对宗教团体的业务指导和监督管理职能。《宗教团体管理办法》的公布实施，对于深入贯彻落实新修订的《宗教事务条例》，规范宗教团体管理，加强宗教团体自身建设，进一步发挥宗教团体桥梁、纽带作用，具有重要意义。

宗教团体应该按照《宗教事务条例》和《宗教团体管理办法》的要求，加强思想建设、组织建设、作风建设、制度建设，努力建设政治上可信、作风上民主、工作上高效的高素质领导班子。要增强使命感和责任感，切实加强自身建设，转变工作作风，提高依法履职的能力。要根据法定职能定位，完善体制机制，厘清与党政部门、宗教活动场所、社会其他方面的关系，充分发挥在宗教内部事务中的作用。

（3）按照新修订《宗教事务条例》规定，健全宗教界的规章制度

根据新修订《宗教事务条例》有关宗教团体职能的规定，宗教团体要对章程和各项规章制度进行一次梳理，认真进行修改和补充，使之与新修订《宗教事务条例》以及其他方面的法律法规相衔接。要修订完善选派和接受宗教留学人员、宗教活动场所管理、宗教教职人员管理等方面的规章制度。要继续落实宗教教职人员认定、宗教活动场所主要教职任职、宗教院校教师资格认定和职称评审聘任、学生学位授予等方面的规章制度，

并加大督促检查力度。通过对规章制度的修改完善，更好地体现法治精神，发挥规章制度对宗教教职人员和信教群众的行为引导、规则约束、权益维护作用。

此外，宗教团体还应按照新修订《宗教事务条例》的相关规定，积极主动地配合党和政府，发挥自身特点和优势，自觉抵御境外势力利用宗教进行的渗透，坚决遏制宗教极端思想的蔓延，依法制止非法宗教活动，切实解决宗教商业化等问题，维护宗教领域正常秩序，确保宗教活动在法律法规范围内正常开展，维护宗教关系和谐，不断提高与社会主义社会相适应的水平。

总之，宗教界树立宗教事务法治思维，就是要把宪法和法律法规的基本精神融入规章制度建设中；宗教活动场所建立健全民主管理制度，完善内部人员、财务、文物保护、消防安全等管理制度，提升自我管理的规范化水平；宗教院校把法治教育列入教学内容，开设法律基础、宗教政策法规等课程，努力提高宗教院校依法依规办学水平。

概括以上两方面内容，宗教工作法治化，对政府而言是提高宗教治理法治化水平，重点是坚持保护合法、制止非法、遏制极端、抵御渗透、打击犯罪的原则，对涉及宗教因素的问题具体分析，是什么性质就按什么性质处理，该保护的必须保护，该取缔的坚决取缔，该打击的依法打击。对宗教界而言，宗教界人士和信教群众首先是国家公民，宗教团体、宗教场所、宗教活动涉及公共利益的，必须依法加强管理，遵守宪法法律是公民的基本义务，不允许有法外之地、法外之人、法外之教。宗教界要自觉维护人民利益、维护法律尊严、维护民族团结、维护祖国统一。

3. 努力提高宗教工作法治化水平

宗教工作法治化是一项系统工程，也是不断提高的过程。对法治化程度的评价，既涉及对宗教现象的科学把握，涉及对宗教法律制度科学性的把握，还涉及对宗教法律社会化、普及化程度的把握。

第一，不断增强宗教事务治理的法治精神。

从法理学的视角看，法制不等于法治。法治化的主体是人民，“那种认为法治主体是国家机关、人民群众是法治的客体，依法治国就是依法治民的传统观念，与‘法治国家’及其宪法精神相背离”，“法治政府权力的取得与行使，必须受到宪法和法律的严格约束”，从这个意义上说，“政府宗教管理法治化即是对人民主权及其信仰自由权利的承认与保护”。以此评价宗教事务治理，在过去很长一段时期，无论在宗教法律法规制定环节，还是在宗教工作执法环节，都还存在诸如有些宗教事务法律规范可操作性不强、尚未形成良好的宗教管理法治环境、宗教事务管理的执法体制不完善、宗教执法的规范性有待加强等问题，宗教事务法治化程度还不高。甚至到 2009 年，还有学者认为，“当前还只是采取了法制——行政化的管理模式，离真正的宗教法治化还有相当的距离”。

学者闵丽认为，我国的宗教工作经历了从政策性管理（1978—1990 年）到法制化管理（1990—2012 年），再到法治化治理（2013 年之间）的发展过程。笔者基本赞同这一分段。自从中共十八届三中全会提出“全面推进依法治国战略，推进国家治理体系和治理能力现代化”以来，宗教工作领域，无论是党政部门，还是企事业单位、社会组织和宗教界，都在这一时代背景下，把宗教工作共同推进到法治化阶段。

2013 年召开的中共十八届三中全会审议通过的《中共中央关于全面深化改革若干重大问题的决定》提出，建设法治中国，必须坚持依法治国、依法执政、依法行政共同推进，坚持法治国家、法治政府、法治社会一体建设。国家治理不仅是国家机关对社会的管理，还包括正确处理国家机关之间的关系，国家与公民之间的关系以及公民与公民之间的关系。国家治理体系核心是党的领导、人民当家作主、依法治国的有机统一，具体包括强化执政党领导地位、进一步建设人民民主和依法治国为基础建立规范的国家治理体系等目标，其中依法执政、依法行政、依法治国的水平是国家治理体系现代化的重要标志。

从管理到治理是中共十八届三中全会《决定》的重要亮点，也是国家治理的重大突破。国家治理强调多主体，政府是管理者，人民也是社会的主体，社会各组织、各单位都是参加管理的一个方面的角色，都是主体之一。这就实现了从过去党政单一管理主体到多组织主体的转型，各方面参与宗教管理，一体遵循的是科学规范的宗教法律法规体系。

宗教工作的发展历程正是经历这样一个过程，先是党政有关部门以政策管理到宗教法制逐步健全、党政有关部门与宗教界共同管理，再到中国特色社会主义宗教事务法律法规体系基本建成，党政各部门、宗教界和社会各方面共同推进宗教工作，不断提高宗教工作法治化水平。

法治化不仅仅是形式法治，更重要的是贯穿在法律运行中的法律思维，即法治精神。早在古希腊时期，亚里士多德就认识到法治精神的重要性："我们应该注意到邦国虽有良法，要是人民不能全都遵循，仍然不能实现法治。"

中共十八届四中全会提出："法律的权威源自人民的内心拥护和真诚信仰。人民权益要靠法律保障，法律权威要靠人民维护。"法治的根基在于人们发自内心的认同，法治的伟力源于人们的真诚信仰。现代社会治理是多元共治，全体人民共同参与，只有让包括社会治理者在内的全体人民都信仰法律，都成为社会主义法治的忠实崇尚者、自觉遵守者、坚定捍卫者，在全社会形成厉行法治的积极性和主动性，形成守法光荣、违法可耻的社会氛围，社会治理才能在法律框架下运行，现代社会治理模式才能真正形成。

健全宗教事务治理的法治精神，主要体现为宗教管理部门和宗教组织、信徒依法行使自己的权利（权力），承担法律法规赋予自己的义务。特别是宗教管理部门要清醒地认识到自身不仅是依法管理宗教组织的部门，更是向宗教组织和广大信众提供公共服务的部门，作为窗口单位，一定要注重工作态度和工作方法，不能为求速效而简单粗暴地开展工作。这需要从立法和执法两个层面来解决实践中的问题，一方面完善立法，健全宗教事务管理法治体系，另一方面强化执法规范性，把执法主体的行为纳入法治化规范化轨道。

第二，尊重群众宗教信仰，耐心细致做信教群众工作。

在2021年的全国宗教工作会上，习近平总书记强调要完整、准确、全面贯彻党的宗教信仰自由政策，尊重群众宗教信仰，依法管理宗教事务，坚持独立自主自办原则，积极引导宗教与社会主义社会相适应。这是我们党以马克思主义宗教学为指导，总结我国宗教工作正反两方面经验得出的重要结论。

尊重和保护公民的宗教信仰自由，是党的“以人民为中心”思想在宗教工作领域的重要体现。正确看待信教群众，就不要把信教群众看成是落后的甚至异己力量，不要把宗教信仰看成是愚昧甚至落后的现象。我国大约有2亿人信仰各种宗教，几十年来，广大信教群众紧密团结在党和政府的周围，信教群众与不信教群众一起，在各自的岗位上建功立业，他们都是建设中国特色社会主义的积极力量。

党的十八大以来，习近平总书记反复强调，信教群众和不信教群众在政治上、经济上的根本利益是一致的，都是党执政的群众基础；党的宗教工作的本质是群众工作；要巩固和扩大党与信教群众的血肉联系，“实行宗教信仰自由政策，出发点和落脚点是要最大限度把广大信教和不信教群众团结起来”[①]。要把能不能将广大信教群众团结在党和政府周围作为评价宗教工作成效的重要标准。

尊重群众宗教信仰，不意味着放弃依法管理宗教事务。宗教活动应当在法律法规规定范围内开展，不得损害公民身体健康，不得违背公序良俗，不得干涉教育、司法、行政职能和社会生活。但依法管理信教群众的宗教社会行为，要“善于运用”“妥善处理”“教育引导”，服务与管理相结合，耐心细致做信教群众工作。一是耐心细致做政策宣讲工作。“要在全社会宣传宗教信仰自由政策，做到家喻户晓、深入人心，依法制止一切

① 习近平出席全国宗教工作会议并发表重要讲话，新华网2016年4月23日。

干涉宗教信仰自由、伤害信教群众宗教感情的言行。”[1]二是服务与管理相结合，切实保护信教群众和不信教群众的合法权益，在不信教群众占多数的地方，要特别注意保护信教群众的合法权益；在信教群众占多数的地方，要特别注意保护不信教群众的合法权益。三是加强对流动信教群众的管理和服务，引导他们到合法宗教活动场所过宗教生活。要以理服人、以情感人，还要以法约束，从根本上解决不会管的问题。

第三，发挥宗教界自我管理、从严治教、服务社会的作用。

党的十八大以来，各宗教纷纷行动起来，制定或修订教务规章制度，出台坚持我国宗教中国化方向的行动方案。各宗教掀起尊法学法守法用法的大培训。通过学习培训，宗教界人士和信教群众的国家意识、公民意识、法治意识进一步增强，适应社会、服务社会、履行社会责任的主动性、自觉性大幅度提高，广大信教和不信教群众相互尊重，和睦相处。在 2021 年的全国宗教工作会议上，习近平总书记对此给予高度赞扬。同时强调指出，支持宗教团体加强自身建设，要在宗教界深入开展法治宣传教育，加强自我教育、自我管理、自我约束，全面从严治教，带头守法遵规、提升宗教修为，切实解决影响宗教健康传承的突出问题。

一是不断提高宗教团体自我管理水平。习近平总书记多次强调指出，宗教团体是党和政府团结、联系宗教界人士和广大信教群众的桥梁和纽带，要为他们开展工作提供必要的支持和帮助，帮助他们加强思想建设、组织建设、作风建设、制度建设，努力建设政治上可信、作风上民主、工作上高效的高素质领导班子；尊重和发挥他们在宗教内部事务中的作用；推动宗教团体完善教规建设，加强对宗教院校、宗教活动场所、宗教教职人员的教务指导，确保宗教活动在法律法规范围内开展，维护宗教领域正常秩序。

二是不断提高宗教活动场所依法开展宗教活动的水平。宗教活动场所依法自主开展宗教活动，是实现宗教由传统模式向现代转型的必然要

① 参见王作安:《宗教工作本质上是群众工》，载《人民日报》，2013 年 11 月 26 日 07 版。

求，应进一步健全规章制度，完善内部人员、财务、文物保护、消防安全等管理制度，不断深化民主管理，不断推进寺观教堂法人登记、税务登记、申报税务减免等对寺观教堂管理现代化具有深远意义的制度建设。

三是不断提高宗教院校依法依规办学的水平。习近平总书记多次强调，要按照“政治上靠得住、宗教上有造诣、品德上能服众、关键时起作用”的要求，办好宗教院校。近年来，各大宗教都加大了宗教人才培养力度，积极探索符合当代社会发展进步的现代宗教教育，宗教院校工作法治化、规范化水平逐步提高。

四是不断深入推进我国宗教中国化的水平。习近平总书记强调指出，要用社会主义核心价值观来引领和教育宗教界人士和信教群众，弘扬中华民族优良传统，用团结进步、和平宽容等观念引导广大信教群众，支持各宗教在保持基本信仰、核心教义、礼仪制度的同时，深入挖掘教义教规中有利于社会和谐、时代进步、健康文明的内容，对教规教义做出符合当代中国发展进步要求、符合中华优秀传统文化的阐释。要求各宗教界根据有关部署，深入开展爱国主义、集体主义、社会主义教育，有针对性地加强党史、新中国史、改革开放史、社会主义发展史教育，增进宗教界人士和信教群众对伟大祖国、中华民族、中华文化、中国共产党、中国特色社会主义的认同，更好地团结引导宗教界人士和信教群众共同致力于中华民族伟大复兴的中国梦。

参考文献

图书：

［1］孙中山：《孙中山全集》，中华书局1986年版。

［2］刘澎：《国家宗教法律》，中国社会科学出版社 2006 年版。

［3］任杰，梁凌：《中国的宗教政策——从古代到当代》，民族出版社 2006 年版。

［4］张践：《中国古代政教关系史》，中国社会科学出版社 2012 年版。

其他文献：

［1］金泽：《西方宗教学视野下的政教模式及其张力》，《世界宗教文化》。2018 年第 5 期。

［2］刘中民，郭强：《对中世纪伊斯兰社会政教合一传统的历史反思》，《西亚非洲》，2019 年第 2 期。

［3］楼宇烈：《儒家、儒教与宗教》，《北京日报》，2016 年 9 月 19 日。

［4］陶飞亚：《中国近现代史与基督教》，《济南大学学报》（社科版），2018 年第 5 期。

［5］王秀哲：《成文宪法中的宗教内容比较研究》，《北方法学》，2013 年第 2 期。

［6］王作安:《当代中国政教关系》,《学习时报》,2009 年 11 月 23 日。

［7］赵晓阳:《建国以来基督教与近代中国重大政治事件研究评述》,《安徽史学》, 2019 年第 3 期。

［8］赵毅:《中国古代宗教管理法律制度初探——以佛、道两教为研究对象》,《天津法学》, 2018 年第 4 期。

［9］张践:《中国政教关系的结构与特点》,《中央社会主义学院学报》, 2017 年第 2 期。

［10］［美］皮尤研究中心著，谢荣谦、雷春芳编译:《2010 年世界主要宗教群体规模和分布报告》,《世界宗教文化》, 2013 年第 4 期。